課税区分のポイントから
各種書式の作成まで

消費税と経理処理のしくみがわかる本

税理士 熊王征秀

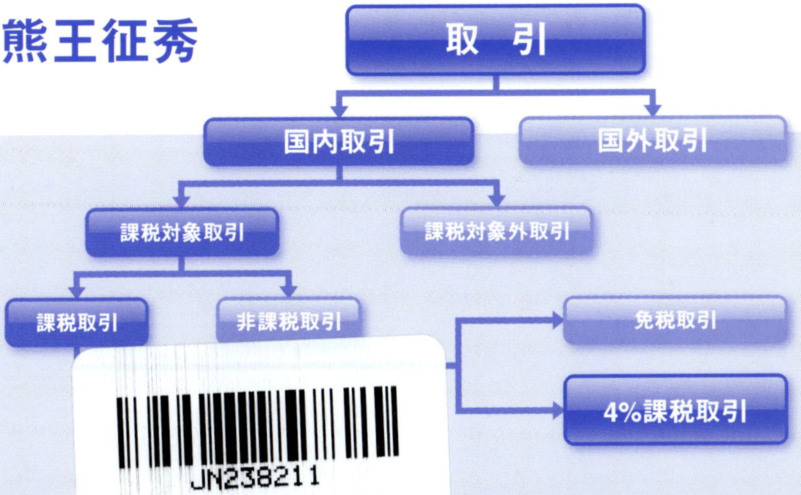

日本実業出版社

◆はじめに◆

菅直人首相は2010年６月17日、参院選マニフェストを発表する記者会見で、消費税の増税を含む税制改革について「2010年度内に改革案を取りまとめたい」と表明しました。また、当面の消費税率は「自民党が提案している10％を一つの参考にさせていただく」と発言したことから、税率アップをはじめとする改正消費税法は、最速で2012年の秋にも実施となる可能性が高まってきたところです。

消費税法が施行されてから21年が経過しましたが、いまだに消費税を苦手とする実務家は存外に多いようです。会計事務所での実務経験が十何年というベテランの方でも「消費税はちょっと…」という声をよく耳にします。

ご承知のように、今や消費税に関する知識は、税理士、会計士、企業の経理担当者にとっては絶対必要不可欠なものとなっています。経理実務に携わる者にとって、消費税の知識は「知らない」「わからない」では済まされないものであるということを、職業会計人である我々は改めて認識する必要があるのではないでしょうか。来るべく消費税改正に備え、今、この時期にこそ、消費税法の基礎固めをしておくことが必要であると強く感じているところです。

こういった実情をふまえ、初学者が、手っ取り早く、消費税実務のキーポイントを確認するための入門書が必要であると考え、本書を執筆した次第です。

中小企業の消費税実務を中心に、特に重要な部分はじっくりと解説する一方で、読者の負担を考慮して、さほど重要でない、あるいは特殊な項目については概略を紹介する程度にとどめるなど、内容にメリハリをつけるように心掛けました。執筆にあたっては、拙著『消費税がわかる事典』をベースに、必要に応じて適宜改訂を加えました。また、移転外リース取引の取扱いや平成22年度改正（自動販売機による不正還付の防止措置）などの最新情報も盛り込んだ上で、紙面の許す限り、関連規定や実務上の留意事項なども掲載しました。

わからないこと、疑問に思ったことなどがありましたら、気軽に本書を開いて確認するようにしてください。この作業を繰り返すうちに、自然と消費税の体系や各規定のつながりなどが理解できるようになることと思います。

2010年７月　　　　　　　　　　　　　　　　　　　税理士　熊王 征秀

本書の内容は2010年７月１日現在の法令等に基づいています。

カバーデザイン／春日井恵実
本文ＤＴＰ＆図版／(一企画)

1 消費税の基礎知識

2 課税区分の判定

3 納税義務者

4 課税標準と消費税額の調整・資産の譲渡等の時期

5 仕入税額控除

6 仕入税額控除の特例と調整

7 簡易課税制度

8 課税期間と申告・納付・還付

11 勘定科目別にみた課税区分の留意点

12 消費税関係の主な書式とそのポイント

法令名等の略記について

本書では、適宜、根拠法令、通達等を示していますが、表示にあたっては、以下のように略記しています。

略記	正式名称
消法	消費税法
消令	消費税法施行令
消規	消費税法施行規則
消基通	消費税法基本通達
措法	租税特別措置法
措令	租税特別措置法施行令
所令	所得税法施行令
法令	法人税法施行令
所基通	所得税法基本通達
法基通	法人税法基本通達
印法	印紙税法

※条数等については、以下の基準で略記しています。

- 消法２①八……………消費税法第２条第１項第８号
- 消基通１－１－１……消費税法基本通達１－１－１

1

消費税の基礎知識

消費税のしくみは？

消費税を払うのは誰？

消費税の表示の方法は？

他の税金との関係は？

まずは消費税の概略を押さえましょう

消費税の基本的なしくみ

消費税とは　消費税は、物の販売や貸付け、サービスなどに対して課税される税金で、その商品の販売価格やサービスなどの代金に５％の税金を上乗せし、購入者や受益者に税を負担させることを予定して立法されています。

宝石店が100万円で宝石を販売する場合を考えてみましょう。

宝石店は購入者から105万円を領収し、うち５万円（100万円×５％）の預り消費税を税務署に払うことになるかというと、実はそうではありません。

消費税は、その取引が小売なのか卸売なのかということに関係なく、取引のつど、その取引金額に５％の税率で課税されることになっています。

つまり、宝石店は、この宝石を問屋さんから仕入れる際に、問屋さんが上乗せした消費税を仕入代金とともに払っているわけですから、これを差し引いた金額だけ税務署に納めればよいわけです。

たとえば、宝石店がこの宝石を問屋さんから仕入れる際に、仕入代金の60万円と５％の消費税（60万円×５％）あわせて63万円を問屋さんに支払ったとした場合には、この宝石店が税務署に納付する消費税は、預かった消費税５万円から支払った消費税３万円を差し引いた額の２万円となるのです。

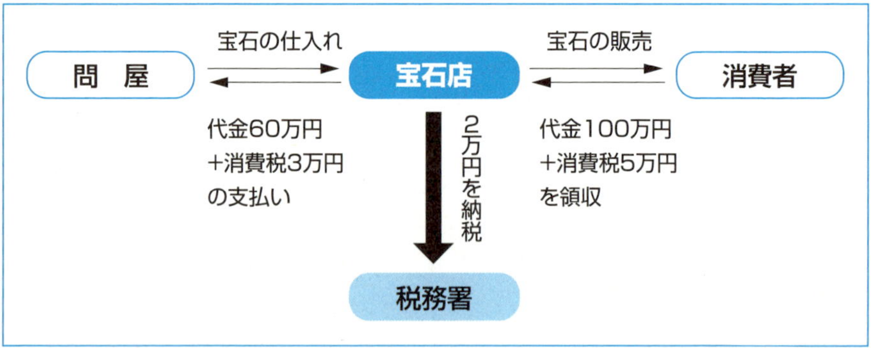

問屋さんの仕入れがないものとすると、問屋さんの納付する消費税（３万円）と宝石店の納付する消費税（２万円）の合計額５万円は、最終購入者である消費者の負担額と一致することになります。つまり、消費税は、各取引段階にいる事業者が、消費者の負担すべき消費税を分担して納税するというシステムになっているのです。

直接税と間接税

直接税　直接税とは、納税義務者と税の負担者（担税者）が一致している租税をいいます。たとえば、個人の儲け（所得）には所得税が課されるわけですが、この所得税については、所得を発生させた個人が納税義務を負い、かつ、その個人が所得税を負担することになります。

間接税　間接税とは、納税義務者と担税者が一致していない租税をいいます。たとえば、酒税の納税義務者は酒造メーカーと定められていますが、酒造メーカーは、自らが納付することとなる酒税相当額を製品の販売価格に上乗せしたところで卸売価格を決定します。つまり、酒税相当額を実質的に負担しているのは最終消費者ということになるのです。

単段階課税　卸売、小売など、特定の流通過程において納税義務を成立させる課税方式のことを単段階課税といいます。たとえば、酒税の場合には、酒類を酒造場から出荷した時点で納税義務が成立し、酒造メーカーが納税義務を負うこととされています。消費税の導入とともに廃止された物品税の場合には、宝石類などは小売の時点で納税義務が成立し、小売店が納税義務を負うこととされていました。

間接税は、消費に担税力を求めて課税するものですから、本来であれば、消費に最も近い小売の時点で課税するのが理想的であるといえます。ただ、最終小売の時点でだけ課税するということになると、零細事業者が集中する小売店などに納税事務負担が集中してしまうことになります。また、問屋から直接商品などを購入した場合には課税されないことになるなど、その取引が最終小売かどうかを判断するのが難しいという課税技術上の問題点があります。

多段階課税　消費税のように、取引のつど課税する方式のことを多段階課税といいます。この多段階課税方式によれば、単段階課税の課税技術上の問題点を解消することができるわけです。

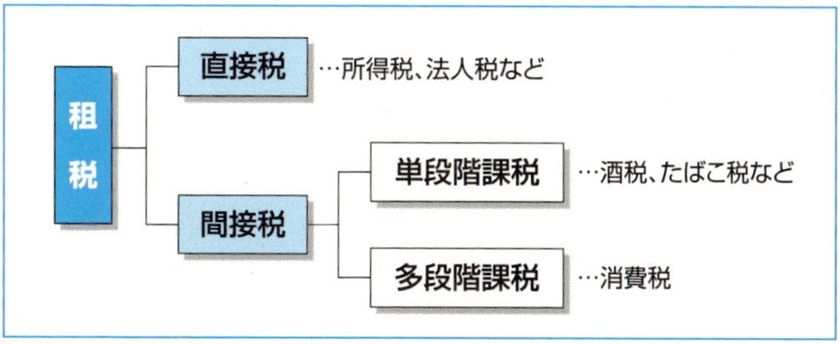

納付税額の計算

税務署に納付する消費税は、「売上げに対する消費税」から「仕入れに対する消費税」を控除して算出します。

ところで、消費税法に限らず、どの税法においてもいきなり税額の計算をするということはありません。納付税額を計算する場合には、まず、税額計算の基準となるものを求め、これに基づいて税額を計算することになっています。

課税標準　税額計算の基準となるもののことを「課税標準」といい、消費税の課税標準は税抜きの課税売上高とされています（消法28①）。

したがって、「売上げに対する消費税」を計算する際には、まず、税込みの課税売上高に$\frac{100}{105}$を乗じていったん税抜きの本体価額（課税標準）を計算し、ここから売上げに対する消費税を算出する必要があるのです。

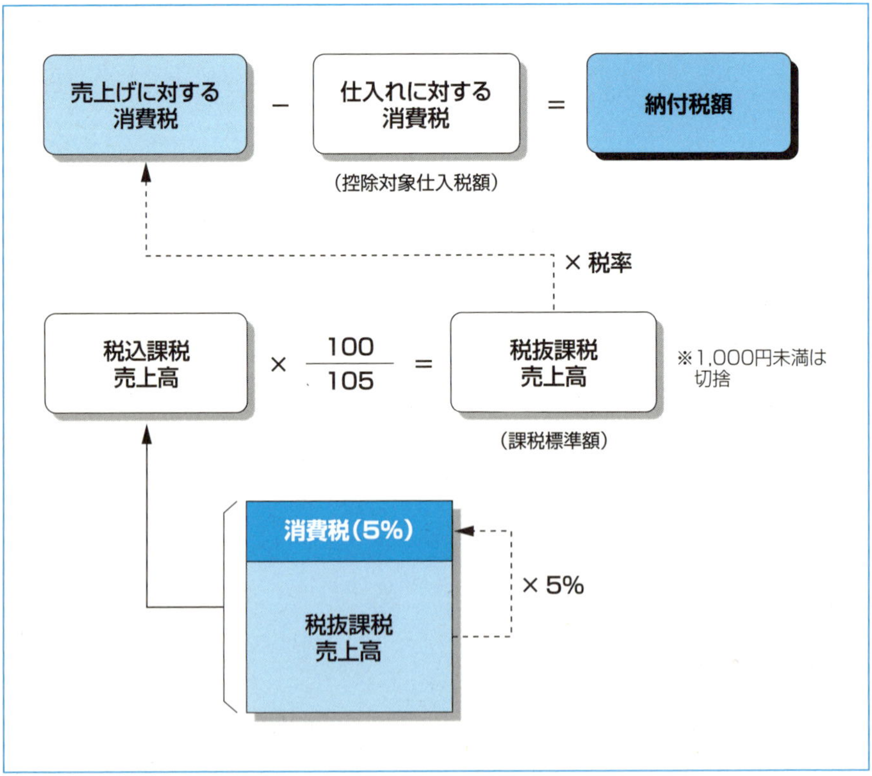

消費税と地方消費税

銀行預金の利息から天引きされる20％の税金は、15％が源泉所得税で５％が都道府県が特別徴収する利子割で構成されています。

これと同様に、５％の消費税の内訳は、４％が国税である消費税で、１％が道府県民税である地方消費税から成っています。したがって、納付税額の計算も、消費税（国税）と地方消費税（道府県民税）に分けて行うことになるのです。

地方消費税の計算　地方消費税は、国税である消費税の計算をした後で、これに25％を乗じて計算します。つまり、取引の時点では国税（４％）とあわせて５％の税金を転嫁するわけですが、実際の納付税額の計算は、法人住民税と同様に、確定した国税（消費税）を基に計算するわけです（４％×0.25で地方消費税の１％を算出するということです）。

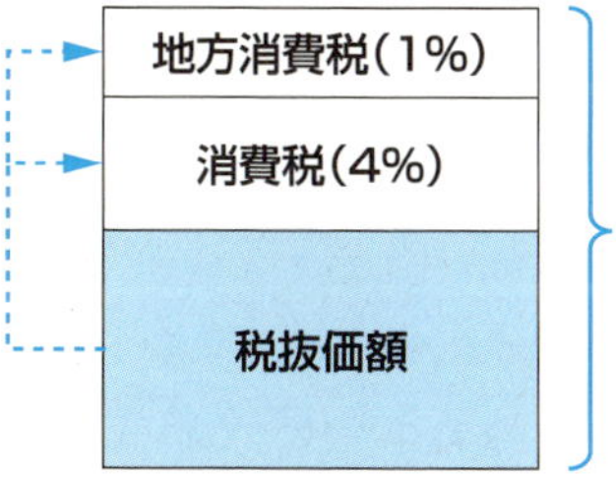

税込価額 $\times \dfrac{4}{105} =$ 消費税

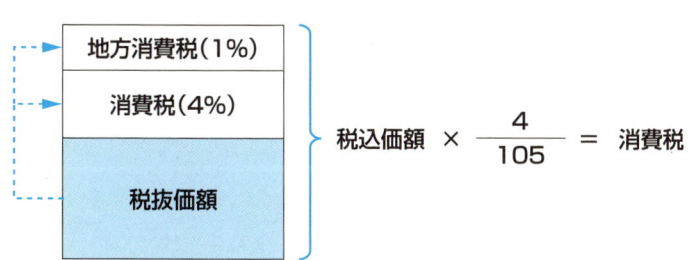

売上高(税込)が1,050万円、仕入高(税込)が630万円の場合の消費税と地方消費税の計算は次のようになります。

①課税標準額	1,050万円 $\times \dfrac{100}{105}$ = 1,000万円
②課税標準額に対する消費税額	1,000万円 × 4% = 40万円
③控除対象仕入税額	630万円 $\times \dfrac{4}{105}$ = 24万円
④納付すべき消費税額	②−③ = 40万円 − 24万円 = 16万円
⑤納付すべき地方消費税額	④×25% = 16万円 × 25% = 4万円

売上げ、仕入れの概念

納付すべき消費税額は、課税期間中の売上げに対する消費税から仕入れに対する消費税を控除して計算することとされていますが、ここにいう「売上げ」「仕入れ」の概念は、会計学でいう売上高、売上原価とはその意味合いが大きく異なります。

売上げとは　消費税でいう売上げとは、商品売上高、サービス提供による収入などはもちろんのこと、固定資産の売却収入なども売上げの概念に含まれます。固定資産を売却した場合には、会計上は帳簿価額と売却金額の差額だけを固定資産売却損益として計上するわけですが、消費税の世界では、売却損益は計算に一切関係させません。あくまでも「売却収入」が売上げとして認識されますので、中古自動車を売却したような場合には、たとえ売却損が計上されていたとしても、消費税だけは課税されることになるのです。

仕入れとは　消費税でいう仕入れとは、商品仕入高はもちろんのこと、広告宣伝費、消耗品費、水道光熱費などの販売管理費、さらには建物、機械などの固定資産の購入代金も仕入れの概念に含まれます。

固定資産の取得　所得税、法人税においては、固定資産の取得価額はその耐用年数に応じ、減価償却費として毎期費用配分するわけですが、消費税には期間損益計算という概念がないので、どんなに高額な資産であろうと、また、耐用年数が何年であろうとも、購入時にその全額が仕入れとして認識されることになります。

したがって、多額の設備投資をしたような課税期間については、売上げに対する消費税よりも仕入れに対する消費税のほうが大きくなるようなことも、決して珍しいことではありません。

このような場合には、確定申告により、控除しきれない消費税額は当然に還付されることになります。

売上原価　所得税、法人税においては、期中の商品仕入高などに期首、期末の棚卸高を加減算して売上原価を計算するわけですが、消費税の世界では、商品の棚卸高や売上原価は計算に一切関係させません。期末の在庫がどんなに多額であろうとも、課税期間中の仕入金額を基に税額計算をすることに注意してください。

事業者が下図のような取引をした場合における、消費税の納付税額を計算してみます。

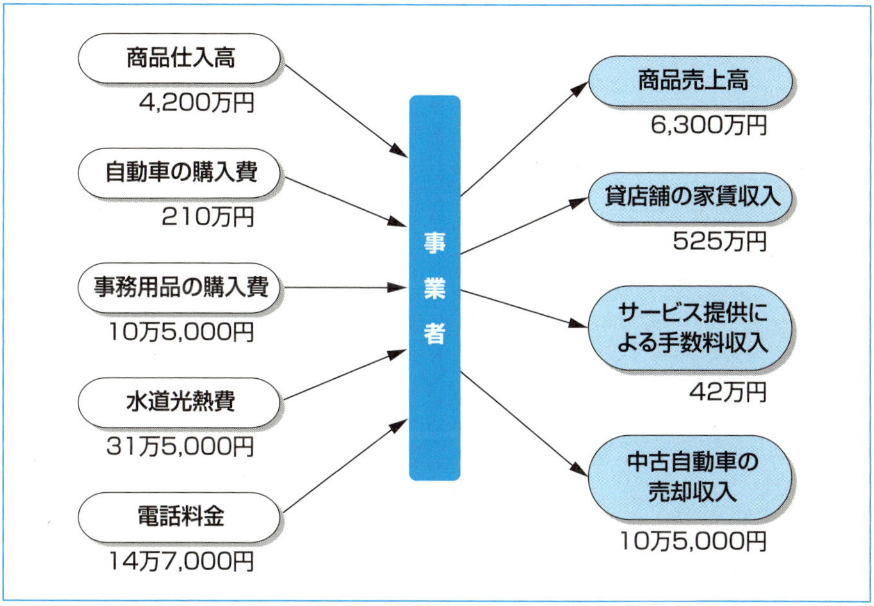

①課税標準額

$$(6{,}300\text{万円}+525\text{万円}+42\text{万円}+10\text{万}5{,}000\text{円})\times\frac{100}{105}=6{,}550\text{万円}$$

②課税標準額に対する消費税額

①×4％＝262万円

③控除対象仕入税額

$$(4{,}200\text{万円}+210\text{万円}+10\text{万}5{,}000\text{円}+31\text{万}5{,}000\text{円}+14\text{万}7{,}000\text{円})\times\frac{4}{105}$$

＝170万1,600円

④納付すべき消費税額

②－③＝91万8,400円

⑤納付すべき地方消費税額

④×25％＝22万9,600円

税の転嫁と税額計算

商取引における物の値段というものは、取引先との需給関係、力関係により決定されるものです。

理論的には10万円の商品を販売する場合には、その販売価格に５％の税を転嫁し、10万5,000円で販売することになるわけですが、たとえば取引先から値引きの相談を受け、やむなく消費税等相当額を値引きして販売した場合には、その取引金額に含まれる消費税等相当額は次のように計算します。

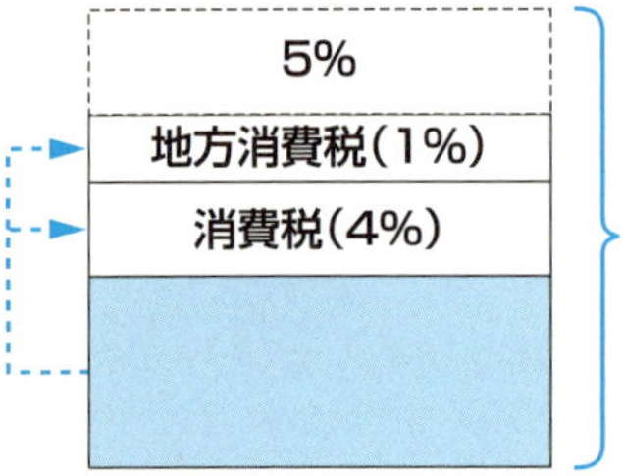

$$10万円 \times \frac{4}{105} \fallingdotseq 3,809円$$

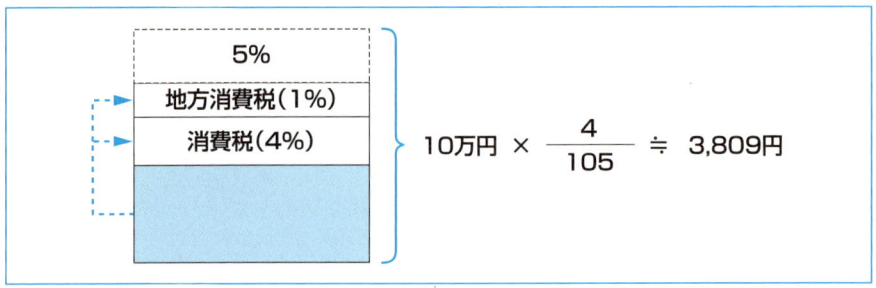

税が転嫁されていないのだから消費税もかからないと思うのは間違いです。

税の転嫁と税額計算は別物なのであり、この場合には、本来の販売価格（税抜販売価格）を税金分だけ値下げをし、これに５％の税を上乗せした金額（税込販売価格）が10万円であると考える必要があるのです。

転嫁の方法を模索する　小規模零細事業者のなかには、事実上、商品などの販売価格に税を転嫁できない事業者も多いようです。また、総額表示制度の義務づけにより、税抜きの本体価格と消費税等相当額の境界線が曖昧になっていることもあり、「消費税は利益の中から捻出するもの」といったような感覚を持たれている事業者も多いのではないでしょうか。

税を売値に転嫁するというのは理論上のものであって、実際の商取引においては、価格競争のなかにおいて、転嫁の方法を模索することになるのです。

個々の商品に５％の税を転嫁するといった方法ではなく、たとえば、A商品の価格は据え置いて、B商品の価格には10％程度の利益を上乗せするといったように、売上げのトータルで５％の転嫁を期待するような方法も検討する必要があるように思われます。

納税義務者と申告納付

課税期間　消費税を計算するサイクルのことを課税期間といいます。消費税の課税期間は、事業者の事務負担に配慮して、所得税、法人税の計算期間にあわせ、次のように定められています（消法19①）。

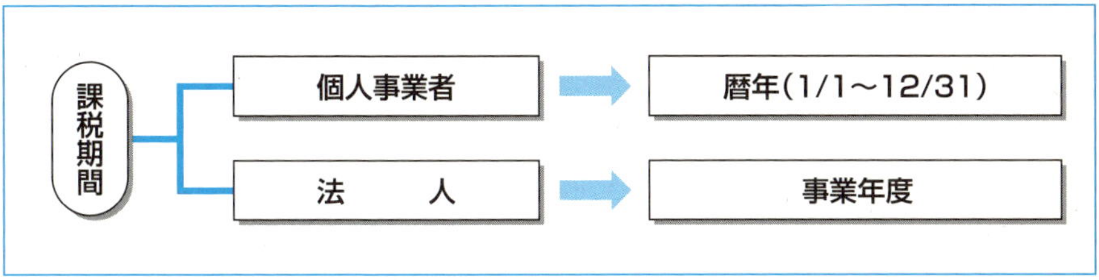

申告（納付）期限　国内取引の納税義務者である事業者は、課税期間中の売上げ・仕入れのトータルで納付税額を計算し、個人事業者は３月31日まで、法人は事業年度末日の翌日から２か月以内に申告および納付が義務づけられています（消法５①・45①・49、措法86の４①）。

法人税の世界では、会計監査などの理由で確定申告期限の延長が認められていますが、消費税には申告期限の延長制度はありませんので注意が必要です。

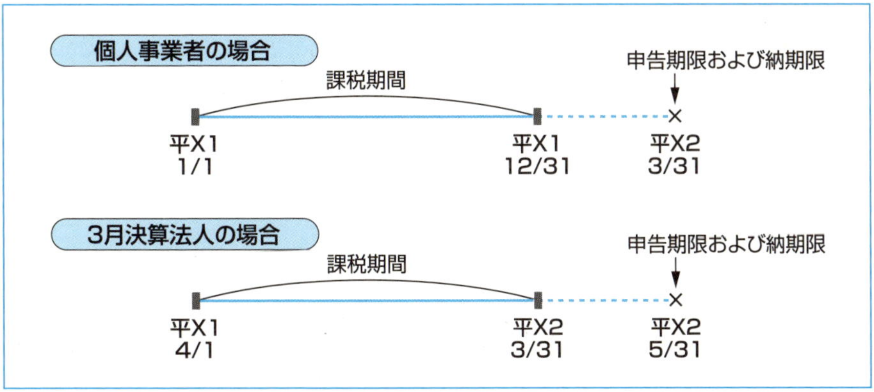

上図の３月決算法人が、法人税の申告について申告期限の延長申請をしている場合には、法人税の確定申告書の提出期限は６月30日になりますが、この場合も、消費税の確定申告書は５月31日までに提出しなければなりません。

納税義務の免除

免税事業者　国内取引の納税義務者は、国内で物の販売や貸付け、サービスの提供などを行った事業者とされています（消法5①）。しかし、売上げの少ない事業者についてまで納税を強要することは、国民感情あるいは徴税コストの面からみても決して好ましいことではありません。こういった理由から、基準期間中の課税売上高が1,000万円以下の小規模事業者については、消費税の納税義務を免除することとしており、この制度により納税義務が免除される事業者のことを「免税事業者」といいます（消法9①）。

基準期間　基準期間は、個人事業者と法人につき、次のように定められています（消法2①十四）。

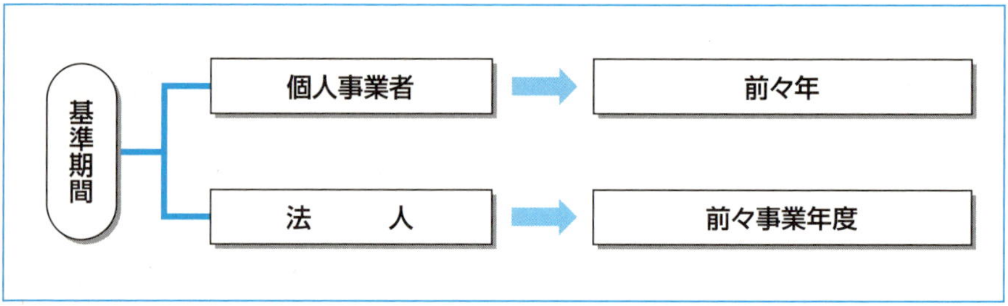

免税点　事業者免税点は1,000万円と定められています。したがって、基準期間中の課税売上高が1,000万円以下の事業者は、当期の課税売上高が何億円あろうとも一切納税義務はありません。逆に、基準期間中の課税売上高が1,000万円を超える事業者は、当期中の課税売上高がたとえ1,000万円以下であったとしても、納税義務は免除されないことになります。

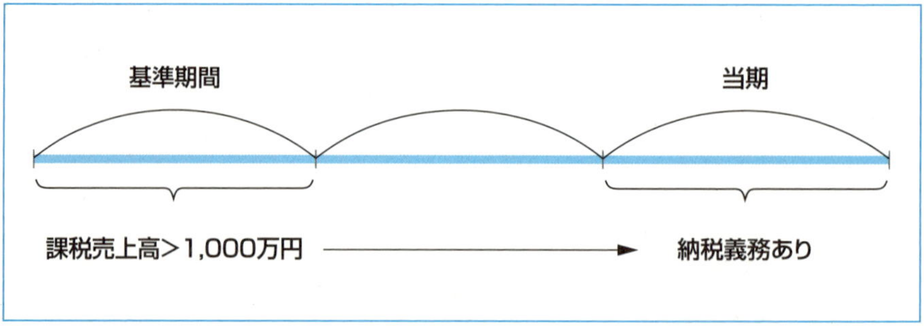

会計処理

消費税に関する会計処理には「税込方式」と「税抜方式」があり、事業者は、そのいずれかの方法を任意に選択することができます（「消費税法等の施行に伴う所得税（法人税）の取扱いについて」）。ただし、免税事業者は納税義務がありませんので税込方式しか採用することができません。

経理方法		
	税込方式	課税取引について、すべて消費税等込みの金額で記帳する方法
	税抜方式	課税取引について、その対価の額を税抜価額と消費税額等に区分し、売上げにかかる消費税および地方消費税は「仮受消費税等」、仕入れにかかる消費税および地方消費税は「仮払消費税等」として別建で記帳する方法

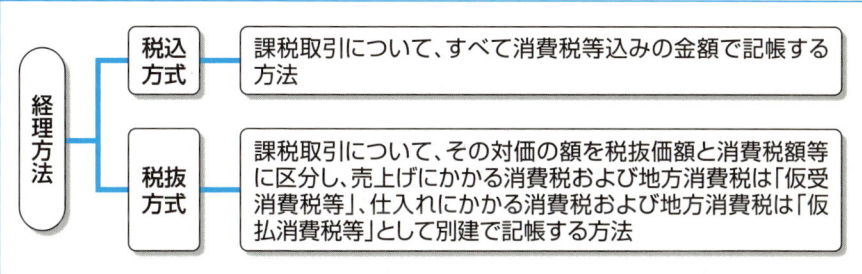

たとえば、課税商品を10万5,000円で掛で販売した場合の税込方式と税抜方式による仕訳は次のようになります。

	借方	貸方
税込方式	（売掛金）105,000	（売上）105,000
		⇩
税抜方式	（売掛金）105,000	（売上）　100,000 （仮受消費税等）5,000

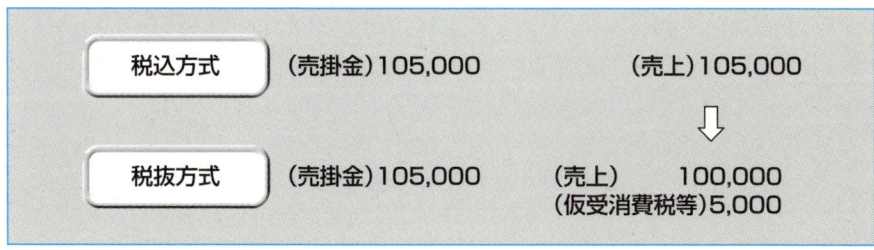

また、決算において納付税額が確定した場合には、税込方式の場合には原則として翌期に納付した時点で租税公課として費用計上することになりますが、次のように決算修正で費用計上することも認められます。

（租税公課）	×××	（未払費用）	×××

税抜方式の場合には、仮受消費税等の残高を借方に、仮払消費税等の残高を貸方に計上し、未払消費税等を貸方に計上します。貸借の差額は、借方が不足する場合は雑損失勘定、貸方が不足する場合には雑収入勘定で処理をして貸借の天秤を合わせます。

（仮受消費税等）	×××	（仮払消費税等）	×××
		（未払費用）	×××

総額表示制度

内税と外税　商品などの値段の表示方法には、「内税」という方法と「外税」という方法があります。「内税」とは、５％の税金を含んだ値段を表示する方法をいい、「外税」とは、税抜きの本体価格だけを表示しておき、代金の請求あるいは受領の際に別途５％の消費税等を請求する方法をいいます。

総額表示　価格の表示方法を「内税」にするか「外税」にするかということについては、以前は事業者が任意に選択することができたのですが、現在は消費税等の額を含めた「総額での表示」が義務づけられています。(消法63の２)。

適用除外　事業者間取引については総額表示の義務はありません。

総額表示の方法　政府税制調査会の資料によれば、総額表示の方法として、次のようなスタイルを想定しているようです。

経理方法	具体例
①支払総額、本体価格、税額のすべてを表示する方法	10,500円（本体価格10,000円、消費税等500円）
②支払総額と税額を表示する方法	10,500円（うち消費税等500円）
③支払総額と本体価格を表示する方法	10,500円（本体価格10,000円）
	10,000円（税込10,500円）
④支払総額に税込表示をする方法	10,500円（税込）
⑤支払総額だけを表示する方法	10,500円

なお、次のように支払総額がひと目でわからないような表示方法は「総額表示」には該当しないこととされていますので注意が必要です。

10,000円+税

10,000円(税抜)

税抜価格　10,000円
税　　　　500円

PR方法に注意する　公正取引委員会では、「消費税等はサービスしています」といったようなPRについては、景品表示法上問題となるおそれがあるとして注意を促しています（「消費税率の引上げ及び地方消費税の導入に伴う転嫁・表示に関する独占禁止法及び関係法令の考え方」/平成15年12月３日)。

印紙税と消費税

印紙税　契約書や領収証に貼付する印紙の金額（印紙税）は、その契約書などに記載されている契約金額や領収金額により決定されます。たとえば、領収証に貼付する印紙の場合には、その受取金額により、次のように定められています（印法別表第１十七号）。

受取金額	印紙税
3万円未満	非課税
3万円以上100万円以下	200円
100万円超200万円以下	400円
⋮	⋮

この場合の記載金額については、消費税等の金額が区分記載されている場合には、その消費税額等を含めない金額、つまり税抜きの本体価格で印紙代を定めることとされています。したがって、契約金額や領収金額を記載する際に、消費税額等が区分記載されていないような場合には、消費税額等を含めた税込金額で負担する印紙代を決定することになるわけです（「消費税法の改正等に伴う印紙税の取扱いについて」）。

具体例

領収証に貼付する印紙の場合、領収金額の記載方法により、次のように印紙代が決定されます。

記載方法	印紙代
領収金額100万円、消費税額等５万円 計105万円	印紙代は受取金額が３万円以上100万円以下のものとして200円となります。
領収金額105万円 （うち消費税額等５万円）	本体価格（105万円－5万円＝100万円）が容易に計算できますので、印紙代は受取金額が３万円以上100万円以下のものとして200円となります。
領収金額105万円 （消費税額等５％を含む）	本体価格が明記されていないので、印紙代は受取金額が100万円超200万円以下のものとして400円となります。

源泉税の取扱いと法定調書の作成

源泉税　勤務先からもらう給料からは所得税が天引き（源泉徴収）されています。この源泉徴収される所得税（源泉税）ですが、実際には給料だけでなく、税理士、司法書士などの報酬や原稿料、プロ野球選手の報酬など、給料以外のさまざまな報酬や料金などからも源泉税は徴収されているのです。

税理士報酬のケース　税理士報酬については、その報酬金額から10％の源泉税を徴収することとされていますが、この場合における源泉徴収の対象となる金額は、原則として消費税額等を含めた税込金額と定められています。

ただし、請求書等において、本体価格と消費税額等が明確に区分されている場合には、本体価格を基に源泉徴収税額を計算することも認められています（「消費税法等の施行に伴う源泉所得税の取扱いについて」三）。

具体例

税理士報酬について、本体価格の10万円と消費税額等5,000円が下記のように明確に区分されている場合には、下図のように本体価格の10％を源泉徴収税額とすることができます。

請求書

①	○月分報酬	100,000円
②	消費税等(①×5%)	5,000円
③	源泉税(①×10%)	10,000円
請求金額(①+②−③)		95,000円

法定調書の記載方法　法定調書に記載すべき支払金額等は、原則として消費税額等を含めた税込金額とされていますが、請求書等において、報酬等の額と消費税等の額が明確に区分されている場合には、税抜きの本体価格を記載することが認められています。

この場合には、法定調書の「摘要」欄に消費税等の額を記載することとされていますのでご注意ください（「消費税法等の施行に伴う法定調書の記載方法について」）。

2

課税区分の判定

課税の対象取引とは？

非課税取引、免税取引とは？

課税仕入れって何？

課税取引と非課税取引、そして免税取引の区別が重要です

課税の対象となる取引とは

課税の対象　消費税は、国内で物を買う、借りる、サービスの提供を受けるという行為（消費支出）に担税力を求めて課税する税金です。したがって、海外で生産された物であっても、これが日本に輸入され、国内で消費、使用されるということであれば、これについても消費税を課税する必要があるわけです。

こういった理由から、消費税の課税の対象については、国内取引と輸入取引に区分して、次のように規定されています（消法４①・②）。

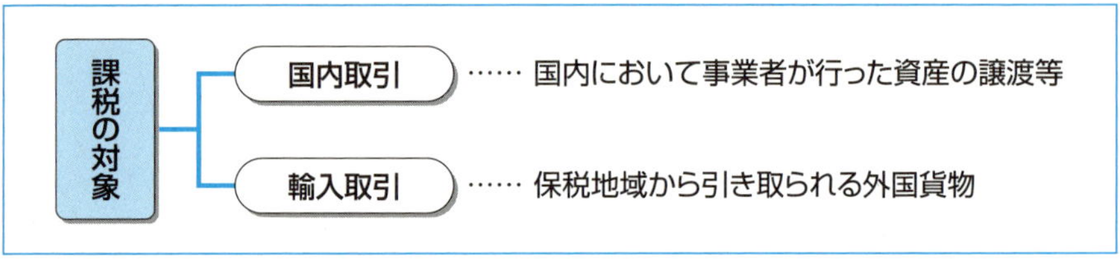

国内取引　国内取引については、日本国内において、納税義務者たる事業者が、事業として有償で物の販売や貸付け、サービスの提供などをした場合に、その行為が課税の対象となります。したがって、日本以外の場所での取引や、個人事業者の家事用資産の譲渡など、事業と関係のない行為は課税の対象とはなりません。

輸入取引　輸入貨物はいったん保税地域に陸揚げされ、税関により貨物の検査が行われます。税関での検査が終了した後に、輸入者が貨物を引き取ることになるわけですが、輸入取引の場合には、その輸入品（外国貨物）が課税の対象となります。

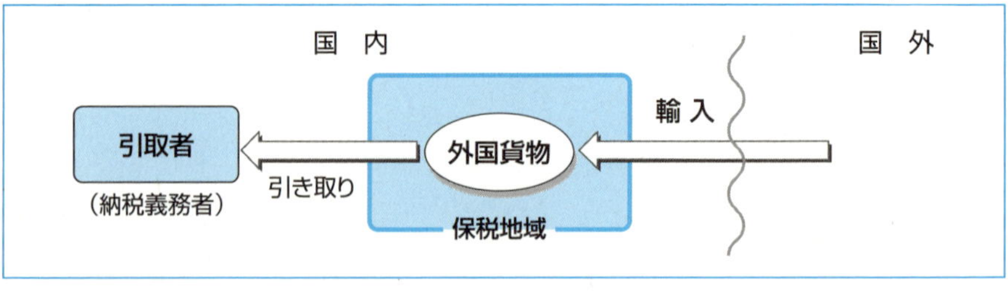

保税地域　輸出入貨物を蔵置、管理する場所をいいます。貨物の輸出入が行われる空港や港などは、通関手続を行う関係上、一定の場所が保税地域として指定されています。

国内取引の課税対象要件

課税対象要件　国内取引については、消費税法の４条１項で「国内において事業者が行った資産の譲渡等」を課税の対象として規定し、ここにいう「資産の譲渡等」については、同法２条１項８号で「事業として対価を得て行われる資産の譲渡及び貸付け並びに役務の提供をいう」と定義しています。

つまり、国内取引のうち、消費税の課税の対象となる取引とは、次の①～④のすべての要件を満たす取引になるわけです（消法４①・２①八）。

①国内において行うものであること

②事業者が事業として行うものであること

③対価を得て行うものであること

④資産の譲渡、資産の貸付け、役務の提供であること

国内において行うもの　消費税は日本国内での消費や使用に担税力を求めて課税するものですから、国内取引でなければ課税の対象とはなりません。

たとえば、内国法人が海外の支店で商品を販売しても、その行為は国内取引に該当しないこととなる一方、外国法人が日本国内の支店で商品を販売した場合は、その行為は国内取引として課税の対象に組み込まれることになります。

事業者が事業として行うもの　国内取引の納税義務者は事業者と定められていますので、消費者が行う行為は課税の対象とはなりません。また、「事業として」行う行為が課税の対象とされますので、個人事業者が、マイホームなどの事業と関係のない資産を譲渡しても、その行為は課税の対象とはなりません。

対価を得て行うもの　消費税は、対価性のある取引だけを課税の対象としますので、贈与、寄付などの無償取引は課税の対象とはなりません。

資産の譲渡、貸付け、役務の提供　最終的に、資産の譲渡、資産の貸付け、役務の提供に該当する取引が課税の対象となるわけですが、資産の譲渡には、代物弁済や負担付き贈与、現物出資などの資産の譲渡等に類する行為が含まれます（消法２①八、消令２①一・二）。

内外判定(1) 資産の譲渡、貸付け

原則 資産の譲渡または貸付けについては、譲渡または貸付け時における資産の所在場所が国内であれば国内取引となります（消法4③一）。

たとえば、日本の企業がアメリカの支店で商品の販売をした場合、資産の所在場所が国外であることからその行為は国内取引とはなりません。

これとは逆に、アメリカの企業が日本の支店で商品の販売をした場合には、資産の所在場所が国内であることからその行為は国内取引となり、課税の対象となるのです。

「誰が」ではなく、譲渡、貸付け時における資産の所在場所で内外判定をすることに注意してください。

特許権 特許権や実用新案権などの無形固定資産については、資産の所在場所がわかりません。こういった理由から、内外判定は登録機関の所在地によることと定められています。

したがって、日本国内に登録した特許権であれば、たとえ外国法人が譲渡した場合であっても国内取引となるのに対し、外国の機関に登録した特許権であれば、たとえ内国法人が譲渡した場合であっても国内取引とはなりません。

なお、2以上の国に登録した特許権の譲渡については、譲渡した者の住所地や本店所在地により判定することとされています（消令6①五）。

その他の資産 特許権の他、船舶や航空機、鉱業権などのように、その所在場所が明らかでないものについては、たとえば、船舶であればその登録をした機関の所在地、鉱業権であれば鉱区の所在地といった具合に、それぞれ個別に判定方法が定められています。また、個別に定めのない資産のうち、その所在場所が明らかでないものについては、その譲渡または貸付けにかかる事務所等の所在地により判定することとされています（消令6①）。

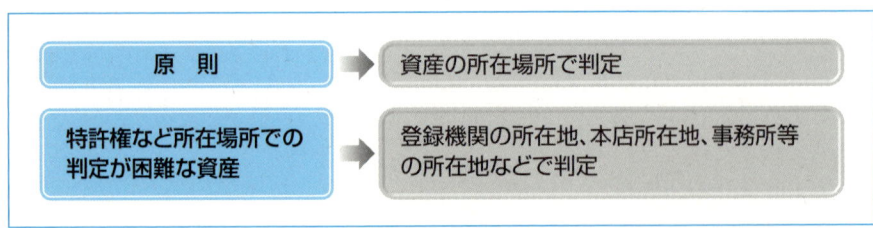

原　則 →	資産の所在場所で判定
特許権など所在場所での判定が困難な資産 →	登録機関の所在地、本店所在地、事務所等の所在地などで判定

内外判定(2) 役務の提供

原則 役務の提供については、役務提供地が国内であれば国内取引となります（消法4③二)。

たとえば、日本の企業がハワイで営業しているレストランの場合には、役務提供地が国外ですから国内取引とはならないのに対し、アメリカ人が日本国内で英会話教室を経営しているような場合には、役務提供地が国内であることからその行為は課税の対象となるのです。

建築請負 建物などの建築請負は「役務の提供」に該当しますので、工事の施工場所が国内かどうかで判定することになります。したがって、日本国内での建築工事は国内取引として課税の対象となるのに対し、海外での建築工事は、たとえ日本の建築業者が施工したとしても国内取引とはなりません。

国際運輸 日本からアメリカまで、あるいはアメリカから日本まで貨物を輸送するような場合には、国境線をまたいで役務の提供が行われますので、単純に役務提供地で判定することができません。このような場合には、発送地あるいは到着地が国内であれば国内取引として取り扱うこととしています。

国際通信であれば、発信地または受信地が国内かどうかで、国際郵便は、差出地または配達地が国内であれば国内取引となります（消令6②一～三)。

なお、これらの取引については、国内取引に該当し、課税の対象とはなりますが、最終的に輸出免税の規定（☞49頁～50頁）が適用されることに注意してください。

その他の役務提供 国際運輸などの他、外国企業に対する情報提供や広告宣伝のような国際間にわたる役務の提供については、それぞれ個別に判定方法が定められています。個別に定めのないものについては、その役務提供にかかる事務所等の所在地で判定することとされています（消令6②)。

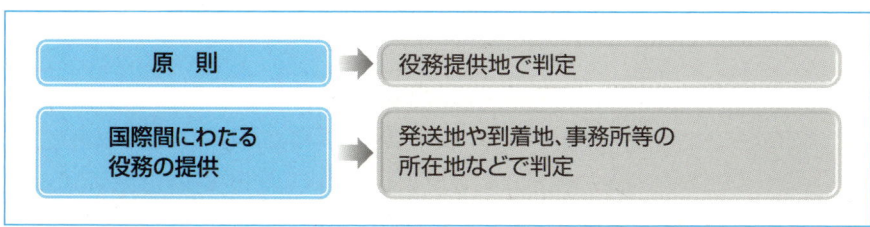

原　則	➡	役務提供地で判定
国際間にわたる役務の提供	➡	発送地や到着地、事務所等の所在地などで判定

事業者が事業として行うもの

事業者が行うもの　消費税の納税義務者は事業者であることから、事業者以外の者が行った行為については課税の対象とはなりません。

たとえば、サラリーマンが自家用車を売ったとしても、サラリーマンは事業者ではないので消費税が課税されることはありません。

事業として行うもの　個人事業者が、マイホームのような事業と関係のない家事用資産を売却した場合には、その行為については、たとえ事業者が行ったものであっても課税の対象とはなりません。

なお、「事業として行うもの」には、事業用資産の売却などの「事業付随行為」も含まれることに注意してください（消令２③、消基通5－1－7）。

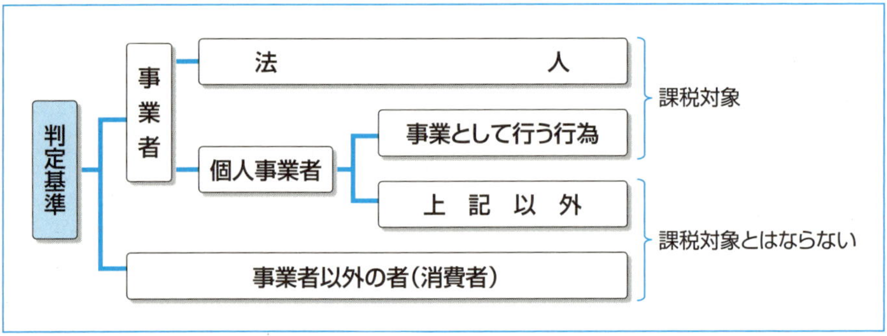

所得区分との関係　個人事業者の場合、不動産所得、事業所得にかかるものだけが課税の対象となるわけではありません。たとえば、土地や建物を売却した場合には、分離課税の譲渡所得として所得税額を計算することになりますが、たとえ譲渡所得に区分されるものであっても、事業として行われたものであれば課税の対象に組み込まれるのです。

家事用資産の譲渡　個人事業者が、事業用資産を取得するために家事用資産を譲渡した場合ですが、たとえ事業のために行うものであっても、その行為はあくまでも「家事用資産の譲渡」であり、このような行為についてまでも、課税の対象に組み込む必要はありません（消基通5－1－8）。

なお、個人事業者が店舗兼用住宅のような家事共用資産を譲渡した場合には、床面積割合などの合理的な基準により譲渡対価をあん分したうえで、事業用の部分だけを売上計上することになります（消基通10－1－19）。

対価性の判断

「対価を得て行うもの」とは、資産の譲渡等に対して何らかの反対給付を受けることです。**配当金、寄付金、祝金、見舞金、保険金、補助金、助成金**などを収受したとしても、これらの行為は対価性のないものであり、課税の対象とはなりません（消基通5－2－4・8・14・15）。

受取利息と受取配当金　配当金は株主または出資者としての地位に基づいて受け取るものであり、株主が資産の譲渡等を行い、その対価として受けるものではないので課税の対象とはなりません。

ちなみに、銀行預金の利息については課税の対象（非課税）となりますので、消費税の課税区分にあたっては、受取利息と受取配当金はまったく異なるものだと認識する必要があります。

預金利息の場合には、銀行に「現金」という資産を貸し付けて、その対価、つまりリース料として利息を受け取るわけですから、これは資産の貸付けにかかる対価として課税の対象となるのです。

みなし譲渡　無償取引であっても、次の行為についてだけは、「みなし譲渡」として例外的に課税の対象に組み込むこととされています（消法４④）。

①個人事業者の棚卸資産や事業用資産の家事消費または使用

②法人の役員に対する資産の贈与

上記①の個人事業者には、事業主だけではなく、同居親族も含まれます（消基通5－3－1）。

なお、事業者が広告宣伝や試験研究のために商品や原材料などを消費、使用する場合や、資産を廃棄処分するような場合についてまでもこのような取扱いがされるわけではありません。これらの行為は「資産の譲渡等」ではないので当然に課税の対象とはなりません（消基通5－2－12・13）。

上記②の役員に対する資産の贈与についてですが、法人税の世界では、役員に資産を贈与した場合、その贈与した資産の時価が臨時給与として認定され、損金にならないと同時に源泉所得税が徴収されることになります。

実務においては、役員に資産を贈与したりすると、消費税だけでなく、所得税、法人税においてもそれぞれペナルティーが用意されていますので注意が必要です。

非課税取引とは

非課税取引　課税対象取引のうち、土地や株券の売買、保険診療や住宅家賃など特定のものについては、非課税として消費税を課さないこととしています。非課税取引とは、課税対象取引のうち、特定のものについてだけ非課税としているわけですから、課税対象取引に該当しなければ、非課税という概念は出てこないことになります。非課税取引を理解するためには、まず、その課税体系における位置づけをしっかりと把握することが重要です。

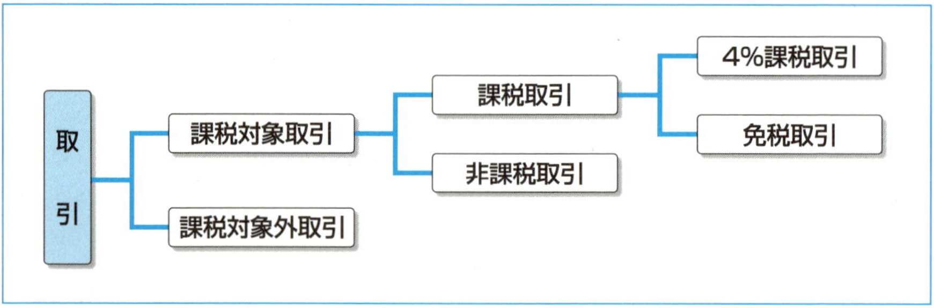

非課税取引の位置づけ　非課税取引については、消費税法別表第一と第二にその具体的な内容が限定列挙されています。一方、消費税の法令には、「課税取引とはこういうものである」という具体的な列挙はされていません。課税対象取引のうち、非課税取引以外のものが「課税取引」となるわけですから、課税対象取引と非課税取引の拾い出しができなければ、必然的に課税取引を把握することもできないということになるのです。

非課税取引を十分に理解するためには、どこまでが非課税となるのか、その境界線を把握することが重要です。たとえば、土地の譲渡および貸付けは非課税とされていますが、土地取引に関連するもののすべてが非課税になるわけではありません。土地の売買に伴い、不動産業者が収受する仲介手数料や整地のための土地造成費については、たとえ土地に関連する取引であっても消費税が課税されることになります。

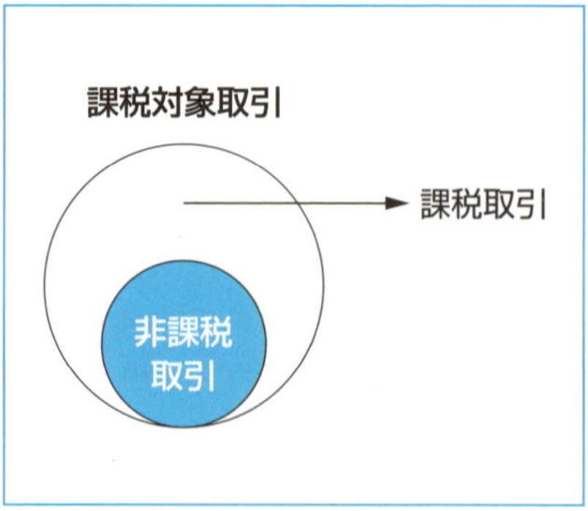

非課税取引の概要

非課税取引については、国内取引と輸入取引に区分して、その具体的な内容が定められています（消法別表第一・第二）。

- 非課税取引
  - 国内取引
    - 税の性格から課税することになじまないもの
      - 土地の譲渡および貸付け
      - 有価証券･支払手段の譲渡
      - 金融取引、保険料など
      - 郵便切手類、印紙、証紙の譲渡
      - 物品切手等の譲渡
      - 行政手数料
    - 社会政策的な配慮に基づくもの
      - 国際郵便為替などの手数料
      - 保健医療にかかる診療報酬
      - 介護保険法の規定による居宅サービスなど
      - 社会福祉事業にかかる資産の譲渡等
      - 助産にかかる資産の譲渡等
      - 埋葬料、火葬料
      - 身体障害者用物品の譲渡等
      - 教育にかかる役務の提供
      - 教科用図書の譲渡
      - 住宅の貸付け
  - 輸入取引
    - 有価証券、支払手段、郵便切手類、印紙、証紙、物品切手等、身体障害者用物品、教科用図書

非課税取引の範囲を理解するためには、その取引が、譲渡なのか、貸付けなのか、役務の提供なのかということにも注意する必要があります。たとえば、土地取引については譲渡と貸付けが非課税とされているのに対し、住宅については非課税となるのは「貸付け」に限定されています。つまり、住宅家賃だけが非課税とされるわけですから、住宅の譲渡は建物の譲渡であり、消費税が課税されることになるのです。

仕入税額控除との関係

土地の購入費や支払利息などの「非課税仕入れ」は税額控除の対象とはなりません。その対価に消費税が課されていないわけですから、当然といえば当然のことです。

非課税取引で特に注意したいのは、その対価（収入）について消費税が課されない反面、その非課税売上げに対応する仕入れについては、たとえそれが課税仕入れであったとしても、原則として税額控除はできないということです。

たとえば、土地を売却する際に、不動産業者に仲介手数料を支払ったとしましょう。この場合の土地の売上高は非課税となりますが、仲介手数料は不動産業者の行った役務提供に対する対価として課税されることになります。

しかし、この仲介手数料は土地を売るために要したものであり、土地の売上高が非課税であることから、これに対応する課税仕入れについては、原則として税額控除が認められないのです。

課税売上割合　しかし、すべての事業者についてこれを適用した場合、受取利息など、わずかばかりの非課税売上げしかない事業者についてまで課税仕入れのあん分計算を強いることとなり、消費税の計算が煩雑になってしまいます。

そこで、計算の簡便化を図る観点から、次の「課税売上割合」が95％以上の場合（非課税売上げの占める割合が５％未満と非常に少ない場合）には、非課税売上げに関係する課税仕入れも含めて、その全額について税額控除の対象とすることが認められています。

$$\text{課税売上割合} = \frac{\text{課税売上高（税抜）}}{\text{課税売上高（税抜）} + \text{非課税売上高}}$$

この課税売上割合の計算では、受取利息のような非課税売上げは分母に計上することになる一方で、受取配当金のような課税対象外収入は、計算には一切関係させません。

したがって、同じ課税されない取引であっても非課税売上げと課税対象外収入はしっかりと区分する必要があるのです。

土地の譲渡および貸付け

土地は、消費の対象となるものではなく、その譲渡は現金が土地に変わるだけの単なる資本移転であることから非課税とされました。また、土地の貸付けについても、土地の譲渡との課税のバランスを考慮して非課税とされました。

仲介手数料・土地造成費　土地取引に関連するものであっても、土地の売買に伴い不動産業者が収受する仲介手数料や、整地に伴い土建業者が収受する造成費は非課税とはなりません。土地造成費については、これを支払う事業者はその金額を土地の帳簿価額に加算するわけですが、経理処理や勘定科目にかかわらず課税・非課税の区分をしなければいけません（消基通6－1－2・6）。

• 土地の売買や貸借にかかる仲介手数料、土地造成費	➡ 課　税
• 土地（借地権などを含む）の譲渡代金、貸付代金 • 借地権の更新料や名義書換料	➡ 非課税

土地の貸付けに関する取扱い　1か月未満の短期貸付けや施設としての貸付けは、土地の貸付けであっても非課税とはなりません。

貸店舗の賃料などについては、たとえ賃料を地代と家賃に区分する契約を行ったとしても、その全体が家賃として課税されることになります（消令8、消基通6－1－4～5）。

土地の貸付けに関する取扱い		
貸付期間が1月未満の場合　（注）貸付期間は契約書により判定する。		課　税
建物、野球場、プール、テニスコートなど施設としての貸付け		課　税
事務所などの家賃を、土地部分と家屋部分に区分する契約を行った場合の土地部分と家屋部分の賃貸料		課　税
駐車場	原　　則	課　税
駐車場	いわゆる青空駐車場	非課税
上　記　以　外		非課税

有価証券・支払手段の譲渡

有価証券および支払手段も消費の対象となるものではなく、その譲渡は資本の移転にすぎないという理由から非課税とされています。

有価証券の範囲　消費税法に規定する有価証券には、株券、受益証券などの他、合同会社等の持分や抵当証券などの市場性のない債権、預金、貸付金、売掛金などの金銭債権も含まれます。

なお、船荷証券や貨物の引換証などについては、その実態は船荷や貨物の売買であることから非課税とはなりません。ゴルフ場利用株式（ゴルフ会員権）は、株式の形態はとっているもののその実質はゴルフ場を利用する権利であることから課税となります（消基通6－2－1～2）。

売買手数料　証券会社が収受する売買手数料についても、役務提供に対する対価であることから当然に課税されることになります。

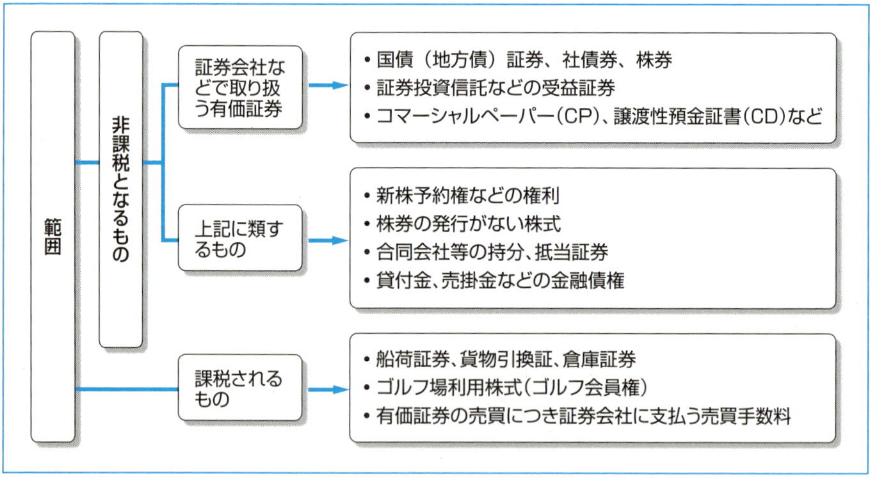
範囲
非課税となるもの
証券会社などで取り扱う有価証券
・国債（地方債）証券、社債券、株券
・証券投資信託などの受益証券
・コマーシャルペーパー（CP）、譲渡性預金証書（CD）など
上記に類するもの
・新株予約権などの権利
・株券の発行がない株式
・合同会社等の持分、抵当証券
・貸付金、売掛金などの金融債権
課税されるもの
・船荷証券、貨物引換証、倉庫証券
・ゴルフ場利用株式（ゴルフ会員権）
・有価証券の売買につき証券会社に支払う売買手数料

支払手段の範囲　支払手段（紙幣、硬貨、小切手、手形など）の譲渡とは、両替や小切手の換金のことです。たとえば、海外旅行の際に日本円をドルに両替する行為は、「円」を売って「ドル」を買うということであり、これが支払手段の譲渡にあたるわけです。ただし、コイン店で記念硬貨を販売する場合など、プレミアム付きの売買は課税されることになります（消基通6－2－3）。

金融取引・保険料など

金銭の貸付けなどの資金の流れに関する取引は、通常の財産やサービスの流れに課税する消費税にはなじみません。また、保険は保険料を支払う者が保険集団を構成し、その団体の中で相互保証をするしくみになっており、保険会社が収受する保険料は、保険会社が行ったサービスに対する対価ではあるものの、預金利息などに類似するものであることから非課税とされています。

現在の経済状勢のもとにおける金融取引は、複雑怪奇になっているのですが、実質的な経済効果は貸付金の利子と同質のものと考えてください。

たとえば手形の割引料ですが、100万円の手形を95万円に割り引いた場合、銀行は決済日に５万円の割引料を収入することになります。これは、95万円の金銭を貸し付けて、返済日に利息とともに100万円を収受する行為と何ら変わるところはありません。割引債を購入し、満期日に額面金額で償還する行為や、金銭を信託し、期日に収益分配金を取得する行為も実質的な効果は同じであり、これらの金銭の流れに付随して発生する「もうけ」について、消費税を非課税としたわけです。

●金融取引の範囲●（消基通6－3－1）

利子・手形の割引料・割引債の償還差益　非課税となる金融取引には、貸付金、預金等の利子の他に、手形の割引料や割引債の償還差益なども含まれます。

証券投資信託の収益分配金　証券投資信託にかかる収益分配金については、所得税、法人税においては、公社債にかかるものは利子、株式にかかるものは配当として取り扱われていますが、金銭を信託するという行為は預金の預入れなどと実質的には変わらないことから、消費税ではすべて非課税として取り扱うこととしています。

売上割引・仕入割引　売掛金を支払期日前に回収したことにより取引先に支払う売上割引や、買掛金を支払期日前に支払ったことにより取引先から収受する仕入割引については、会計上は利子的な性格を有するものとされていますが、消費税の世界では売上代金や仕入代金のマイナス項目（売上対価もしくは仕入対価の返還）として取り扱うことになるので注意が必要です（消基通6－3－4）。

非課税となるもの	・債権、貸付金、預金等の利子、抵当証券の利息 ・手形の割引料、割引債の償還差益 ・合同運用信託、証券投資信託などの収益分配金
課税されるもの	・送金につき金融機関に支払う振込手数料など
売上（仕入）対価の返還として扱われるもの	・売上割引、仕入割引

●**保険料の範囲**●（消基通6－3－1～3）

保険料・共済掛金　保険会社との契約により支払われる損害保険料や生命保険料、共済制度に基づいてその構成員が負担する共済掛金は非課税となります。

法定福利費　雇用主負担の健康保険料や厚生年金保険料、雇用保険や労災保険などの労働保険料は非課税となります。

信用保証料・物上保証料　債務保証をしたことにより、その保証日数に応じて収受する信用の保証料や、債務者に代わって金融機関などに担保提供をしたことにより収受する物上保証料は、その実態は保険料であり、非課税となります。

保険代理店手数料　非課税となるのは保険料などを対価とする役務の提供だけであり、保険代理店が保険会社から収受する代理店手数料や調査手数料などは非課税とはならず、消費税が課税されることになります。

非課税となるもの	・保険料、共済掛金 ・法定福利費 ・信用保証料 ・物上保証料
課税されるもの	・保険代理店手数料など

郵便切手類・印紙・証紙・物品切手等

郵便切手類・印紙・証紙は、郵便配達料金・税金・行政手数料の前払いとして売買されるものです。また、商品券、プリペイドカードなどの物品切手等についても、売買の時点では商品の引渡しやサービスの提供などは行われていないことから、これらの取引については非課税とされています。

郵便切手類・印紙　郵便切手類と印紙については、郵便局や印紙売りさばき所などの公的な場所で譲渡する場合でなければ非課税とはなりません。したがって、金券ショップなどで郵便切手類などを安売りするような場合には課税されることになります（消基通6－4－1）。

物品切手等　デパートが商品券を販売する場合に、これを非課税売上げとして認識すると、デパートは課税商品しか取り扱っていないにもかかわらず、課税売上割合が95％未満となり、仕入税額控除について制限を受けることになってしまいます（☞111頁）。そこで、デパートが自社の商品券を販売するような場合には、その売上代金を預り金として処理することにより、課税対象外収入として扱うことが認められています（消基通6－4－5）。

つまり、自社の商品券の販売は譲渡ではなく「発行」と認識し、商品と引き換えるまで課税の対象としないということです。結果、物品切手等の譲渡で非課税となるものは、ビール券や図書券のように事業者自らが仕入れて販売するものに限られることになります。

なお、非課税とされるのは物品切手等の譲渡対価だけであり、物品切手等の取扱いに関して受ける手数料は消費税が課税されます（消基通6－4－6）。

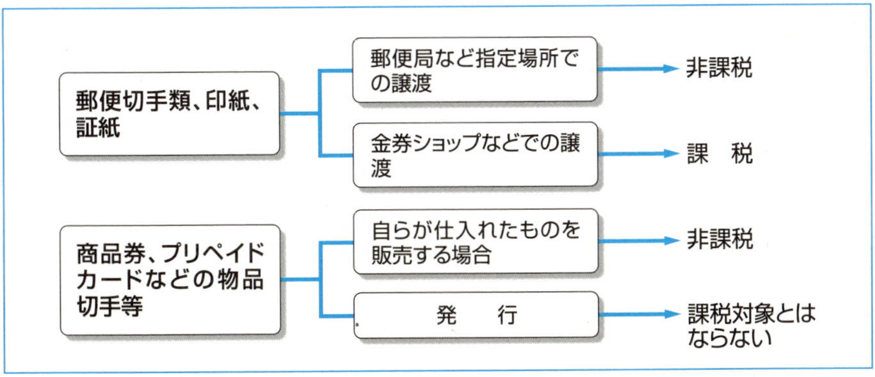

行政手数料・国際郵便為替手数料など

公的機関に対するいわゆる行政手数料については、その支払いが半ば強制され、税金に類似する性格があることから非課税とされました。

国際郵便為替手数料などについては、国際条約との関係により非課税とされたものです。

行政手数料　行政手数料には、住民票、印鑑証明書、固定資産課税台帳の写しなどの発行手数料などがありますが、これらの費用は非課税とされていますので、支払サイドでは仕入税額控除の対象とすることはできません。

具体的には、法令に基づく手数料でその徴収について法令に定めがある登記、登録などの手数料、公文書の交付手数料などが非課税とされています。

なお、手数料の徴収について法令に定めがないものであっても、弁護士などの資格要件とされている登録等、輸出等の要件とされている登録等、JIS規格の登録などの法令に基づく登録等であれば、その手数料は非課税となります（消基通6－5－1～2）。

国際郵便為替などの手数料　郵便為替とは、郵便局を通じて行う送金の方法をいい、国内の郵便局間で行われたものであれば、その取引について課税されることから、手数料を支払う事業者については仕入税額控除の対象とすることができます。海外に送金する際に、国際郵便為替を利用した場合には、その取引は非課税であることから、これにつき手数料を支払う事業者については仕入税額控除の対象とすることはできません。

また、海外の事業者と取引などを行った場合に、銀行を通じて資金の決済をする方法を外国為替業務といいますが、これも国際郵便為替と同様に非課税とされているため、これにつき手数料を支払う事業者については仕入税額控除の対象とすることはできないことになります。

非課税とされる手数料には、たとえば次のようなものがあります。

①外国郵便為替、外国郵便振替による国際間の送金手数料
②外国為替取引にかかる手数料（円とドルの両替手数料など）
③旅行小切手（トラベラーズチェック）の発行手数料

保健医療・助産・埋葬料・火葬料

医療は国民の生命、健康の維持に直接かかわるものであることから非課税とされました。また、助産については人の命の誕生にかかわるものであること、埋葬料、火葬料については人の命の終焉にかかわるものであることから、非課税とされています。

保健医療　医療については、健康保険法などの法令に基づく診療報酬が非課税とされるだけであり、美容整形や健康診断、診断書の作成料などのように保険の対象とならないものは消費税が課税されます。

現行法では、保険診療報酬については患者が1割～3割を自己負担することとされていますが、保険診療であれば、社会保険庁などから収受する診療報酬だけでなく、患者の自己負担金も含めて非課税となります（消基通6－6－3）。

また、法令に定める医療であっても、特別メニュー料金や差額ベッド代など、特定の医療については非課税とはなりません（消法別表第一6かっこ書）。

医薬品・医療器具の売買　医薬品や医療器具の売買については、たとえ保険診療に用いるものであっても消費税が課税されます（消基通6－6－2）。

助産　保険診療の対象とならないものであっても、助産にかかるものであれば非課税となります。助産については、検査、入院、回復検診など施設者（産婦人科医など）による資産の譲渡等について、広範囲にわたり非課税とされています（消基通6－8－1～3）。

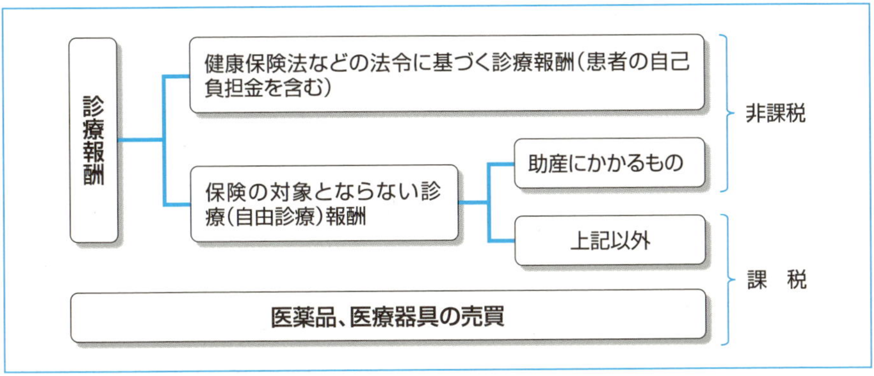

埋葬料・火葬料　非課税となるのは埋葬料、火葬料を対価とする役務の提供だけであり、一般の葬儀費用はこれに該当しないため、消費税が課税されます。

介護・社会福祉・身体障害者用物品

介護保険法の規定による居宅サービスや社会福祉事業に関する資産の譲渡等、身体障害者用物品の譲渡等については、ハンディキャップを負った人々への配慮から、特に政策的配慮を要するものについて非課税としています。

介護保険法の規定による居宅サービスなど　介護保険法に規定する訪問介護、訪問入浴介護、訪問看護、訪問リハビリテーションなどの居宅サービスや施設サービス、その他これらに類する一定のサービスが非課税となりますが、特別室の提供などは非課税とはなりませんので注意が必要です（消令14の２）。

社会福祉事業に関する資産の譲渡等　社会福祉事業に関する資産の譲渡等については、原則として非課税とされていますが、社会福祉事業のうち、授産施設において行われる生産活動などによるものは非課税とはなりません。

ここでいう生産活動とは、就業能力の限られている者により行われる簡易な作業のことですが、これらの生産活動について、消費税を非課税とした場合には、その取引先である事業者サイドで仕入税額控除ができないという問題があり、例外的に課税することとしたものです。

身体障害者用物品の譲渡等　身体障害者用物品の譲渡、貸付け、製作の請負、修理などが非課税とされますが、非課税とするためには厚生労働大臣の指定を受けることが要件とされているため、身体障害者用物品であってもその指定のないものは消費税が課税されることになります（消基通6－10－1）。

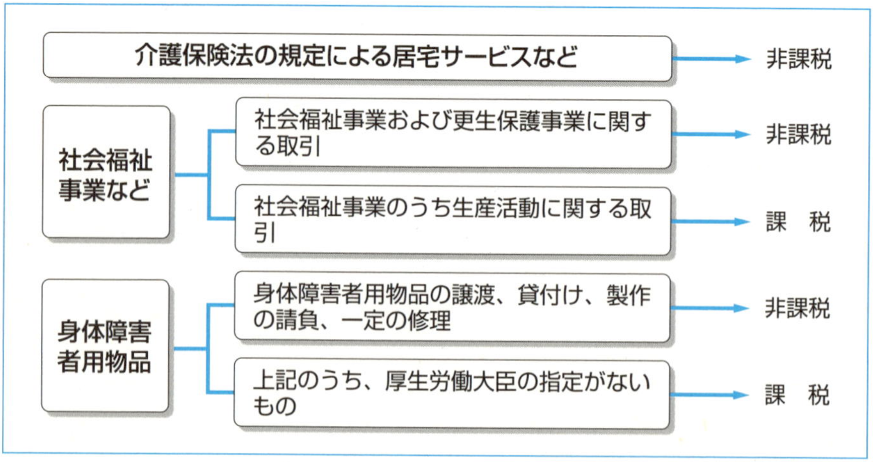

教育・教科用図書の譲渡

学校教育については、その政策的な必要性を重視し、学校教育法に規定する学校について、授業料、入学金などを非課税としています。また、教科用図書についても、教育に直接かかわるものであることから、その譲渡については非課税としたものです。

教育にかかる役務の提供　学校教育法に規定する学校のうち専修学校については、高等課程、専門課程または一般課程において行うものに限り非課税とされるのであり、いわゆる付帯教育として行われるものは消費税が課税されることになります。

各種学校や職業訓練校については、修業年限、授業時間数などの要件をクリアしたものでなければ非課税とはなりません（消基通6－11－1）。

専修学校や各種学校に該当しない進学塾や予備校については当然のことながら課税です。

教科用図書の譲渡　教科用図書については、いわゆる検定済教科書や文部科学省が著作したものだけが非課税とされるのであり、参考書の類は非課税とはなりません（消基通6－12－1・3）。

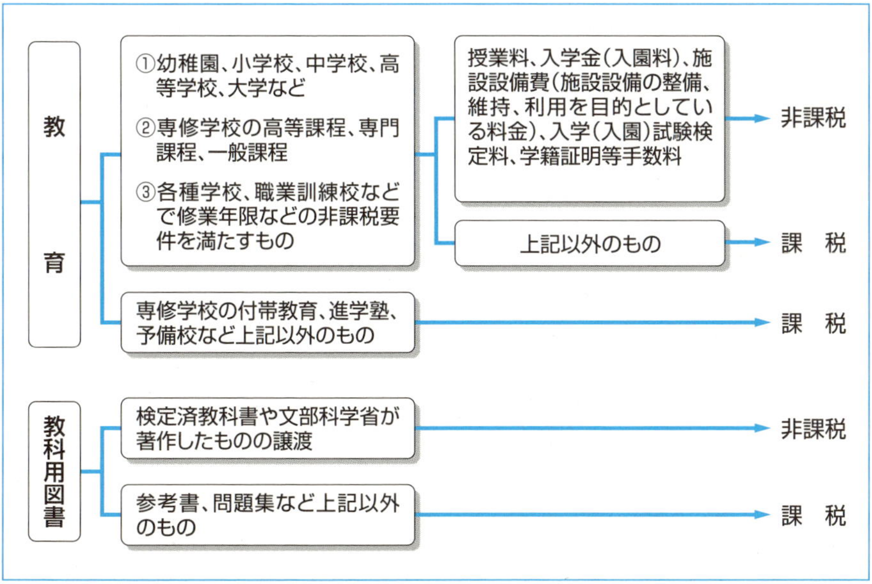

住宅の貸付け

住宅家賃は国民の生活に直接関係しているものであり、家計収入に占める割合も大きいことから非課税とされています。

住宅の貸付け　住宅の貸付けだけが非課税とされるのであり、事務所、店舗など居住用でないものの貸付けは消費税が課税されます。

なお、住宅の貸付けであっても、貸付期間が１か月未満のものについては非課税とはなりません。旅館、ホテルなどの施設の貸付けは、住宅の貸付けとは当然に異なるものであり、非課税とはなりません（消令16の２）。

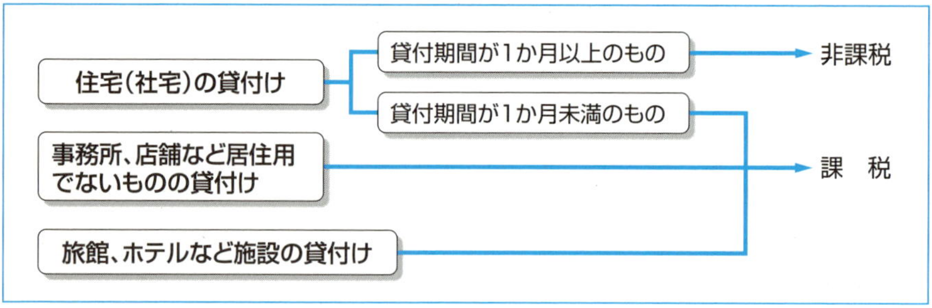

住宅の譲渡　住宅の貸付けだけが非課税とされるわけですから、住宅の譲渡は建物の譲渡として当然に消費税が課税されます。

家賃の範囲　家賃には、月決め等の家賃のほかに定額で収受する共益費も含まれます。また、敷金、保証金、一時金等のうち契約終了時に返還しない部分も家賃として扱われます（消基通6－13－9）。

付属設備の取扱い　冷暖房設備、駐車場などの付属設備については、住宅に付随して、または一体となって貸し付けられるものは家賃とともに非課税とされますが、別契約により使用料等を収受しているような場合には、設備の貸付けとして消費税が課税されます（消基通6－13－1～3）。

店舗兼用住宅　店舗と住宅が併設されているような場合や食事付きの寮など、課税部分と非課税部分が混合した貸付けでその対価が区分されていない場合には、これらの対価の額を合理的に区分しなければなりません。

店舗併設住宅であるならば、住宅部分だけが非課税であり、店舗部分は課税となります。食事付きの寮であるならば、食費に相当する部分が課税で、他の部分は住宅家賃として非課税となります（消基通6－13－5・6）。

免税取引とは

免税取引　消費税は、日本国内において消費、使用される物品や国内において行われるサービスに対して課税するものであり、最終的に国外で消費、使用される物品やその効果が国外に向けて生ずるサービスについては消費税を免除することとしています。

国境税調整　海外に輸出される物品などについては、通常、輸出先の国においてその国独自の間接税が課されるので、日本から輸出する物品などについてまで課税すると、国際間における二重課税という問題が生じてくるわけです。

そこで、物品やサービスの消費などについて課される間接税は、その物品やサービスが消費、使用される国において課税することとし、輸出される物品などについては、間接税の負担がかからないように調整を図るのが国際的慣行となっています（これを「国境税調整」といいます）。

免税取引の位置づけ　課税対象取引のうち、土地や株券の売買などの非課税取引以外のものが課税取引となるわけですが、免税取引とは、この課税取引のうち、特定のものについてだけ、消費税を免除するものです。

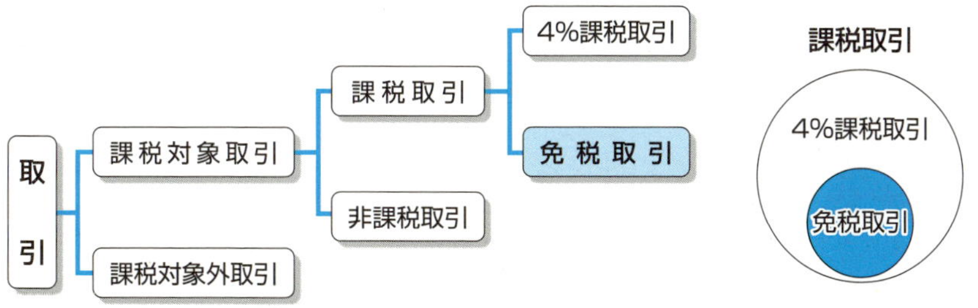

したがって、課税取引に該当しなければ、免税という概念は出てこないことになります。課税取引のうち免税取引以外の売上高が、最終的に課税標準額に計上されるということです。

書類の保存義務　輸出免税の規定の適用を受けるためには、輸出許可書などの書類を確定申告期限から７年間保存することが義務づけられています（消法7②、消規5①）。

免税取引の概要

輸出とは　関税法では「輸出」を「内国貨物を外国に向けて送り出すことをいう」と定義しています（関税法２①二）。つまり、通関手続をしたうえで貨物を輸出する場合に限り、輸出免税の規定が適用されるわけですから、輸出用商品の売買がすべて免税となるわけではありません。下図のように、輸出用の商品であっても国内で売買されている間は消費税が課税され、これを最終的に輸出するときに、その輸出売上げについては消費税が免除されるということです。

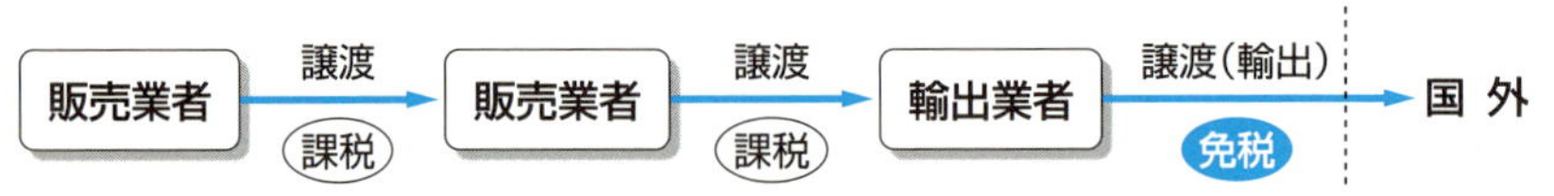

免税の対象となる輸出取引等の範囲は次のとおりです（消法７①、消令17①・②、消基通7－2－1・13）。

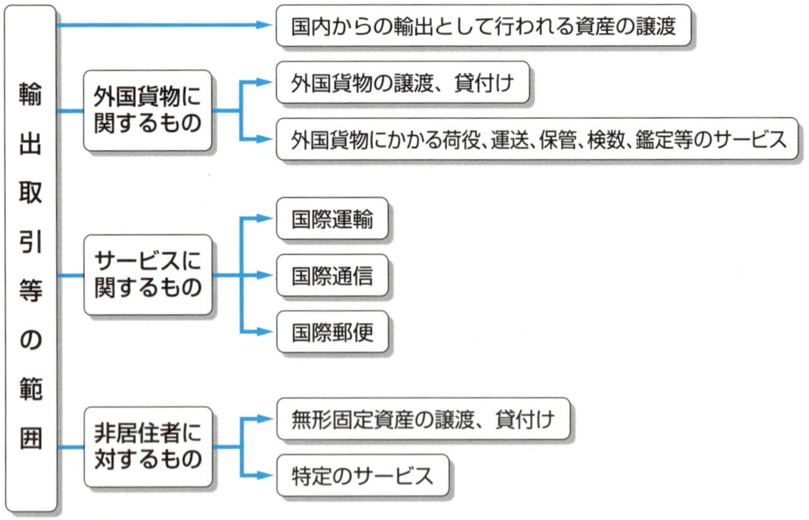

（注）非居住者とは、住所または所在地が国外にある、外国人と外国法人のことを指します。また、上記の他、国際運輸などに用いる船舶や航空機、コンテナーの譲渡や修理など、国際運輸に関連するものについても輸出取引等の範囲に含まれ、免税の対象とされています。

仕入税額控除との関係

非課税売上げも免税売上げも消費税はかからないわけですから、どちらも課税標準額に計上する必要はありません。しかし、仕入税額控除の計算において、その取扱いは大きく異なっています。

個別対応方式（☞111頁）により仕入控除税額を計算する場合、非課税売上げに対応する課税仕入れ等の税額は控除の対象とはなりません。これに対し、免税売上げに対応する課税仕入れ等の税額は、その全額が控除対象となります。

また、課税売上割合の計算において、非課税売上げは分母にのみ算入されるのに対し、免税売上げは、分母と分子の両方に算入されることになります。

$$課税売上割合 = \frac{課税売上高(税抜) + 免税売上高}{課税売上高(税抜) + 免税売上高 + 非課税売上高}$$

免税売上高、非課税売上高、課税対象外収入は、消費税が課税されない（課税標準額に計上しない）という点では同じですが、下表のように、課税売上割合の計算においてその取扱いが異なっていることに注意する必要があります。

	課税標準額	課税売上割合	
		分子	分母
課税売上高	○	○	○
免税売上高	×	○	○
非課税売上高	×	×	○
課税対象外収入	×	×	×

（注）含めるものは○印、除かれるものは×印で示してあります。

免税仕入れ　輸出免税の適用範囲には、単なる「もの」の輸出だけではなく、その効果が海外に向けて生ずるサービスなども含まれます。

航空会社に支払う国際航空運賃やKDDIに支払う国際電話料金など、輸出免税の対象となるような料金については仕入税額控除の対象とすることはできないので注意してください。

外国貨物に関する取扱い

外国貨物の譲渡・貸付け　関税法では、輸出の許可を受けた貨物と輸入貨物で輸入許可前のものを外国貨物と定義しています（関税法２①三）。

この外国貨物については、通関手続をしないと国内への搬入ができません。

そこで、外国貨物の譲渡や貸付けについては輸出免税の規定を適用することとしています（消法７①二）。たとえば、保税地域内にある外国貨物を国内の事業者に譲渡したような場合には、たとえ国内の事業者に対する譲渡であっても輸出免税の対象になるということです。

具体例

Ａ社が国外から貨物を輸入し、通関手続前にこれをＢ社に譲渡した場合、その譲渡については輸出免税の規定が適用されます。なお、通関手続はＢ社が行うことになるので、引き取りにかかる消費税はＢ社が負担し、Ｂ社の申告において仕入税額控除の対象とすることになります。Ａ社がＸ社に支払う仕入代金は国外取引であり、仕入税額控除の対象とはなりません。

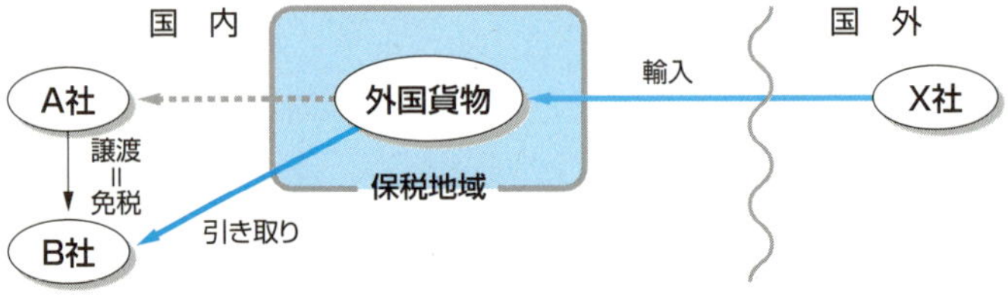

外国貨物にかかる荷役費など　外国貨物は国内での消費、使用ができません。そこで、保税地域内での輸出入貨物の荷役、運送、保管、検数、鑑定などの役務提供についても免税とされています（消令17②四）。

したがって、輸出入取引を行う事業者の場合、輸出入手続に伴う通関業務料金などの費用については仕入税額控除の対象とすることはできません。

通関手続や運送を専門業者に委託しているような場合には、請求書の明細をしっかりと区分し、国内運送費などの課税仕入れとなる費用を抽出する必要があります。なお、通関時に納付する消費税や地方消費税、関税などを通関業者が立替請求するような場合には、仕入税額控除の対象となるのは消費税だけであり、関税などは控除できないことにも注意してください。

輸出物品販売場における免税

免税ショップ（輸出物品販売場）で非居住者に販売した商品は、その購入した非居住者により国外に輸出され、最終的に国外で消費、使用されることになります。そこで、免税ショップで所定の手続きのもとに販売されたものについては、輸出免税と同様に、その譲渡について消費税を免除することとしたものです（消法８、消令18、消規７）。

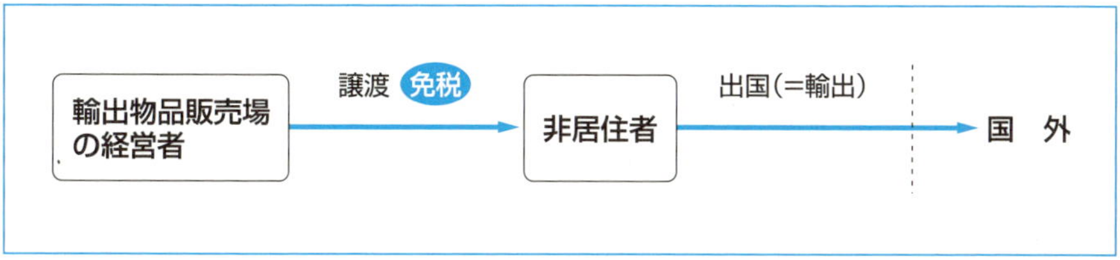

免税手続　輸出物品販売場を経営する事業者は、非居住者に対し、免税で商品を販売しようとする場合には、購入者のパスポートを確認し、購入者誓約書に必要事項を記入させるとともに、これを確定申告期限から７年間保存することが義務づけられています。

営業許可　輸出物品販売場を経営するためには、その事業者の納税地を所轄する税務署長の許可を受けなければなりません。この場合、免税事業者については許可を受けることはできないため、その結果、課税事業者についてしか輸出物品販売場における免税規定は適用されないことになります。

免税対象物品　免税対象物品は、家電製品などの通常生活の用に供する物品とされていますが、カメラのフィルムや食料品など、国内で旅行中に消費される可能性のある消耗品については対象から除かれています。

また、事務手続の煩雑さを防ぐため、税抜価額が１万円以下の少額物品についても免税の対象とはなりません。

出国の際に携帯する物品の取扱い　輸出物品販売場における免税規定は、外国人旅行者に対して適用されるものであり、居住者に対しては適用されません。

ただし、居住者が、海外旅行等のために出国する場合において、渡航先で消費、使用することの明らかな物品を購入する場合には、その物品は国外において消費、使用されるものであることから、所定の手続きを条件として輸出免税の規定を適用することが認められています（消基通7－2－20）。

租税特別措置法の免税

(1) 航海中に消費するものは免税に（消法７①、消基通7－2－18、措法85）

国際輸送などに用いる船舶や航空機に積み込む燃料や飲食物などは、航海中に海の上で消費されてしまうものです。そこで、積み込みのための船用品や機用品を譲渡した場合には、税関長の承認を受けることにより、その譲渡にかかる消費税を免除することとしています。

なお、外国籍の船舶や航空機に貨物を積み込む場合には、その貨物はまさに「輸出」されるものですから、船用品や機用品に限らず、また、税関長の承認も要せずに、輸出免税の規定により、その譲渡にかかる消費税は免除されることになります。

(2) 大使館などに対するものも免税に（措法86、措令45の４）

国税庁長官の指定を受けた事業者が、外国の大使館や大使などに対して課税資産の譲渡や貸付け、役務の提供を行った場合には、その大使館や大使などから交付を受けた証明書の保存を条件として、その譲渡等にかかる消費税は免除されます。

(3) 合衆国軍隊などに対するものも免税に（措法86の２、消基通7－2－19）

合衆国軍隊の兵隊などが海軍販売所等で購入する物品は、国外に輸出され、最終的に国外で消費、使用されることになります。そこで、海軍販売所などに対して物品を販売する場合や合衆国軍隊の公認調達機関に納入するものについては、書類の保存を条件として、消費税を免除することとしています。

(4) 米軍基地からの受注工事の取扱い（所得臨時法７、所得臨時令２）

建設業者が、在日米軍の基地から軍用に供する施設の工事の注文を受けた場合には、その建設工事については消費税が免除されます。なお、免税の適用を受けるためには、合衆国軍隊の権限ある官憲の発給する証明書で、合衆国軍隊の用に供されるものであることを証明するものを保存することが要件とされています。

（注）この取扱いは、租税特別措置法ではなく、「日本国とアメリカ合衆国との間の相互協力及び安全保障条約第６条に基づく施設及び区域並びに日本国における合衆国軍隊の地位に関する協定の実施に伴う所得税法等の臨時特例に関する法律」に基づくものです。

課税仕入れの定義

課税仕入れ

- 事業者が事業として他の者から資産を譲り受け、若しくは借り受け、又は役務の提供を受けることをいう
- 所得税法に規定する給与等を対価とする役務の提供を除く
- 他の者が事業として当該資産を譲り渡し、若しくは貸し付け、又は当該役務の提供をしたとした場合に課税資産の譲渡等に該当することとなるものをいう
- 輸出免税等その他の法律又は条約の規定により消費税が免除されるものを除く

・ポイント1　課税仕入れとは、「事業として」行われる資産の譲り受け、借り受けまたは役務の提供を受けることをいうので、個人事業者の家事用資産の購入は当然に課税仕入れには該当しません（消基通11－1－1）。

・ポイント2　給与等を対価とする役務の提供は、事業者との取引ではないので課税仕入れには該当しません。

・ポイント3　課税仕入れの相手先は、必ずしも課税事業者である必要はなく、免税事業者や消費者からの仕入れであっても課税仕入れに該当することとされています（消基通11－1－3）。

また、相手方で「課税資産の譲渡等に該当するもの」と定義していますので、対価性のあるものでなければ課税仕入れには該当しないことになります。したがって、現金による香典や見舞金などは課税仕入れとはなりません。

一方、課税仕入れに該当するか否かの判断は、その目的や資金の調達方法は関係ないので、たとえ慶弔費であっても、葬式の際の花輪の購入費などは課税仕入れに該当することになります。

また、保険会社から収受した保険金は課税対象外収入となるのですが、この保険金を基に建物を建築したような場合には、その建物の建築費は仕入税額控除の対象として何ら問題はありません（消基通11－2－10）。

・ポイント4　輸出免税等の規定により消費税が免除されるものは課税仕入れとはならないので、国際線の航空運賃や国際電話料金などは仕入税額控除の対象とすることはできません。

家事共用資産　個人事業者が、店舗兼用住宅のような家事共用資産を購入したような場合には、床面積割合などを基準に按分し、事業用の部分だけが仕入税額控除の対象とされることになります（消基通11－1－4）。

給与と報酬の区分　給与等を対価とする役務の提供は課税仕入れには該当しないわけですが、建設業における一人親方のように、請負契約に基づく役務の提供は課税仕入れに該当し、仕入税額控除の対象とすることができます。

提供された役務が課税仕入れに該当するか否かについては、その形態が雇用契約か請負契約かで判断することとなるのですが、実務上は明確な境界線がなく、トラブルの温床となっているのが現状です（消基通1－1－1）。

免税と免除の違いに注意！　「輸出免税等」とは、課税事業者が行う特定の取引についてだけ、消費税を免除するものです。一方、「納税義務の免除」とは、基準期間の課税売上高が1,000万円以下の事業者を対象に、課税期間中の取引すべてについて申告義務と納税義務を免除するものです（☞59頁）。

国際線の航空運賃や国際電話料金など、輸出免税等の規定により消費税が免除されるものは課税仕入れとはなりませんが、免税事業者からの仕入れは課税仕入れに該当することになります。

「輸出免税等」と「納税義務の免除」とでは、まったくその内容は異なるものであるということに注意する必要があります。

ポイント整理

- 個人事業者の家事関連行為は課税仕入れとはならない。
- 家事共用資産を取得した場合には事業用の部分だけが課税仕入れとなる。
- 給与は課税仕入れとはならない。
- 免税事業者や消費者からの仕入れも課税仕入れに該当する。
- 香典や見舞金など、対価性のないものは課税仕入れとはならない。
- 課税仕入れに該当するか否かの判断にあたっては、課税仕入れの目的や資金の調達方法は関係がない。
- 国際航空運賃などの免税取引は課税仕入れとはならない。

3

納税義務者

消費税を納める課税義務者って？

消費税を納めなくていい免税事業者って？

消費税の還付を受けるための手続は？

相続などがあった場合の特例とは？

納めなくていい
消費税を払って
しまったら大変
です……

納税義務者

消費税の納税義務者については、国内取引と輸入取引に区分して、次のように定められています（消法５）。

納税義務者
- 国内取引……国内において課税資産の譲渡等を行った事業者
- 輸入取引……保税地域から課税貨物を引き取る者（輸入者）

国内取引の納税義務者　国内取引については、国内で課税資産の譲渡等を行った事業者が買手側から消費税を預かり、仕入れの際に負担した消費税を控除した残額について、納税義務を負うことになります。国外での取引については納税義務は発生しません。

なお、「課税資産の譲渡等」とは、消費税法２条１項九号で「事業として対価を得て行われる資産の譲渡及び貸付け並びに役務の提供のうち、非課税とされるもの以外のものをいう」と定義しているので、個人事業者が家事用資産を売却した場合や資産を贈与したような場合には、たとえ事業者が行った取引であってもその行為は課税の対象とはならず、結果として、納税義務も発生しないことになります。納税義務者となる事業者は、事業を行う個人（個人事業者）と法人です（消法２①三・四）。

輸入取引の納税義務者　輸入取引については、貨物の輸入者が納税義務者となります。国内取引のように「事業者」という限定はされていないため、消費者が個人輸入する場合であっても原則としてその輸入者が納税義務を負うことになるわけです。

また、「対価を得て」という要件も付されていないため、海外の知人から無償で品物を送ってもらうような場合であっても、その輸入貨物については、輸入者が納税義務を負うことになります。

ただし、輸徴法（輸入品に対する内国消費税の徴収等に関する法律）の規定により、土産品などについては、一定数量または一定金額までは関税・消費税等の税金が免除されています。

納税義務の免除

免税事業者　基準期間中の課税売上高が1,000万円以下の小規模事業者については、消費税の納税義務を免除することとしており、この制度により納税義務が免除される事業者のことを「免税事業者」といいます（消法９①）。

免税点　事業者免税点は1,000万円と定められています。したがって、基準期間中の課税売上高が1,000万円以下の事業者は、当期の課税売上高が何億円あろうとも一切納税義務はありません。逆に、基準期間中の課税売上高が1,000万円を超える事業者は、当期中の課税売上高がたとえ1,000万円以下であったとしても、納税義務は免除されないことになります（消基通1－4－1）。

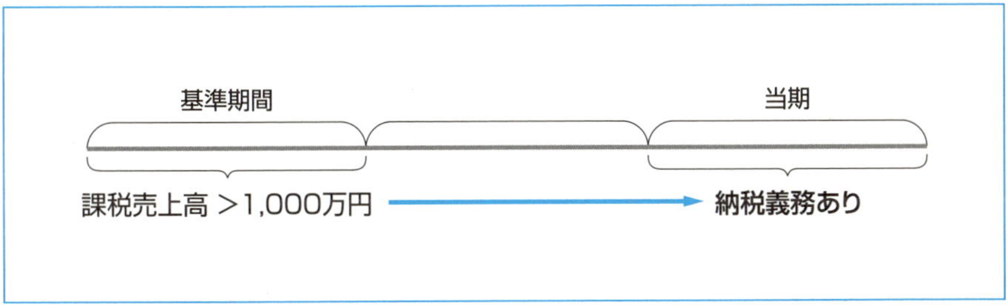

課税事業者届出書　基準期間の課税売上高が1,000万円を超えたことにより課税事業者となる場合には、所轄税務署長に「課税事業者届出書」（☞224頁）を速やかに提出することとされています（消法57①一）。

なお、相続、合併、分割等による事業承継があったことにより、相続人や合併法人などが新たに課税事業者となった場合には、「課税事業者届出書」とともに「相続・合併・分割等があったことにより課税事業者となる場合の付表」（☞225頁）を提出する必要があります。

消費税の納税義務者でなくなった旨の届出書　基準期間の課税売上高が1,000万円以下となったことにより納税義務が免除される場合には、所轄税務署長に「消費税の納税義務者でなくなった旨の届出書」（☞226頁）を速やかに提出することとされています（消法57①二）。

これらの届出書については、提出期限について特段の定めはないわけですが、申告書の郵送など、税務署サイドの事務手続はこれらの届出書に基づいて行われることになるので注意が必要です。

基準期間

基準期間　納税義務があるかどうかの判定に用いる基準期間については、次のように規定されています（消法２①十四）。

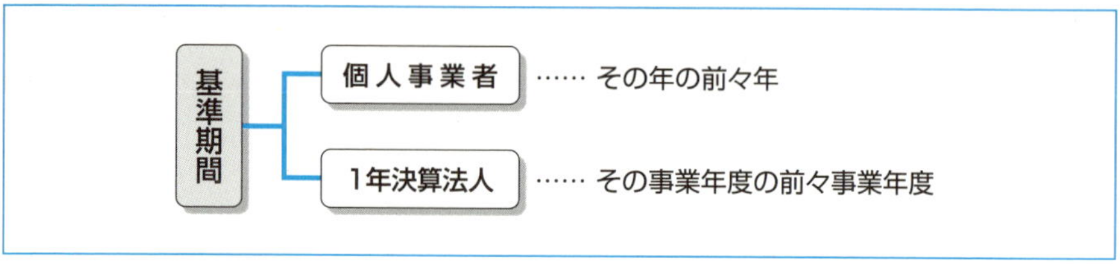

基準期間
個人事業者
……その年の前々年
1年決算法人
……その事業年度の前々事業年度

消費税は税の転嫁を予定している税金です。納税義務者であるならば、定価１万円の商品を販売する場合には１万500円を顧客から収受しなければなりません。つまり、納税義務者になるか免税事業者でいられるかということは、その課税期間が始まる前までにわかっていなければ税の転嫁ができません。

そこで、税を転嫁するための顧客への周知等、準備期間も考慮したうえで、個人事業者については前々年、法人については前々事業年度を基準期間として定めたということです。

前々事業年度が１年未満の場合　前々事業年度が１年未満の場合には、「その事業年度開始の日の２年前の日の前日から１年間の間に開始した各事業年度を合わせた期間」が基準期間となります。たとえば、平成X2年３月31日に12月決算から３月決算に事業年度を変更した法人の平成X3年４月１日～平成X4年３月31日課税期間の基準期間は次のようになります。

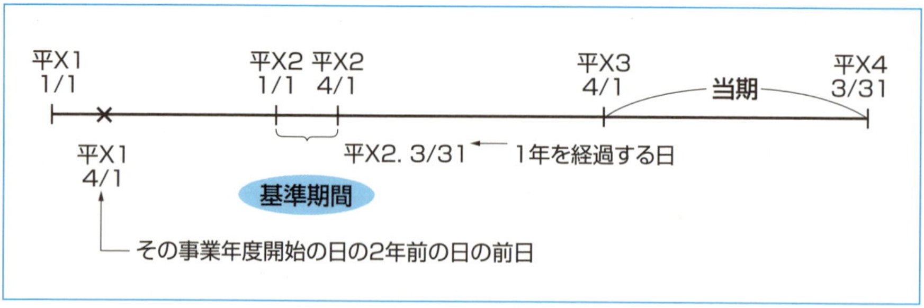

つまり、決算期を変更した場合にも結果として前々事業年度が基準期間となるわけですが、半年決算法人のように不規則な事業年度を定めている法人については、前々事業年度が基準期間とならないケースもあるので注意が必要です。

基準期間における課税売上高

免税点の1,000万円と比較する課税売上高は次のように計算します（消法９②）。

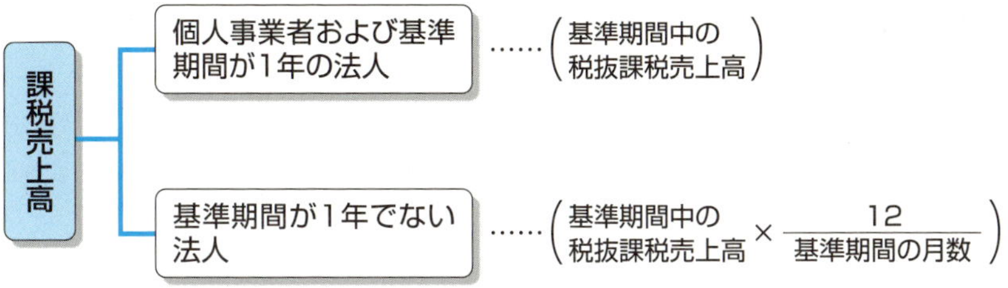

（注）月数は暦に従って計算し、1か月未満の端数があるときはこれを1か月として計算するので、たとえば基準期間が3月10日から同年の12月31日までの場合には、基準期間の月数は10か月として計算します（消法9③）。

●計算上の注意点●

①課税売上高は税抜きの金額

基準期間中に免税事業者であった場合には、その課税売上高には消費税は含まれていないため、税抜きにしてはいけません（消基通1－4－5）。

②輸出免税売上高も含まれる（消基通1－4－2）

輸出免税売上高は０％課税売上高と認識してください。

③純売上高で判定する

判定に用いる課税売上高は、返品、値引、売上割引、金銭による割戻金や販売奨励金をマイナスした後の純課税売上高です（消基通14－1－2・14－1－4）。

④貸倒れとなった売上げも含めたところで計算する

納税義務の判定は、事業者の売上実績に基づき算定するものですから、貸倒金額を売上高からマイナスすることはできません（基通1－4－2（注））。

⑤事業者単位で計算する

たとえば、物品販売業と不動産賃貸業を営んでいる個人事業者の場合、不動産所得、事業所得という単位ではなく、それぞれの業種における課税売上高の総合計で、納税義務の有無を判定することになります（消基通1－4－4）。

個人事業者と法人成り

新規に開業した個人事業者の場合、開業した年とその翌年については基準期間の課税売上高がないので納税義務はありません。その翌々年については、開業した年が基準期間となるので、その課税売上高により納税義務を判定することになります。なお、個人事業者の場合には基準期間中の課税売上高を年換算する必要はありません（消基通1－4－6・9）。

たとえば下図のように、基準期間中の８月10日に開業した個人事業者の基準期間中の課税売上高が500万円の場合、これを年換算する必要はありませんので、結果として基準期間中の課税売上高は1,000万円以下となり、当年の納税義務は免除されることになります。

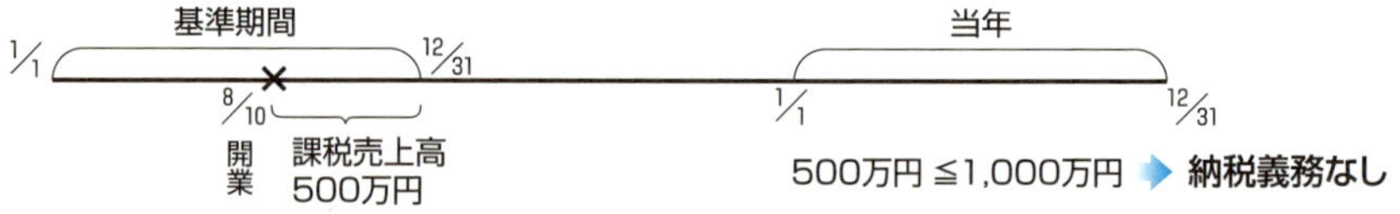

法人成り　個人事業者が法人を設立し、その事業を法人に引き継がせることを「法人成り」といいます。法人成りをした場合であっても、事業そのものは継続するわけですが、法律上は個人事業を廃業し、新たに法人として事業を開始するものですので、新設された法人の納税義務の判定にあたっては、個人事業者の時代の課税売上高は考慮する必要はありません（消基通1－4－6（注））。

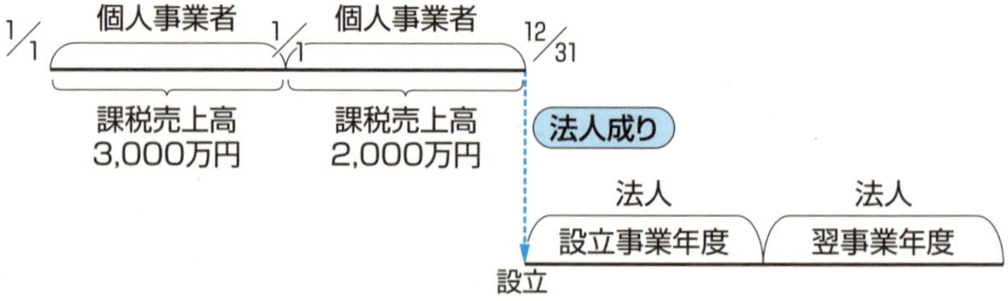

設立事業年度、翌事業年度ともに基準期間がないので免税事業者となります。

なお、課税事業者である個人事業者が廃業した場合には、所轄税務署長に「事業廃止届出書」を速やかに提出することとされています（☞227頁）。

新設法人の特例

新設の法人においては、設立事業年度とその翌事業年度については基準期間がないので原則として免税事業者となります。しかし、現実の商取引においては、免税事業者であっても売値に消費税を転嫁することが事実上容認されています。また、新設法人であっても、その実態が小規模事業者とはいえないようなケースもあることから、資本金が1,000万円以上の新設法人においては、基準期間のない事業年度であっても納税義務を免除しないこととしたものです（消法12の２①）。

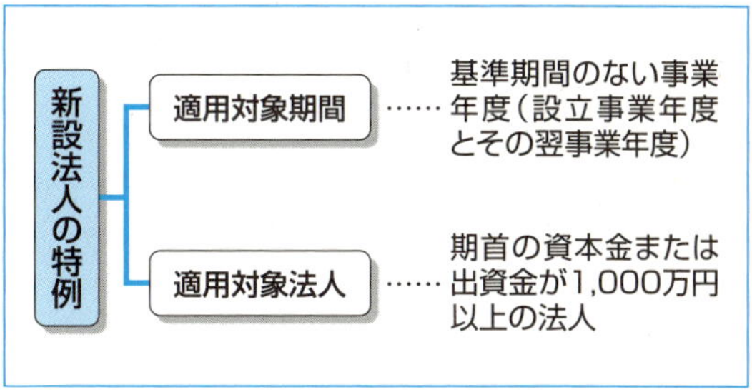

新設法人の特例
適用対象期間
基準期間のない事業年度（設立事業年度とその翌事業年度）
適用対象法人
期首の資本金または出資金が1,000万円以上の法人

消費税の新設法人に該当する旨の届出書　この特例の適用対象となる新設法人は、所轄税務署長に「消費税の新設法人に該当する旨の届出書」（☞228頁）を提出する必要があります（消法57②）。

法人設立届出書　新たに法人を設立した場合には、設立の日以後２か月以内に法人税法に規定する「法人設立届出書」（☞229頁）を提出することになっていますので、この法人設立届出書に「消費税の新設法人に該当することとなった事業年度開始の日」を記載すれば、「消費税の新設法人に該当する旨の届出書」は提出しなくてよいこととされています（消基通1－5－20）。

課税事業者届出書　適用対象法人は、設立事業年度とその翌事業年度については無条件に納税義務者となるわけですが、設立３期目については設立事業年度が基準期間となりますので、その課税売上高により納税義務の判定をすればよいことになります。

基準期間が１年でない場合にはその課税売上高を年換算し、1,000万円以下の場合には、設立３期目は免税事業者となります（消基通1－5－18）。

なお、新設法人が設立３期目に免税事業者となる場合には「消費税の納税義務者でなくなった旨の届出書」は提出する必要はありませんが、設立３期目も課税事業者に該当するような場合には、改めて「課税事業者届出書」を提出することとなっているので注意してください。

設立時の資本金が1,000万円未満の法人が、設立事業年度中に増資をし、資本金が1,000万円以上となったような場合には、設立事業年度については免税事業者となりますが、設立２期目については「期首の資本金が1,000万円以上の基準期間のない事業年度」に該当するので、納税義務は免除されないことになります（消基通1－5－15）。

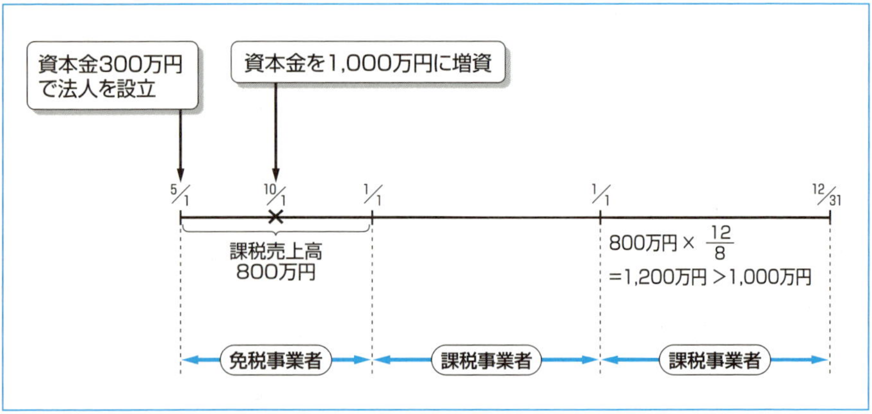

●設立３期目が免税事業者となる場合の留意点

資本金1,000万円以上の新設法人であっても、設立事業年度の課税売上高がゼロの場合、あるいは、設立事業年度の課税売上高を年換算しても1,000万円以下の場合には、設立３期目においては免税事業者となります。

ただし、新設法人が３期目から免税事業者になるような場合には、次の点に注意する必要があります。

●「課税事業者選択届出書」の提出は必要ないか？

新設法人が３期目に多額の設備投資などを予定しており、消費税の還付が見込めるような場合には、２期目の決算日までに「課税事業者選択届出書」を提出し、課税事業者になっておく必要があります。

●期末棚卸資産の税額調整

新設法人が２期目の申告で原則課税（☞102頁）を適用している場合には、２期目に行った課税仕入れのうち、期末在庫分については２期目の申告で棚卸資産の税額調整（☞127頁）が必要となります。

新設法人が固定資産を取得した場合

平成22年4月1日以後に設立した資本金1,000万円以上の新設法人が、基準期間のない事業年度中に調整対象固定資産を取得した場合には、調整対象固定資産を取得した日の属する課税期間の初日から3年を経過する日の属する課税期間までの間は課税事業者として拘束されるとともに、この期間中は簡易課税制度（第7章）の適用を受けることはできません（消法12の2②）。その結果、課税売上割合が著しく変動した場合の税額調整の適用判定（129頁〜133頁）が義務付けられることになります。

ただし、調整対象固定資産を取得した日の属する課税期間において簡易課税制度の適用を受けている場合を除きます。

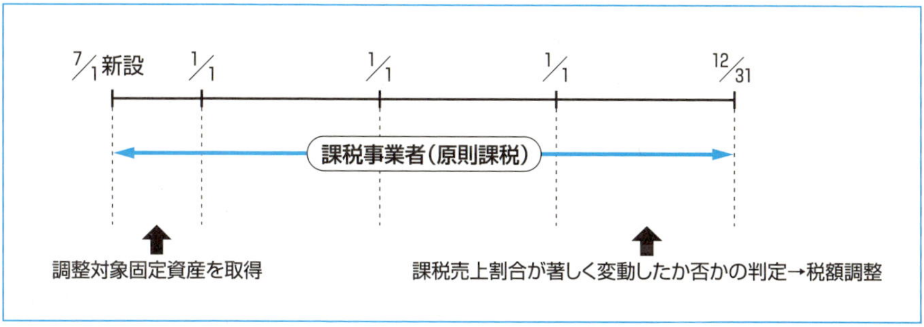

課税選択をした新設法人　資本金1,000万円未満の新設法人が設立事業年度から課税事業者を選択し、設立3期目に調整対象固定資産を取得したような場合には、下図のように設立5期目まで原則課税が強制適用となります。

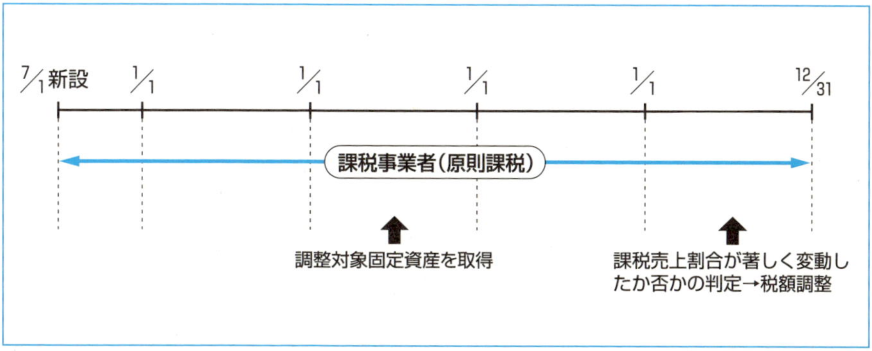

課税事業者選択届出書

免税事業者は、申告義務および納税義務がない代わりに仕入税額控除もできないことになっているので、いくら多額の設備投資をしたとしても消費税の還付を受けることはできません（消法30①）。

したがって、免税事業者が消費税の還付を受けるためには、自らが率先して課税事業者になっておく必要があります。

課税事業者選択届出書　免税事業者が課税事業者になろうとする場合には、所轄税務署長に「課税事業者選択届出書」（☞230頁）を提出する必要があります。課税事業者を選択する場合には、下図のように、原則として課税事業者になろうとする課税期間の開始の日の前日までに「課税事業者選択届出書」を提出しなければなりません（消法９④）。

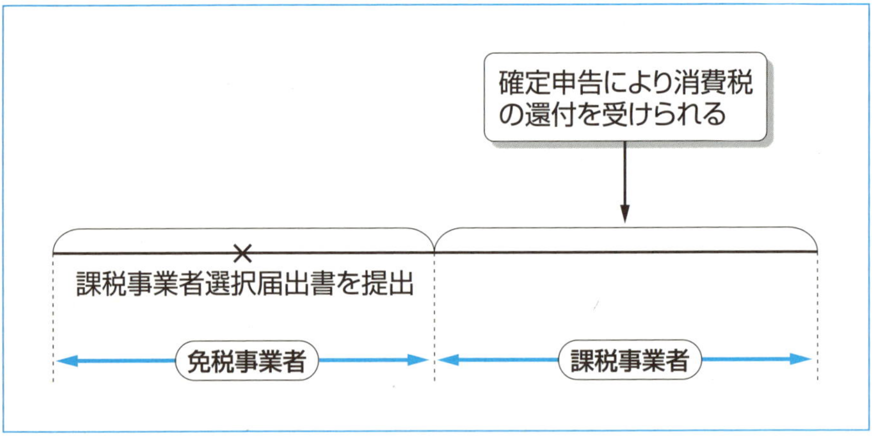

ただし、事前に提出することが不可能な場合もあるので、次のケースについては、それぞれの課税期間中に提出すれば、その課税期間から課税事業者となることができます（消令20）。

①新規に開業（設立）をした日の属する課税期間

②個人事業者が、相続により課税事業者を選択していた被相続人の事業を承継した場合の相続があった日の属する課税期間

③法人が、合併や吸収分割により、課税事業者を選択していた被合併法人や分割法人の事業を承継した場合の合併、分割があった日の属する課税期間

新規開業などの場合には、課税事業者選択届出書の提出日の属する課税期間から課税事業者となることができます。しかし、事業者によっては開業（設立）1期目は設備投資の予定はなく、2期目に設備投資を予定しているようなケースも考えられます。

2期目からの課税事業者の選択　新規開業などの場合の届出書の効力発生時期については、提出日の属する課税期間か翌課税期間かのいずれかを任意に選択できる旨が消費税法基本通達に明記されています（消基通1－4－14）。いずれの場合にしても、届出書は1期目の課税期間中に提出することに注意してください。また、「課税事業者選択届出書」（☞230頁）の適用開始課税期間の欄に、適用開始課税期間の年月日を忘れずに記載する必要があります。

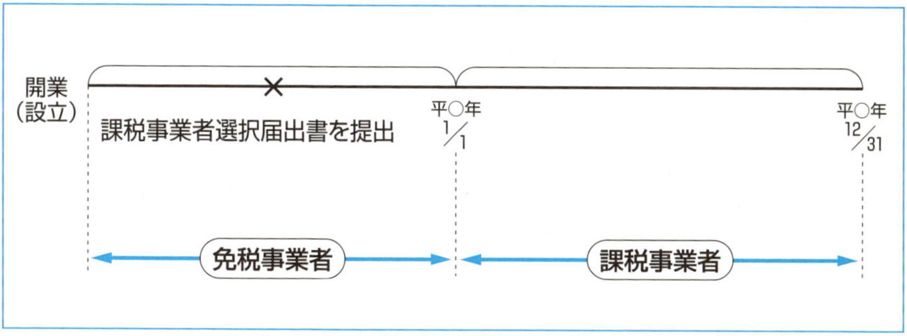

（注）適用開始課税期間の欄に「自平成○年1月1日　至平成○年12月31日」と明記します。

2年以上休業した場合の適用時期　長期間休業した後に改めて事業を再開した個人事業者や、休眠会社を買収して新たに事業を行うこととした法人などについては、基準期間の課税売上高はゼロ（1,000万円以下）であり、再開業した課税期間中は免税事業者となります。

このような場合には、再開業した課税期間中に設備投資などがあったとしても、事前に「課税事業者選択届出書」を提出することができません。そこで、その課税期間の開始の日の前日まで2年以上にわたって営業実績がなく、再開業などをした課税期間中に多額の設備投資などがある場合には、その課税期間中に「課税事業者選択届出書」を提出することにより、消費税の還付を受けることが認められています（消基通1－4－8）。

課税事業者選択不適用届出書

課税事業者選択不適用届出書　課税事業者を選択した事業者が免税事業者に戻ろうとする場合には、「課税事業者選択不適用届出書」（☞231頁）を提出することにより、その提出日の属する課税期間の翌課税期間から免税事業者となることができます（消法９⑤・⑧）。

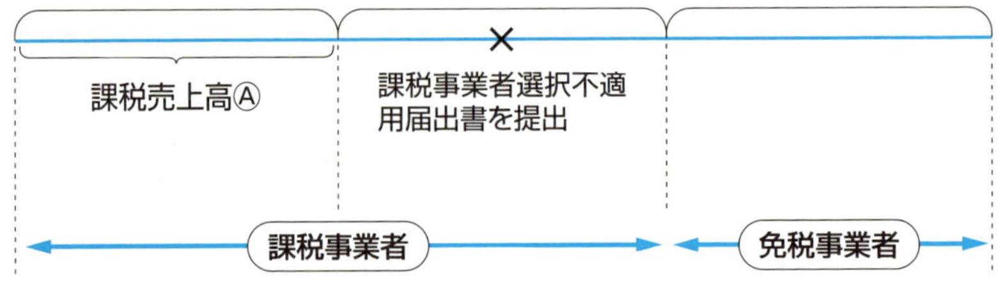

（注）Ⓐが1,000万円を超えている場合には、たとえ「課税事業者選択不適用届出書」を提出していたとしても納税義務は免除されません。

課税事業者を選択した場合の拘束期間　「課税事業者選択不適用届出書」は、新たに課税事業者となった課税期間の初日から２年を経過する日の属する課税期間の初日以降でなければ提出することができません（消法９⑥）。

つまり、課税期間が１年サイクルの場合には、いったん課税事業者となったならば、翌期も課税事業者として申告しなければいけないということです。

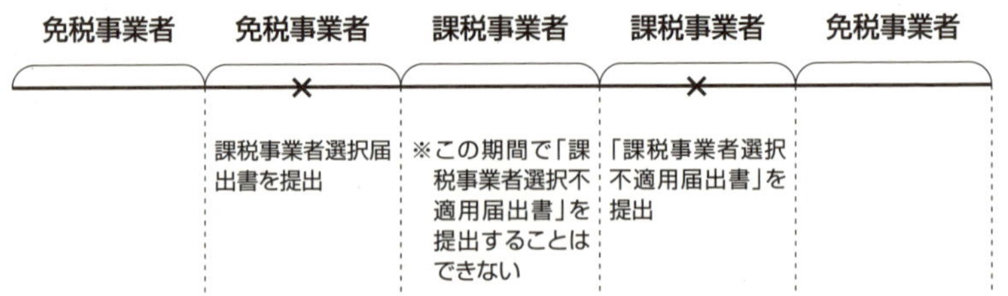

なお、廃業の場合には届出時期についての制限はないので、いつでも提出することができます。

新設法人が、設立事業年度から課税事業者を選択したとします。その後、平年の課税売上高が1,000万円以下であることから「課税事業者選択不適用届出書」を提出し、免税事業者に戻ろうとする場合には、課税事業者としての拘束期間が2年を超えるケースがあるので注意が必要です。

個人事業者の場合、年の中途で開業した場合であっても「課税事業者となった課税期間の初日」はその年の1月1日となります。つまり、「新たに課税事業者となった課税期間の初日から2年を経過する日」は翌年の12月31日であり、この12月31日の属する課税期間の初日以降（すなわち翌年中）に「課税事業者選択不適用届出書」を提出することにより、3年目から免税事業者となることができます。

これに対し、法人の場合には設立登記の日が「課税事業者となった課税期間の初日」となるので、下図の場合、「新たに課税事業者となった課税期間の初日から2年を経過する日」は3期目の6月30日となり、この6月30日の属する課税期間の初日以降でなければ「課税事業者選択不適用届出書」は提出できないわけですから、結果的に3期目まで課税事業者として拘束されることになるのです。

したがって、新規開業（設立）の場合の拘束期間は、個人事業者と法人の場合で1年間の違い（ズレ）があるわけです。

◉年の途中の7/1に設立した法人の場合（事業年度＝1/1〜12/31）◉

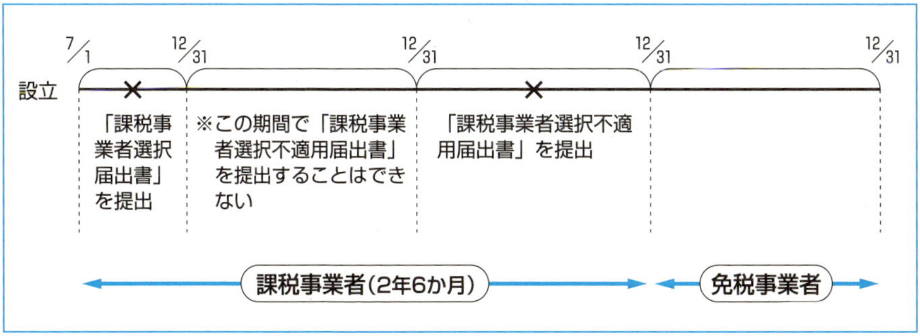

課税選択をした事業者が固定資産を取得した場合

平成22年４月１日以後に開始する課税期間から課税選択をした事業者が、課税事業者としての強制適用期間中に調整対象固定資産（☞129頁）を取得した場合には、調整対象固定資産を取得した日の属する課税期間の初日から３年を経過する日の属する課税期間までの間は課税事業者として拘束されるとともに、この期間中は簡易課税制度（第７章）の適用を受けることはできません（消法9⑦）。その結果、課税売上割合が著しく変動した場合の税額調整の適用判定（☞129頁～133頁）が義務付けられることになります。

ただし、調整対象固定資産を取得した日の属する課税期間において簡易課税制度の適用を受けている場合を除きます。

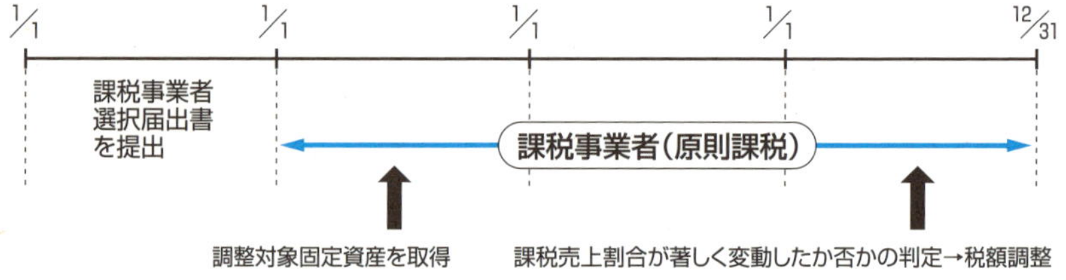

届出書が無効とされるケース　課税選択の強制適用期間中に、翌期から免税事業者となるために「課税事業者選択不適用届出書」を提出した事業者が、その後、同一の課税期間中に調整対象固定資産を取得することとなったような場合には、その届出書の提出はなかったものとみなされます（消法9⑦）。

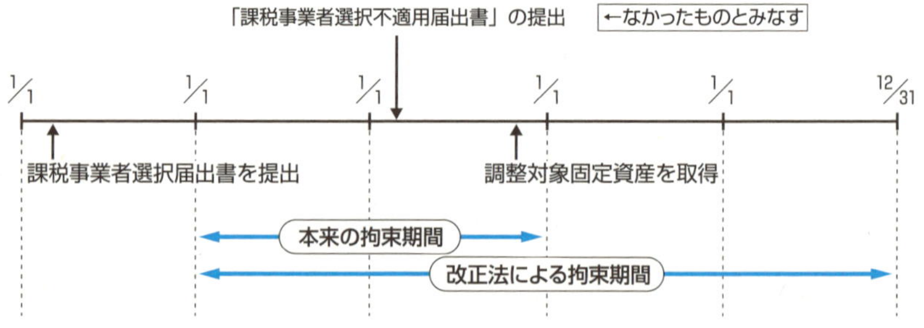

特例承認申請制度

課税事業者選択（不適用）届出に係る特例承認申請書　「課税事業者選択届出書」あるいは「課税事業者選択不適用届出書」を提出期限までに提出できなかった場合において、次のような事情があるときには、承認申請をすることにより、これらの届出書を提出期限内に提出したものとして取り扱うこととしています（消法9⑨、消令20の2、消基通1－4－16～17）。

① 天災や事業者に責任のない人的災害（もらい火など）が発生したことにより、届出書の提出ができない状態になったと認められる場合

② ①の災害に準ずるような状況または事業者に責任のない状態にあることにより、届出書の提出ができない状態になったと認められる場合

③ その課税期間の末日前おおむね1か月以内に相続があった場合で、相続人が新たに課税事業者を選択することのできる個人事業者になった場合

④ ①～③に準ずる事情がある場合で、税務署長がやむを得ないと認めた場合

承認申請をする場合には、災害などの場合には災害等がやんだ後2か月以内に、相続の場合には翌年2月末日までに、「課税事業者選択届出書」あるいは「課税事業者選択不適用届出書」とともに「課税事業者選択（不適用）届出に係る特例承認申請書」（☞232頁）を提出する必要があります。ただ単に提出し忘れた場合などは、宥恕（ゆうじょ）規定は適用されませんので注意してください。

相続があった場合の「課税事業者選択届出書」の効力　相続による事業承継があった場合には、被相続人が提出した「課税事業者選択届出書」の効力は相続人に引き継がれないので注意してください（消基通1－4－12）。

たとえば、消費税の還付を受けるために課税事業者を選択した被相続人が、建物などが完成する前に死亡したような場合には、事業を承継した相続人は、改めて「課税事業者選択届出書」を提出する必要があるということです。

なお、課税選択をしていた被相続人の事業を承継した場合には、相続があった日の属する課税期間中に届出書を提出すれば、相続人は、その課税期間から課税事業者となることができます。また、上記のように、年末に相続があった場合には、その翌年の2月末日までに「課税事業者選択（不適用）届出に係る特例承認申請書」とともに「課税事業者選択届出書」を提出すれば、相続のあった年から課税事業者となることが認められています。

相続

相続による事業承継があった場合には、相続人の基準期間における課税売上高だけではなく、被相続人の基準期間中の課税売上高も考慮したうえで、相続人の納税義務を判定することとされています。

相続のあった年の取扱い　被相続人の基準期間における課税売上高が1,000万円を超える場合には、下図のように相続のあった日の翌日から年末までの期間については相続人は課税事業者となります（消法10①）。

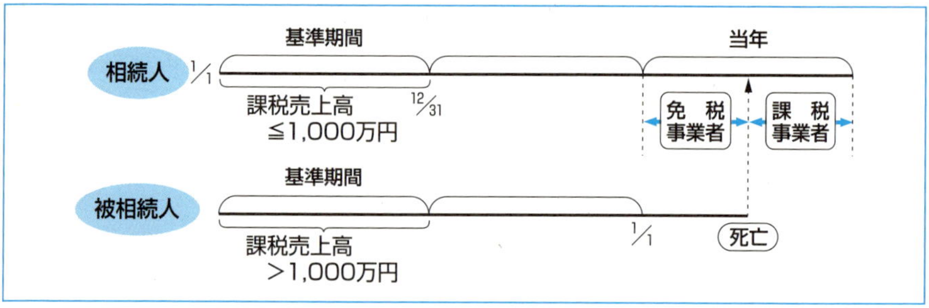

相続人の基準期間における課税売上高は、相続のあった年における納税義務の判定には考慮されないことに注意してください。もっとも、相続人の基準期間における課税売上高が1,000万円を超えていれば、特例判定をするまでもなく、相続人は当然に課税事業者となります。

分割承継　相続人が事業場ごとに分割して事業を承継した場合には、それぞれ事業承継した部分の課税売上高についてだけを、判定計算に考慮することになっています（消令21）。

たとえば、被相続人が２つの貸店舗をもっていて、それぞれの年間賃貸料収入が600万円だったとします。長男、次男と２人の相続人がいて、これを長男がすべて相続すれば長男は課税事業者となりますが、別々に相続した場合には、各相続人は消費税の納税義務を免れることができることになります。

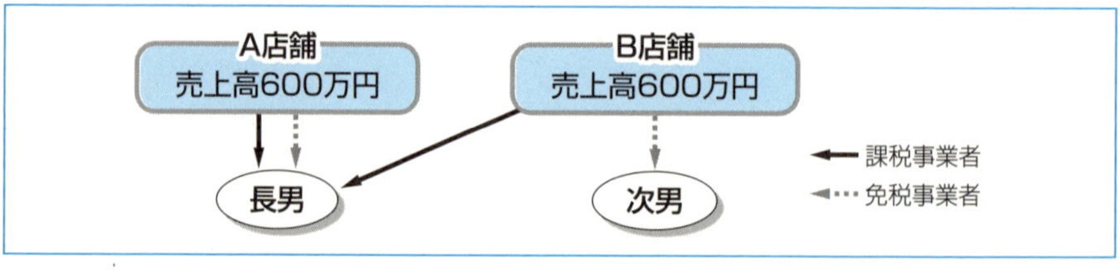

相続のあった年の翌年および翌々年の取扱い　相続人と被相続人の基準期間中の課税売上高の合計額が1,000万円を超える場合に、相続人は課税事業者となります（消法10②）。

◉相続のあった年の翌年の判定例◉

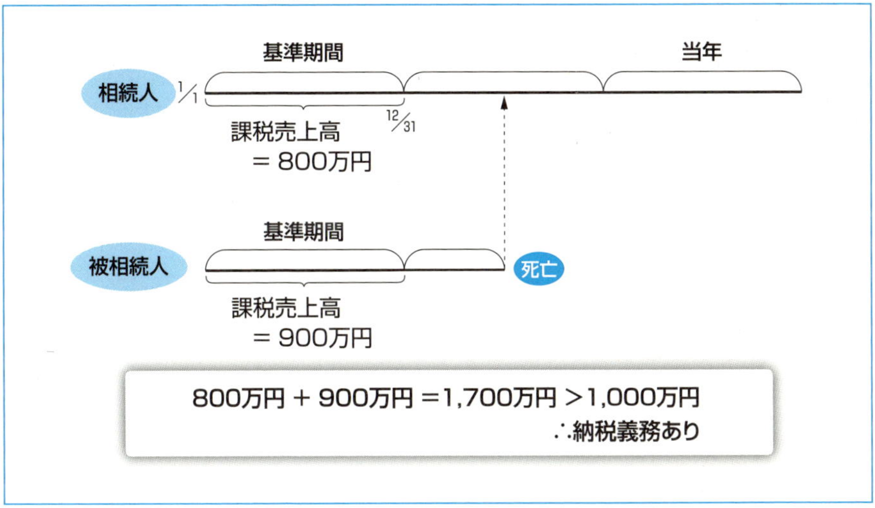

◉相続のあった年の翌々年の判定例◉

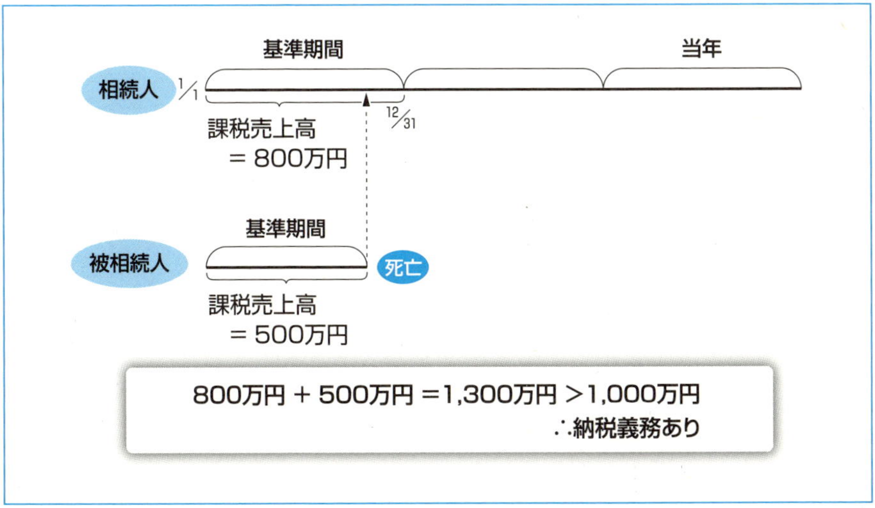

財産が未分割の場合　相続があった場合には、財産分与で相続人同士の話し合いがつかず、結果、裁判にもつれ込むようなことも決して珍しくありません。では、財産が未分割の場合には、相続人の納税義務はどのように判定したらよいのでしょうか？

相続財産が未分割の場合には、財産の分割が実行されるまでの間は各相続人が共同して被相続人の事業を承継したものとして取り扱うこととされており、判定に用いる被相続人の基準期間における課税売上高は、各相続人の法定相続分に応じた割合を乗じた金額によることとされています（消基通1－5－5）。

たとえば、相続人が妻と子供２人の場合、法定相続分は、妻が　、子供が各々となりますので、被相続人の基準期間における課税売上高にこれらの法定相続分を乗じた金額が免税点を超える場合には、相続人は相続があった日の翌日から年末までの期間について、納税義務を負うことになります。

被相続人（夫）が死亡し、基準期間である前々年の課税売上高（税抜）が3,200万円の場合には、妻は相続のあった日の翌日から年末までの期間について納税義務者となりますが、2人の子供については、判定に用いる金額が1,000万円以下となりますので、納税義務は免除されることになります。

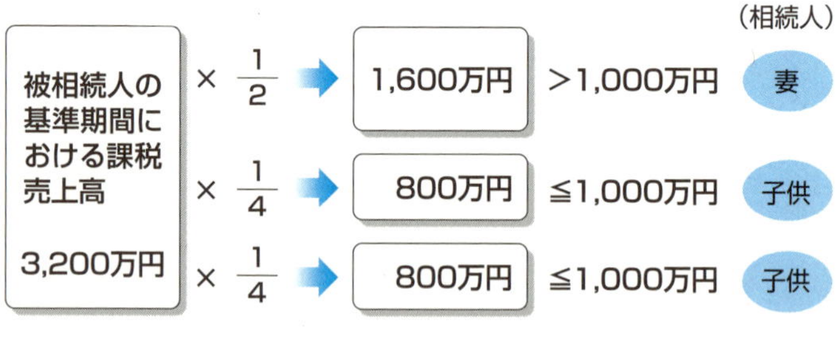

遺産分割が確定した場合　前年以前に相続があった場合において、年の中途に遺産分割が確定した場合には、遺産分割が確定した年の年の初日時点ではまだ遺産は未分割の状態であったことから、その年の納税義務は、上記のように法定相続分に応じて判定することになります。

ただし、その翌年以降については、確定した相続分に応じて判定することとなりますのでご注意ください。

吸収合併

吸収合併による事業承継があった場合には、合併法人の基準期間における課税売上高だけではなく、被合併法人の基準期間中の課税売上高も考慮したうえで、合併法人の納税義務を判定することとされています。

合併事業年度の取扱い　吸収合併があった場合において、合併法人の基準期間中に終了した被合併法人の各事業年度における課税売上高が1,000万円を超える場合には、合併法人は、合併があった日から合併事業年度終了の日までの期間については課税事業者となります。

合併法人の基準期間における課税売上高は、合併事業年度における納税義務の判定には考慮されないことに注意してください。もっとも、合併法人の基準期間における課税売上高が1,000万円を超えていれば、特例判定をするまでもなく、合併法人は当然に課税事業者となります。

なお、被合併法人が２社以上ある場合には、最も大きい課税売上高により判定することとされています（消法11①、消令22①）。

合併事業年度後の事業年度の取扱い　合併事業年度の翌事業年度については、合併法人の基準期間における課税売上高と合併法人の基準期間中に終了した被合併法人の各事業年度における課税売上高との合計額が1,000万円を超えると課税事業者になります。なお、被合併法人が２社以上ある場合には、すべての課税売上高を合計して判定することとされています（消法11②、消令22②）。

また、合併法人の基準期間中に合併があった場合には、基準期間の初日から合併があった日までの期間についてだけ、被合併法人の実績を考慮して計算することになります。具体的な判定方法については次頁で解説します。

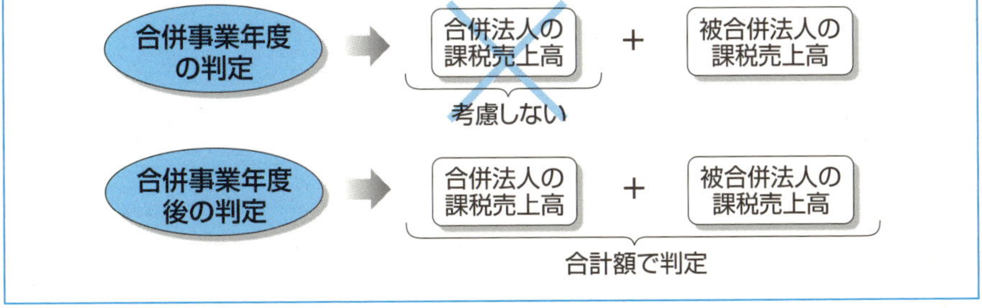

◉合併法人の納税義務の判定例◉

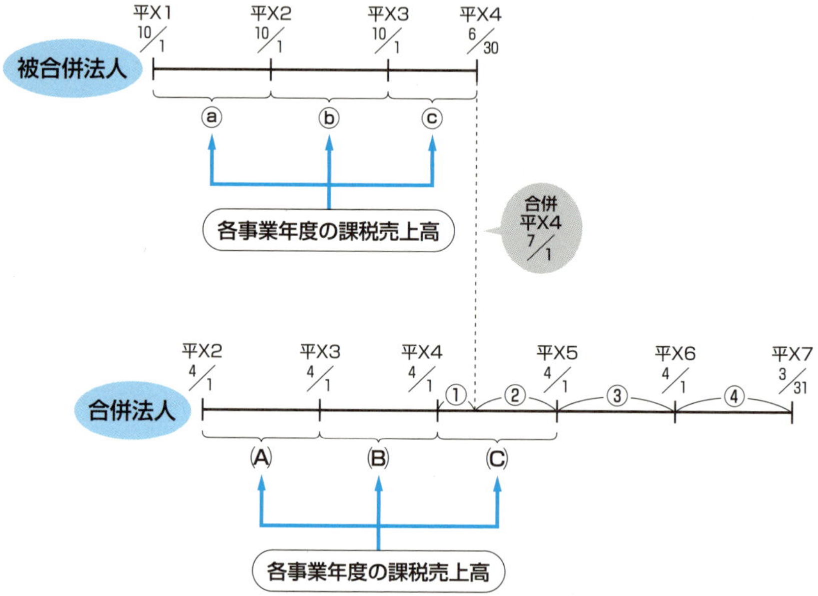

①の期間については、Ⓐが1,000万円を超える場合には納税義務は免除されません。

②の期間については、Ⓐが1,000万円以下であっても、「ⓐ×$\frac{12}{12}$」が1,000万円を超える場合には納税義務は免除されません。

③の期間については、Ⓑが1,000万円以下であっても、「Ⓑ+ⓑ×$\frac{12}{12}$」が1,000万円を超える場合には納税義務は免除されません。

④の期間については、Ⓒが1,000万円以下であっても、「Ⓒ+ⓒ×$\frac{12}{9}$×$\frac{3}{12}$」が1,000万円を超える場合には納税義務は免除されません。

新設合併

新設合併の場合には、被合併法人はすべて消滅し、新たに合併（新設）法人が設立されることになるわけですが、この合併により設立された法人について、単に基準期間がないという理由だけで、設立事業年度とその翌事業年度の納税義務を免除するわけにはいきません。

そこで、合併により設立された法人についても、吸収合併の場合と同様に、被合併法人の実績を考慮したうえで納税義務を判定することとしています。

設立事業年度の取扱い　設立事業年度については、合併新設法人の設立事業年度の基準期間がまるまる１年間あるものと仮定し、その仮定基準期間中に終了した被合併法人の各事業年度における課税売上高のうち、いずれかが1,000万円を超える場合には、合併新設法人は、設立事業年度においては課税事業者となります（消法11③、消令22③）。

設立事業年度後の事業年度の取扱い　設立事業年度の翌事業年度以後については、合併新設法人の基準期間における課税売上高（実額）と合併新設法人の仮定基準期間中に終了した各被合併法人の各事業年度における課税売上高との合計額が1,000万円を超えると課税事業者になります（消法11④、消令22④）。

また、合併新設法人の基準期間における課税売上高がある場合には、仮定基準期間の初日から設立日の前日までの期間についてだけ、被合併法人の実績を考慮して計算します。具体的な判定方法については次頁で解説します。

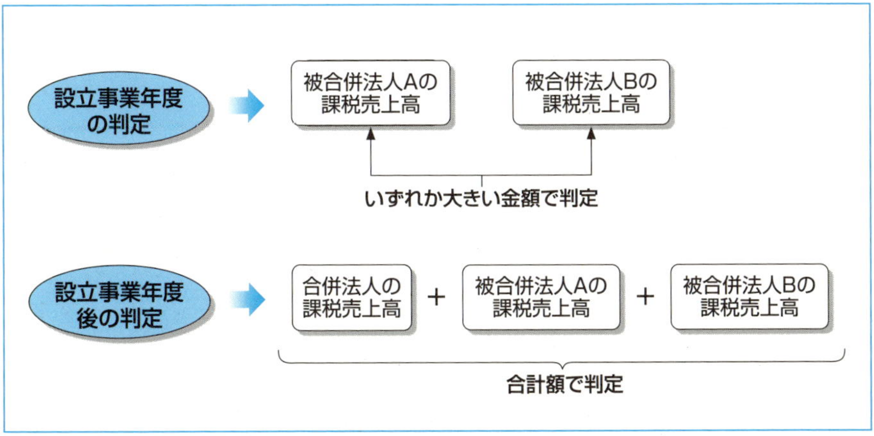

◉合併新設法人の納税義務の判定例◉

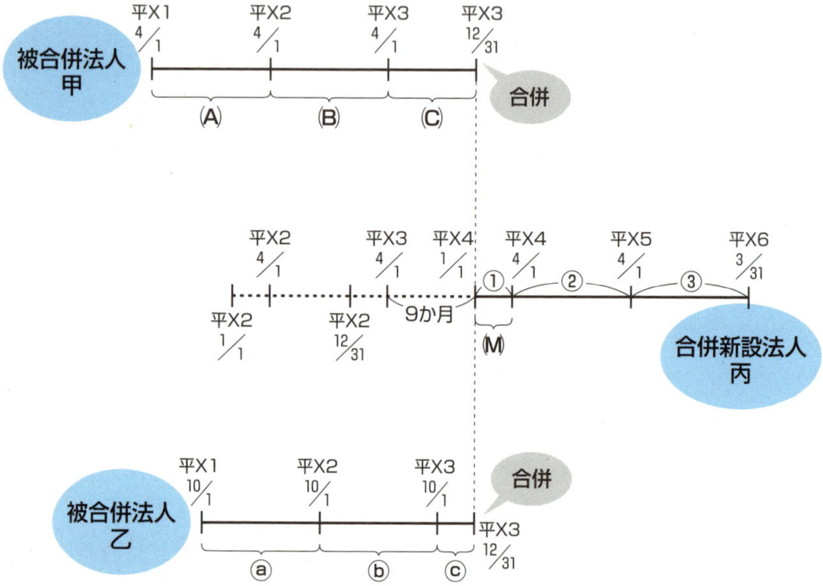

①の期間については、「Ⓐ×$\frac{12}{12}$」と「ⓐ×$\frac{12}{12}$」のいずれかが1,000万円を超える場合には納税義務は免除されません。

②の期間については、「Ⓑ×$\frac{12}{12}$+ⓐ×$\frac{12}{12}$」が1,000万円を超える場合には納税義務は免除されません。

③の期間については、「Ⓜ×$\frac{12}{3}$」が1,000万円以下であっても、「Ⓜ+ⓒ×$\frac{9}{9}$＋(ⓑ+ⓒ)×$\frac{9}{12+3}$」が1,000万円を超える場合には納税義務は免除されません。

新設分割等

新設分割子法人の判定　設立事業年度とその翌事業年度については基準期間がないので、それぞれの基準期間がまるまる１年間あるものと仮定し、その仮定基準期間中に終了した新設分割親法人の各事業年度における課税売上高により納税義務を判定します。

なお、新設分割親法人が２社以上ある場合には、最も大きい課税売上高により判定することとされています（消法12①・②、消令23①・②）。

次に、設立３期目以降の取扱いですが、分割等の特例規定が適用されるのは、新設分割親法人の持株割合等が50％を超える場合に限定されていることに注意してください。設立３期目以降については、新設分割子法人の基準期間があるので、この基準期間における課税売上高に、新設分割子法人の基準期間中に開始した新設分割親法人の各事業年度における課税売上高を合算した金額で判定します。具体的な判定方法については次頁の具体例で解説します。

なお、新設分割親法人が２社以上あるようなケースについては、分割の特例判定はする必要がありません（消法12③、消令23③～④）。

新設分割親法人の判定　新設分割親法人については、新設分割親法人の基準期間における課税売上高に、その基準期間中に開始した新設分割子法人の各事業年度における課税売上高を合算した金額で判定しますが、新設分割親法人の持株割合等が50％を超える場合に限り、特例規定が適用されることに注意してください。具体的な判定方法については次頁の具体例で解説します。

なお、新設分割親法人が２社以上あるようなケースについては、分割の特例判定は不要です（消法12④、消令23⑤）。

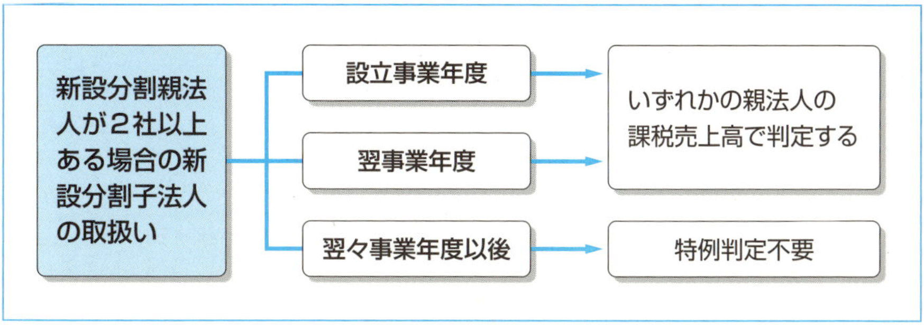

◉子法人・親法人の納税義務の判定例◉

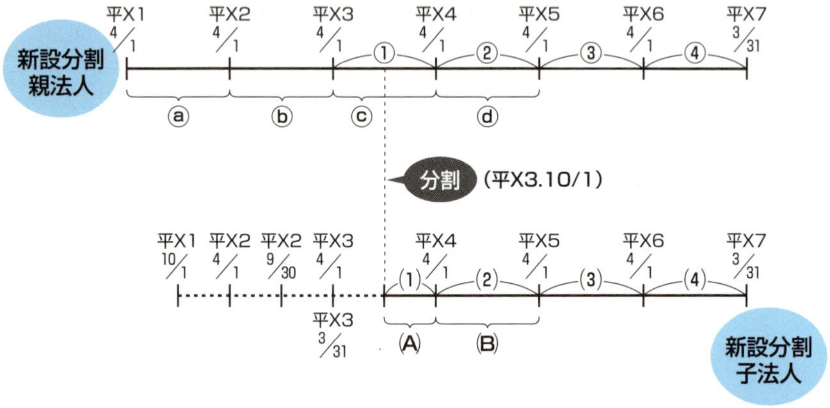

(新設分割子法人の判定)

⑴の期間については、「ⓐ×$\frac{12}{12}$」が1,000万円を超える場合には納税義務は免除されません。

⑵の期間については、「ⓑ×$\frac{12}{12}$」が1,000万円を超える場合には納税義務は免除されません。

⑶の期間については、「Ⓐ×$\frac{12}{6}$」が1,000万円以下であっても「Ⓐ×$\frac{12}{6}$×$\frac{6}{12}$+ⓒ×$\frac{12}{12}$」が1,000万円を超える場合には納税義務は免除されません。

⑷の期間については、Ⓑが1,000万円以下であっても、「Ⓑ+ⓓ×$\frac{12}{12}$」が1,000万円を超える場合には納税義務は免除されません。

(新設分割親法人の判定)

①の期間については、ⓐにより判定します。

②の期間については、ⓑにより判定します。

③の期間については、ⓒが1,000万円以下であっても、「ⓒ+Ⓐ×$\frac{12}{6}$×$\frac{6}{12}$」が1,000万円を超える場合には納税義務は免除されません。

④の期間については、ⓓが1,000万円以下であっても、「ⓓ+Ⓑ×$\frac{12}{12}$」が1,000万円を超える場合には納税義務は免除されません。

吸収分割

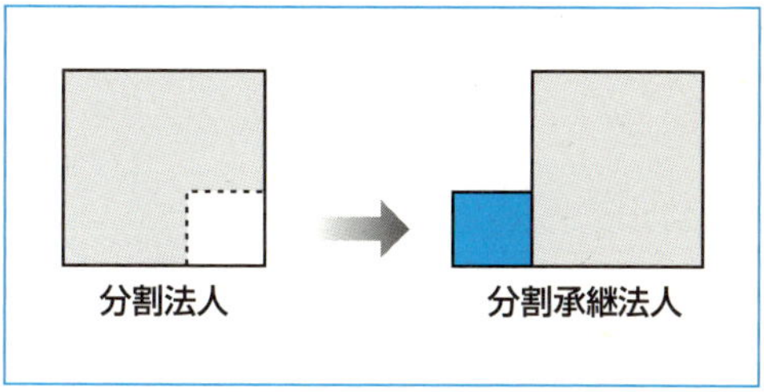

吸収分割とは　企業が組織の再編にあたり、事業の一部分を他の既存の会社に付け替えるような分割のことを「吸収分割」といいます。分割法人と分割承継法人はまったく別の法人ですから、本来であれば、たとえ吸収分割があったとしても、特例判定などする必要はありません。

しかし、大規模法人が事業の大半を切り離し、小規模法人に付け替えたような場合において、その事業を承継した小規模法人が、自社の基準期間中の課税売上高だけで納税義務を判定するのは明らかに不合理です。

こういった理由から、吸収分割については、分割承継法人の吸収分割があった事業年度とその翌事業年度、つまり、承継した事業の実績が基準期間中の課税売上高に反映されない期間についてだけ、分割法人の売上規模により、特例判定をすることとしたのです。したがって、吸収分割があった事業年度の翌々事業年度以降については特例判定はする必要はありません。また、分割法人についても、特例規定は一切適用されないことに注意してください。

判定方法　吸収分割があった事業年度においては、分割承継法人の基準期間中に終了した分割法人の各事業年度における課税売上高が1,000万円を超える場合には、分割承継法人は、吸収分割があった日からその事業年度終了の日までの期間については課税事業者となります（消法12⑤、消令23⑥）。

吸収分割があった事業年度の翌事業年度においては、分割承継法人の基準期間中に終了した分割法人の各事業年度における課税売上高が1,000万円を超える場合には、分割承継法人は、その事業年度においても課税事業者となります（消法12⑥、消令23⑦）。吸収分割の場合には、分割承継法人の基準期間における課税売上高は納税義務判定には考慮しないことに注意してください。

もっとも、分割承継法人の基準期間における課税売上高が1,000万円を超えていれば、特例判定をするまでもなく、分割承継法人は当然に課税事業者となります。なお、分割法人が2社以上ある場合には、最も大きい課税売上高により判定することとされています。

◉分割承継法人の納税義務の判定例◉

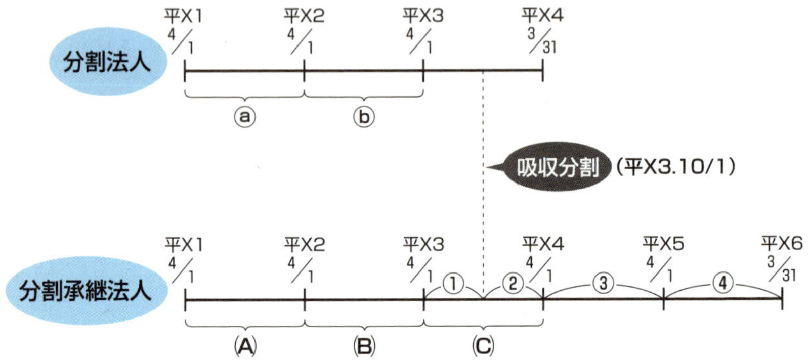

（分割承継法人の判定）

①の期間については、Ⓐが1,000万円を超える場合には納税義務は免除されません。

②の期間については、Ⓐが1,000万円以下であっても、「ⓐ×$\frac{12}{12}$」が1,000万円を超える場合には納税義務は免除されません。

③の期間については、Ⓑが1,000万円以下であっても、「ⓑ×$\frac{12}{12}$」が1,000万円を超える場合には納税義務は免除されません。

④の期間については、Ⓒにより判定します。

4

課税標準と消費税額の調整・資産の譲渡等の時期

消費税計算に使われる「対価の額」って？

「資産の譲渡等」に似た行為の扱いは？

売上げの計上時期はどうなる？

消費税額の計算には、もとになる額や計算方法について注意が必要です

下取り・配送料等

対価の額　課税標準額の計算や課税売上割合の計算に用いるのは、（課税）資産の譲渡等の対価の額です。対価の額には取引の相手先から収受する現金だけでなく、掛取引をした場合の売掛金の額、資産を交換した場合に取得する資産の価額、その他の経済的な利益の額も含まれます（消法28①）。

なお、課税標準額の計算においては、課されるべき消費税額および地方消費税額は対価の額から除くこととされているので、実際の課税標準額は、下記の算式により求めることになります。

$$\text{税込課税売上高} \times \frac{100}{105} = \text{課税標準額（1,000円未満切捨）}$$

下取り　資産の譲渡等に伴い、購入者が所有する資産を下取りした場合であっても、その下取り価額を対価の額と相殺して売上高を計上することはできません（消基通10－1－17）。たとえば、自動車の販売業者が新車を販売する際に、顧客の中古車を下取りした場合には、その下取価額を控除する前の金額を売上高に計上します。なお、顧客から下取りした中古車は課税仕入れに該当しますので、たとえその顧客が消費者であったとしても、その下取価額を仕入控除税額の計算に取り込むことができます（消基通11－1－3）。

消費税の場合、「所得」ではなく「売上げ」を基準に税額計算を行うので、相殺取引がある場合には特に注意する必要があります。

配送料等　資産の譲渡等に伴い、配送料等を別途収受し、その配送料等を預り金または仮受金等として明確に区分処理している場合には、その配送料等は売上げに計上する必要はありません（消基通10－1－16）。

- **商品販売時の仕訳**　（現　金）×××　（売上高）×××
  （預り金）×××

- **配送料支払時の仕訳**　（預り金）×××　（現　金）×××

委託販売

委託販売その他業務代行等に係る資産の譲渡等を行った場合の取扱いは、次のように定められています（消基通10－1－12）。

●委託者の取扱い

①原則　受託者が委託商品を譲渡等したことに伴い収受したまたは収受すべき金額を委託者における売上高とします。

②例外　その資産の譲渡等の金額から受託者に支払う委託販売手数料を控除した残額を委託者における売上高とすることも認められます。ただし、その課税期間中に行った委託販売等のすべてについてこの方法によることが条件となります。

●受託者の取扱い

①原則　委託者から受ける委託販売手数料が売上高となります。

②例外　委託された商品の譲渡等に伴い収受したまたは収受すべき金額を課税売上高とし、委託者に支払う金額を課税仕入高に計上することも認められます。

ただし、委託者から課税資産の譲渡等のみを行うことを委託されている場合に限られるので、非課税資産の売買については適用できません。

計算例

受託者の販売代金が100で、委託販売手数料が10の場合の委託者および受託者の売上高は次のようになります。

●委託者　①原則　売　上　高 100　課税仕入高 10
②例外　売　上　高 100－10＝90

●受託者　①原則　課税売上高　10
②例外　課税売上高 100　課税仕入高 90

みなし譲渡と低額譲渡

みなし譲渡 「個人事業者の棚卸資産や事業用資産の家事消費または使用」と「法人の役員に対する資産の贈与」についてはみなし課税することとされていますが（☞35頁参照）、この場合の売上金額は下表のように計算します（消法28②、消基通10－1－18）。

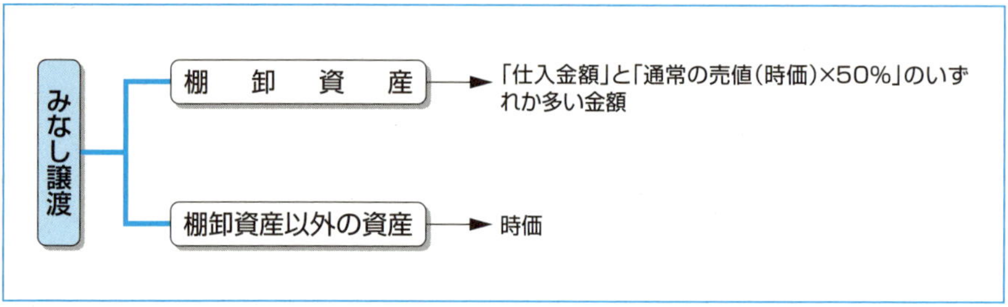

低額譲渡 消費税では原則として時価による認定課税は行わず、実際の譲渡対価を基に税額計算を行うこととされていますが、法人の役員に対する資産の譲渡についてだけは、例外的に次のように取り扱うこととなっています（消法28①、消基通10－1－2）。

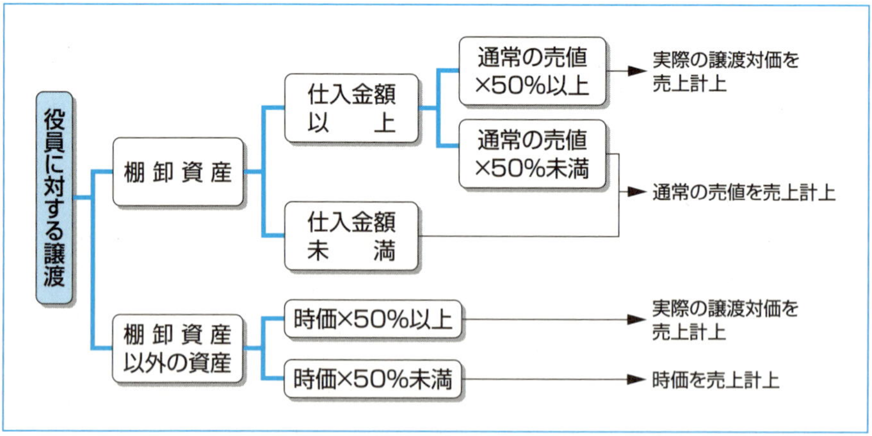

ただし、時価の50％未満の価額による譲渡であっても、役員および使用人の全部につき、一律にまたは勤続年数等に応ずる合理的な値引率に基づくものであれば、低額譲渡には該当しないこととされています。

未経過固定資産税等の取扱い

固定資産税等の清算金　固定資産税や都市計画税は、その年1月1日（賦課期日）の不動産などの所有者に対して1年分がまるまる課税されますが、たとえば年の中途に不動産を売却したような場合には、売却日から年末までの期間については、所有権が売手から買手に移転するにもかかわらず、固定資産税等は売手が全額を負担していることになってしまいます。

こういった理由から、年の中途で不動産の売買が行われた場合には、売却日から年末までの未経過期間分の固定資産税等について、売手と買手の間でこれを清算することが商慣行となっています。固定資産税等の清算は法律により定められたものではなく、あくまでも売手と買手の間で決められた決済手段の一手法にすぎないわけですから、売手サイドでは、買手から受領した固定資産税等の清算金を租税公課勘定からマイナスすることはできません。

固定資産税等の清算金は、売買した不動産の対価の一部として扱われるので、売手サイドでは、別途受領した固定資産税等の清算金のうち、土地部分は非課税売上高、建物部分は課税売上高として処理することになるのです（消基通10−1−6）。

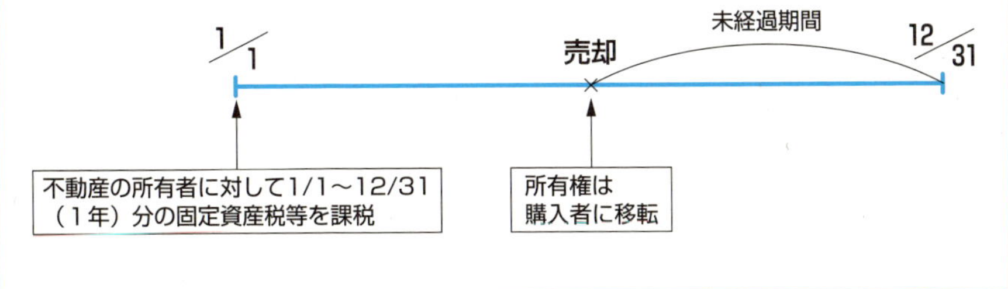

自動車税の清算金　自動車税は、毎年4月1日（賦課期日）の自動車の所有者に対して翌年3月31日までの税金が課税されることから、中古車両を売買する場合には、売手と買手の間で自動車税の清算が行われます。この自動車税の清算金も、固定資産税等と同様に売買された中古車両の対価の一部として扱われるので、売手が収受する自動車税の清算金は課税売上高、買手が支払う自動車税の清算金は課税仕入高として処理することになります。

個別消費税の取扱い

酒税、たばこ税などの取扱い 特定の課税物件だけを対象に課税するものを「個別消費税」といいますが、これらの個別消費税は、原則として課税資産の譲渡対価に含めるものとされています。たとえば酒税の場合、納税義務者は製造者とされており、製造者がお酒を製造場から出荷した分だけ酒税が課税されることになっているので、酒造メーカーは、酒税の負担分をコストとして考慮したうえで、お酒の売値を決定することになります。この場合の酒税は、あくまでもコスト（原価）として認識することになるので、お酒の販売価格から酒税相当分を控除して消費税計算をすることはできません。

これに対し、軽油引取税、ゴルフ場利用税、入湯税についてだけは取扱いが違うので注意が必要です（消基通10－1－11）。

軽油引取税 納税義務者は特約店から軽油を購入する者とされており、この購入者が納付すべき軽油引取税を売手である特約店が販売代金とともに預かり、都道府県に代理納付をするというシステムになっています。

つまり、特約店が相手方から受領する軽油引取税は単なる預り金であり、軽油の譲渡対価ではないということです。また、購入者が仕入税額控除の対象とできるのは当然に軽油代だけであり、軽油引取税の支払いは課税仕入れとはなりません。

販売店が特約店から軽油を仕入れ、これを販売する場合には、たとえ軽油代と軽油引取税を区分して代金を収受していたとしても、その合計金額に消費税が課税されることとなるので注意が必要です。

軽油引取税に関する実務上の留意点については次頁を参照ください。

ゴルフ場利用税 ゴルフ場の経営者がプレーヤーからゴルフ場利用税を預かり、これを都道府県に代理納付するものですから、ゴルフ場の経営者サイドでは預かったゴルフ場利用税は売上計上する必要はなく、利用者（プレーヤー）サイドでは支払ったゴルフ場利用税は課税仕入れとはなりません。

入湯税 温泉旅館などの経営者が宿泊客などから入湯税を預かり、これを市区町村に代理納付するものですから、旅館などの経営者サイドでは預かった入湯税は売上計上する必要はなく、利用者サイドでは支払った入湯税は課税仕入れとはなりません。

軽油引取税と委託販売

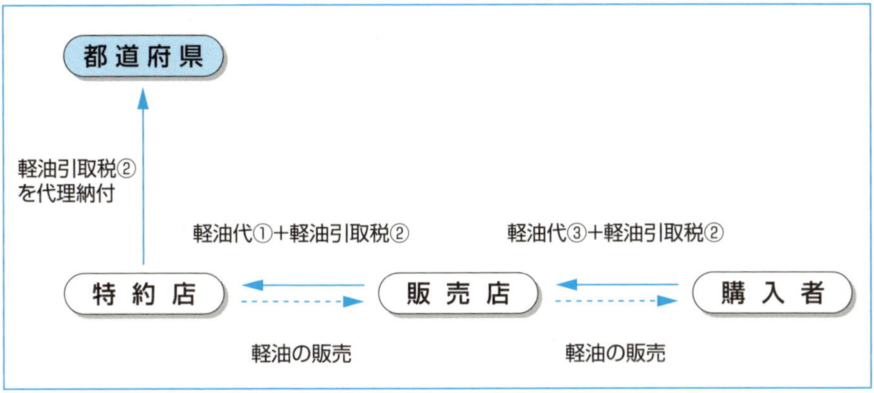

上図の場合には、特約店の課税売上高は①の金額となるのに対し、販売店の場合には、特約店に支払った軽油引取税②を軽油の販売代金と区分して領収したとしても、③と②の合計金額が課税売上高となります。

委託販売方式を検討する　ガソリンスタンドなどの特約店でない販売業者の軽油の取扱いについて、業界内では委託販売方式による取引を指導しているようです。手引書によれば、軽油の販売について、販売店と特約店との間で委託販売契約を結ぶことにより、手数料（軽油の販売による粗利益）だけを課税売上高に計上することが認められるとのことなので、上記のケースが委託販売の場合であれば、販売店の課税売上高は軽油の売上高と軽油の仕入高の差額（③－①）だけ計上すればよいことになります。ただし、帳簿に委託販売である旨を明記するなどの書類の整備が必要となりますのでご注意ください。

軽油の購入者の取扱い　軽油の小売店が特約店と委託販売契約を結んでいない場合には、軽油引取税を含めた仕入金額の全額が課税されることになります。しかし、軽油の小売店が、特約店と委託販売契約を結んでいるかどうかということを、購入者側で判断することは不可能です。したがって、軽油引取税を軽油代とは別に請求されたような場合、軽油引取税については仕入税額控除の対象とすることはできないものと思われます。

一括譲渡

一括譲渡　土地付建物のような課税資産と非課税資産を一括譲渡した場合には、その譲渡対価の額を合理的な基準により課税資産と非課税資産に区分する必要があります（消令45③）。

実務解説書によれば、次のような基準により按分することが認められているようです。

①譲渡時における時価の比率により按分する方法

②相続税評価額や固定資産税評価額を基にして按分する方法

③原価を基にして計算する方法

建売住宅などの按分方法　売買契約書に消費税等の額が明記されているような場合には、その消費税等の額から建物の譲渡対価を計算することができるので、その計算した金額を基に消費税を計算することになります。

なお、売買契約書に消費税額等の記載があるということは、建物の対価が明記されていることと実態は変わらないわけですから、その記載されている消費税額等を無視して土地と建物の譲渡対価を按分することは認められません。

具体例

売買契約書に「土地付建物の譲渡対価１億円（うち、消費税額等200万円）」と記載されているような場合には、土地と建物の譲渡対価は次のような手順で計算します。

200万円 ÷5%=4,000万円……建物の譲渡対価（税抜）

4,000万円 ＋ 200万円 ＝ 4,200万円……建物の譲渡対価（税込）

１億円 −4,200万円= 5,800万円……土地の譲渡対価

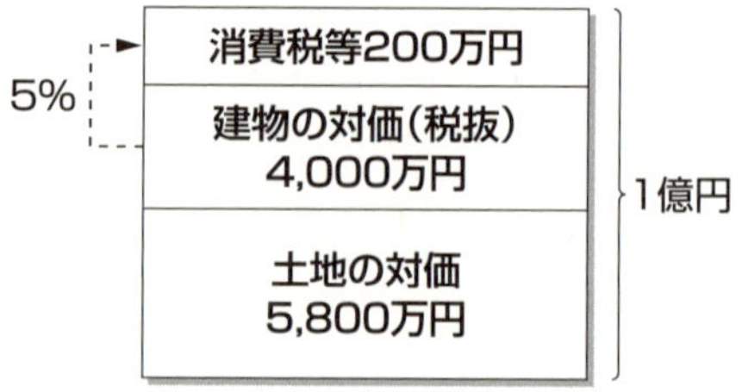

対価未確定・外貨建取引

対価未確定　課税期間末日において、売上高（仕入高）が未確定の場合には、期末の現況により適正に見積計上することとされています。

なお、翌期以降において対価の額が確定した場合には、その確定した期の売上高（仕入高）に差額を加減算することとされているので、前期以前にさかのぼって修正する必要はありません（消基通10－1－20・11－4－5）。

外貨建取引　外貨建ての取引を行った場合には、所得税または法人税の規定により円換算した金額を対価の額として認識します（消基通10－1－7・11－4－4）。この場合において、売買時と決済時の為替相場が異なることにより、為替差損益が発生した場合には、その為替差損益は消費税計算には一切関係させません。

あくまでも、売買時の為替相場により消費税計算を行うということです。

具体例

①　外貨建てにより課税資産を1,000ドルで販売した場合において、販売時の為替相場が1ドル120円、決済時の為替相場が1ドル100円であった場合には、課税売上高に計上するのは販売時の為替相場により換算した120,000円となります。為替差損の20,000円は消費税計算には一切関係させません。

●**販売時の仕訳**	（売掛金）	120,000	（売　上）	120,000
●**決済時の仕訳**	（現　金）	100,000	（売掛金）	120,000
	（為替差損）	20,000		

②　外貨建てにより課税資産を1,000ドルで購入した場合において、購入時の為替相場が1ドル120円、決済時の為替相場が1ドル110円であった場合には、課税仕入高に計上するのは購入時の為替相場により換算した120,000円となります。為替差益の10,000円は消費税計算には一切関係させません。

●**購入時の仕訳**	（仕　入）	120,000	（買掛金）	120,000
●**決済時の仕訳**	（買掛金）	120,000	（現　金）	110,000
			（為替差益）	10,000

代物弁済

代物弁済　借入金の返済のために債権者に資産を引き渡すことを代物弁済といいますが、この「代物弁済」という行為は、資産を売却した代金で借金を返済することと実態は何ら変わらないことから、資産の譲渡等に含めることとされています（消法２①八）。

対価の額　消滅する債務の額に支払いを受ける金額を加算した金額が対価の額となります（消令45②一）。

計算例

①金銭の授受がないケース

100の借入金の返済にあたり、時価100の資産を債権者に引き渡した場合には、消滅する債務の額100が売上高に計上する金額となります。

②時価との差額につき、金銭を収受するケース

100の借入金の返済にあたり、時価120の資産を債権者に引き渡し、現金20を受け取った場合には、消滅する債務の額100と支払いを受ける金額20の合計額である120が売上高に計上する金額となります。

③時価との差額につき、金銭を支払うケース

100の借入金の返済にあたり、時価80の資産を債権者に引き渡すとともに、差額の20を現金で支払った場合には、消滅する債務の額80（100－20）が売上高に計上する金額となります。

現物給与との関係　給与の支払いに代えて商品などを現物で給付する場合には、その行為は給与という債務の支払いとして行われるものですから代物弁済に該当します。一方、単に現物を給付するような場合には、その現物の給付は債務の支払いとして行われるものではないので代物弁済には該当せず、課税の対象とはなりません（消基通5－1－4）。

たとえば、給与50万円の支給にあたり、現金20万円と商品を給付した場合には、その商品の給付は代物弁済に該当し、30万円を売上計上することになりますが、現金50万円と商品を給付するような場合には、その商品の給付は代物弁済には該当せず、課税の対象とはなりません。

ただし、所得税の世界では、現物給付した商品の時価が給与所得として課税されることとなるので注意が必要です。

負担付き贈与

負担付き贈与　借金の肩代わりを条件として資産を贈与するような行為を「負担付き贈与」といいますが、これは相手に負担させる金銭等の額が、実質的に贈与した資産の売却代金に相当するものであり、資産の譲渡等に含めることとされています（消令2①一）。

対価の額　その負担付き贈与にかかる受贈者の負担の価額に相当する金額が対価の額となります（消令45②二）。

計算例

①金銭の授受がないケース

100の借入金の肩代わりを条件として、時価100の資産を贈与した場合には、受贈者に負担させる借入金の額100が売上高に計上する金額となります。

②時価との差額につき、金銭を収受するケース

100の借入金の肩代わりを条件として、時価120の資産を贈与するとともに、時価と借入金の差額20を現金で収受した場合には、受贈者に負担させる借入金の額100が負担付き贈与にかかる対価の額となり、支払いを受ける金額20との合計額である120が売上高に計上する金額となります。

③時価との差額につき、金銭を支払うケース

100の借入金の肩代わりを条件として、時価80の資産を贈与するとともに、時価と借入金の差額20を現金で支払った場合には、受贈者に負担させる借入金の額は実質80（100－20）であり、これが売上高に計上する金額となります。

広告宣伝用資産の贈与　事業者が、取引先に広告宣伝用資産を贈与した場合であっても、その贈与は広告宣伝という役務提供の義務を負担させたものではないので負担付き贈与には該当しません（消基通5－1－5）。

これに対し、取引先に広告宣伝用資産を取得するための金銭を交付したような場合には、その金銭は広告宣伝という役務提供の対価に該当することになるので注意が必要です。

この場合には、金銭を交付する事業者は、その金額を広告宣伝費として課税仕入高に計上し、金銭の交付を受ける事業者は、これを広告宣伝という役務提供の対価として課税売上高に計上することになります。

現物出資

現物出資　新設法人の株式等を取得するために、金銭の出資に代えて土地や建物などの資産を現物で出資する行為を「現物出資」といいますが、これは新設法人に資産を売却し、その売却代金で株式等を購入することと実態は何ら変らないことから、資産の譲渡等に含めることとされています（消令２①二）。

対価の額　出資により取得する株式等の取得時の時価が対価の額となります（消令45②三）。

計算例

①課税資産を出資するケース

機械装置を出資し、時価1,000の株式を取得した場合には、出資により取得する株式の取得時の時価1,000が出資した機械装置の譲渡対価として課税売上高となります。

②土地付建物を出資するケース

土地（時価1,000）および建物（時価500）を出資し、時価1,500の株式を取得した場合には、出資により取得する株式の取得時の時価1,500が出資した土地付建物の譲渡対価となります。

$$1{,}500 \times \frac{1{,}000}{1{,}000+500} = 1{,}000$$ …… 土地の譲渡対価（非課税売上高）

$$1{,}500 \times \frac{500}{1{,}000+500} = 500$$ …… 建物の譲渡対価（課税売上高）

事後設立　金銭出資により新設法人の株式を取得した後に、土地などの資産を譲渡して出資金銭を回収するような法人の設立形態を「事後設立」といいますが、この事後設立による資産の譲渡は現物出資とは異なるものです。

したがって、事後設立の場合には、出資した金銭の額ではなく、現実の資産の譲渡対価が売上金額となることに注意してください（消基通5－1－6）。

計算例

金銭出資により新設法人の株式を取得した後に、機械装置を1,000で売却した場合には、現実の譲渡対価である1,000が機械装置の譲渡対価として課税売上高となります。

交換

交換　「交換」は、現実の売買において金銭のやり取りを省略しただけの行為であり、資産の譲渡に該当します（消基通5－2－1（注））。

対価の額　資産を交換した場合には、売上金額だけでなく、仕入金額の計算も忘れないように注意する必要があります（消令45②四）。

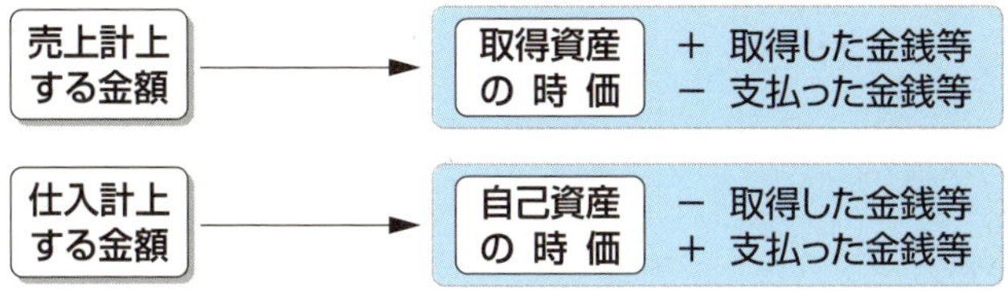

なお、当事者間で定めた資産の価額と実際の相場が異なる場合であっても、それが正常な取引条件に基づく交換であるならば、その合意した価額により売上金額、仕入金額を計上することができます（消基通10－1－8）。

計算例

①　自己所有の資産（時価200）と相手先所有の資産（時価180）の交換にあたり、現金20を取得した場合には、売上高は200（180＋20）、仕入高は180（200－20）となります。

【売上金額の考え方】　交換の場合には、売上代金を収受する代わりに相手資産を取得するわけですから、相手資産の時価（180）が売上計上する金額となります。なお、時価の差額を補うために取得した金銭（20）は、まさに売上代金の一部であることから、これを売上金額に加算します。

【仕入金額の考え方】　交換の場合には、仕入代金を支払う代わりに自己資産を引き渡すわけですから、自己資産の時価（200）が仕入計上する金額となります。なお、取得した金銭（20）については、仕入代金について釣銭を収受したと考え、これを仕入金額から控除します。

②　自己所有の資産（時価180）と相手先所有の資産（時価200）の交換にあたり、現金20を支払った場合には、売上高は180（200－20）、仕入高は200（180+20）となります。

返品、値引きなどの税額控除

課税売上げにかかる返品、値引きなどがある場合には、課税標準額は総売上高ベースで計算し、返品、値引きなどに対する消費税は、別枠で税額控除することとされています（消法38①）。

ただし、返品、値引高などを売上高から減額する会計処理を行っている場合には、減額後の売上高を用いて課税標準額を計算することができますが、この場合には当然に税額控除の規定は適用されません（消基通14－1－8）。

$$\text{控除税額} = \text{課税売上げにかかる返品等の金額（税込）} \times \frac{4}{105}$$

要件　課税標準額にカウントされた売上げにつき、返品や値引きなどがあった場合に税額控除するものですから、輸出免税売上げや非課税売上げにつき、返品や値引きがあったとしても当然に税額控除はできません。

範囲　税額控除ができるのは、返品、値引き、割戻しの他、売上割引や販売奨励金も対象となります（消基通14－1－2・4）。売上割引は、会計学では支払利息と同質の扱いをするのですが、消費税の世界では、売上げに起因する項目として、課税標準額に対する消費税額の調整項目として扱われます。

控除時期　返品、値引きなどに対する税額控除は、その返品や値引きが発生した課税期間で税額控除をすることになっています。したがって、下図のように免税事業者であったときの課税売上げについて、課税事業者になってから返品や値引きが発生したとしても、その対価は申告納税をしたものではないので税額控除はできません（消基通14－1－6）。

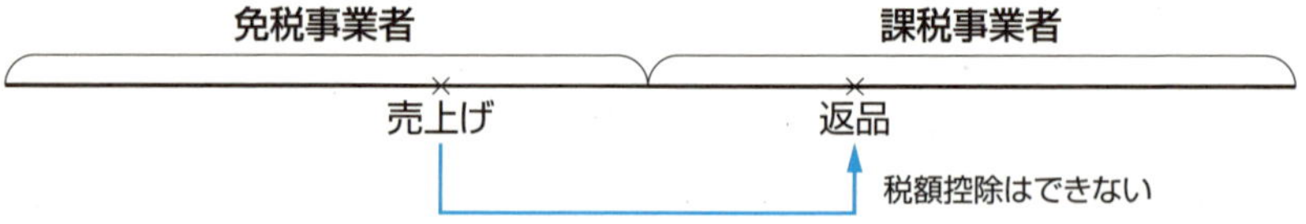

書類の保存義務　税額控除の適用を受けようとする事業者は、その明細を帳簿に記録して、確定申告期限から７年間保存することが義務づけられています（消法38②、消令58）。

貸倒れの税額控除

課税売上げにかかる売掛債権が回収不能となった場合には、その貸倒債権に対する消費税について税額控除をすることができます（消法39①）。また、貸倒債権につき、税額控除をした後にこれを回収したような場合には、貸倒れにかかる税額控除を取り消すという意味で、その回収した債権に対する消費税を、課税標準額に対する消費税額に加算することとされています（消法39③）。

控除（調整）税額 ＝ 課税売上げにかかる貸倒（回収）債権の金額 × $\frac{4}{105}$

要件　課税標準額にカウントされた売上げにつき、貸倒れが発生した場合に税額控除をするものですから、輸出免税売上げや非課税売上げにかかる売掛債権が貸倒れになったとしても税額控除はできません。貸付金が貸倒れになった場合にも、貸付債権は課税売上げに伴い発生した債権ではないので、当然に税額控除はできないことになります。

範囲　貸倒れの範囲は、所得税法、法人税法に規定する貸倒損失の計上基準とほぼ同一となっています（消法39①、消令59、消規18）。

したがって、手形交換所の取引停止など、貸倒引当金の設定要件を具備するだけでは、消費税の世界では税額控除はできないことに注意してください。

控除時期　貸倒債権については、貸倒れが確定した課税期間で税額控除をすることになっています。したがって、下図のように、免税事業者であったときの課税売上げについて、課税事業者になってから貸倒れが確定したとしても、その対価は申告納税をしたものではないので税額控除はできません（消基通14－2－4）。

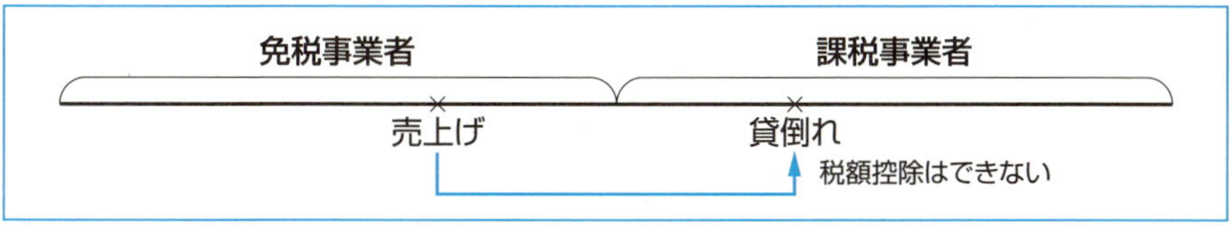

書類の保存義務　税額控除の適用を受けようとする事業者は、貸倒れの事実を証明する書類を確定申告期限から７年間保存することが義務づけられています（消法39②、消規19）。

貸倒れの範囲

<table>
<tr><th colspan="4">貸倒れの範囲</th><th>貸倒金額</th></tr>
<tr><td rowspan="6">法律上の貸倒れ</td><td>会社更生法</td><td colspan="2">更生計画認可の決定</td><td rowspan="5">切　捨　額</td></tr>
<tr><td>会　社　法</td><td colspan="2">特別清算の協定認可</td></tr>
<tr><td>民事再生法</td><td colspan="2">再生計画認可の決定</td></tr>
<tr><td>金融機関等の更生手続の特例等に関する法律</td><td colspan="2">再生計画認可の決定</td></tr>
<tr><td>関係者協議決　　定</td><td colspan="2">●債権者集会の協議決定（合理的なもの）
●公正な第三者（金融機関など）のあっせんで切捨てを契約</td></tr>
<tr><td>債務免除</td><td colspan="2">債務者の債務超過が相当期間継続し、債務を弁済できないと認められる場合において、その債務者に対し書面により債務免除</td><td>免　除　額</td></tr>
<tr><td>事実上の貸倒れ</td><td colspan="3">債務者の財産の状況、支払能力等からみて全額回収できないことが明らか
（注）担保物があれば担保物処分後</td><td>債権の全額</td></tr>
<tr><td rowspan="2">形式上の貸倒れ</td><td colspan="2">取引停止以後１年以上経過したとき
（注）１．継続取引で、債務者の資産状況や支払能力等が悪化した際の取引停止をいい、たまたま行われた取引等は適用しない
２．債務者と取引停止をしたとき、最後の弁済期または最後の弁済時のうち最も遅いときから１年以上経過したとき（担保物がある場合を除く）</td><td rowspan="2">債権額から備忘価額（１円）を控除した残額を貸倒れとして経理することが条件</td><td rowspan="2">債権額と備忘価額（１円）の差額</td></tr>
<tr><td colspan="2">同一地域の債権の総額が回収費用に満たない場合で、支払いを督促しても弁済がないとき</td></tr>
</table>

資産の譲渡等の時期

売上げの計上時期については、資産の譲渡であれば引渡しのとき、役務の提供であれば完了日の属する課税期間で認識することが原則とされています。つまり、所得税における収入金額の計上時期および法人税における収益の計上時期と連動させて、消費税についても売上げを認識すればよいということになります（消基通9－1－1～29）。

通達に定めのある売上げの計上基準のうち、主なものは次のとおりです。

棚卸資産　引渡しのあった日に認識するのが原則ですが、継続して、出荷基準、検収基準などの合理的な基準により計上している場合にはこれも認められます（消基通9－1－1～2）。

請負工事等　建築工事等の物の引渡しを要する請負契約については、目的物の全部を完成して相手方に引き渡した日、技術指導など、物の引渡しを要しない請負契約については、約した役務の全部を完了した日となります。

建設工事等における引渡しの日の判定については、継続して、作業結了日、検収完了日などの合理的な基準により引渡し日を認識しているときはこれによることとされています。なお、値増金や部分完成基準による特例などについては、通達にそれぞれ個別にその取扱いが定められています（消基通9－1－5～8）。

不動産の仲介　売買等の契約の効力発生日に認識するのが原則ですが、取引完了日あるいは手数料を収受した日のいずれか早い日によることも認められています（消基通9－1－10）。

固定資産　引渡しのあった日に認識するのが原則ですが、土地、建物などについては譲渡に関する契約の効力発生日によることも認められています（消基通9－1－13）。

保証金等　保証金などについては、返還しないことが確定した日に償却費として対価を認識します（消基通9－1－23）。

前受金　前受金、仮受金などは、現実に資産の譲渡等を行ったときに、下図のように対価を認識します（消基通9－1－27）。

●入金時	（現　金）×××	（前受金）×××
●引渡時	（前受金）×××	（売　上）×××　←ここで認識する

資産の譲渡等の時期の特例

所得税、法人税では、割賦販売やリース譲渡、長期請負工事などについては、「延払基準」「工事進行基準」「現金主義会計」による所得計算が認められています。消費税計算にあたっては、所得税、法人税の計算でこのような特例規定を適用している場合に限り、特例による計算が認められているのですが、所得税、法人税の計算方法と一致させる必要はなく、あくまでも選択適用とされていることに注意してください（消法16～18）。

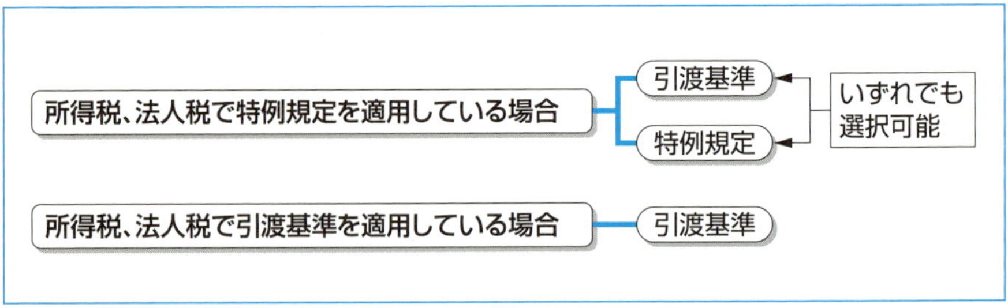

延払基準　また、所得税や法人税の計算では、売上げとともにこれに対応する原価についても調整しなければなりませんが、消費税の世界では、あくまでも売上げの計上時期に関する規定であり、仕入れについては、特別な計算は必要ありません。割賦で課税資産を購入した場合には、未払金の額にかかわらず、購入時点でその全額が仕入税額控除の対象となります（消基通11－3－2）。

工事進行基準　長期大規模工事については、所得税、法人税では工事進行基準が強制適用となりますが、この場合であっても、消費税では工事完成基準により課税標準額を計算することができます。

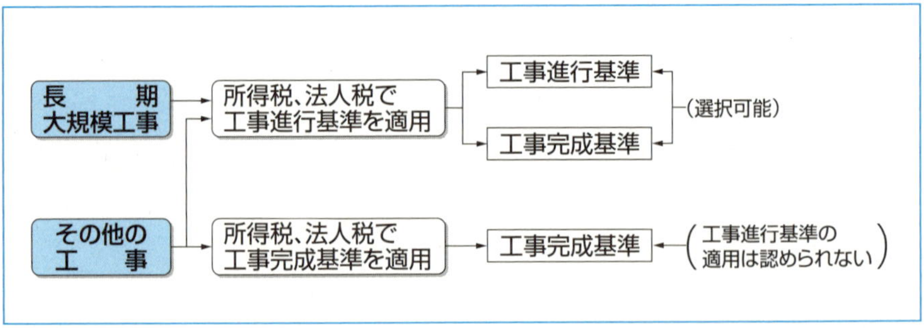

5

仕入税額控除

課税仕入れの時期はどうなる？

課税売上割合の計算方法は？

仕入税額控除を受けるための帳簿と請求書って？

課税売上割合が95%未満の場合の計算は？

仕入控除税額を正しく計算しないと、税負担が大変です

仕入税額控除の計算体系

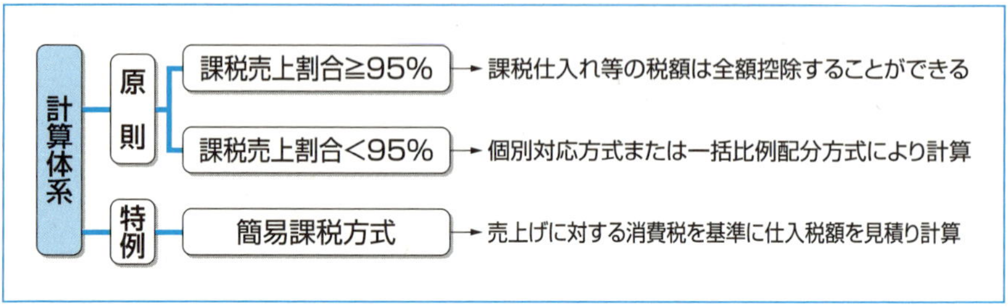

課税仕入れ等の税額　課税売上割合が95％以上の場合には、課税仕入れ等の税額のすべてが仕入税額控除の対象となるわけですが、この「課税仕入れ等の税額」は、国内において行う課税仕入れと保税地域からの課税貨物の引き取り（輸入仕入れ）に区分して、次のように計算します（消法30①）。

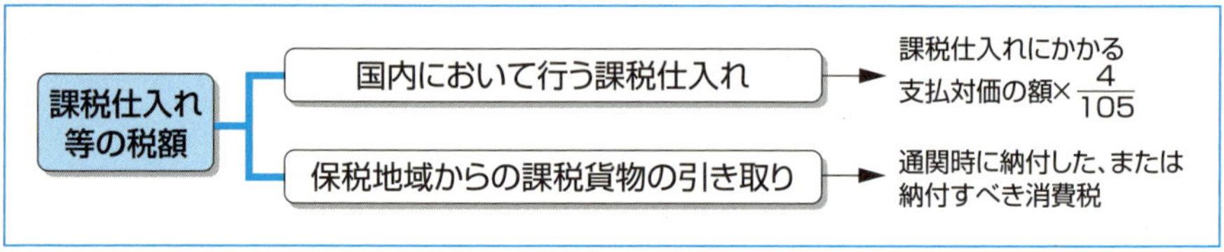

計算例

下記の設例により、「課税仕入れ等の税額」を計算してみましょう（単位省略）。

国内における課税仕入高（税込）	1,050
国外における課税仕入高	400
課税貨物の輸入仕入高	3,000

通関時に納付した消費税120、地方消費税30、関税290

① 課税仕入れにかかる消費税額　$1{,}050 \times \frac{4}{105} = 40$

② 課税貨物にかかる消費税額　120

③ 課税仕入れ等の税額の合計額　①+②= 160

課税仕入れの時期

売上げと仕入れは表裏一体ですので、課税仕入れの計上時期は、基本的に資産の譲渡等の時期（☞106頁）と連動することになります（消基通11－3－1）。

割賦購入資産　割賦で課税資産を購入した場合であっても、その課税仕入れの時期は引渡しを受けた日となります。したがって、未払金の額に関係なく、購入時点でその取得価額の全額を仕入税額控除の対象とすることができます（消基通11－3－2）。

減価償却資産　建物などの減価償却資産を購入した場合には、その取得価額を減価償却費として毎期費用配分するわけですが、消費税の計算においては、取得価額や耐用年数に関係なく、購入時点で仕入税額控除の対象とすることになります（消基通11－3－3）。

繰延資産　創業費、開発費、試験研究費などの繰延資産を取得した場合には、繰延資産の性質に応じて取得金額を償却することになりますが、消費税の計算においては、減価償却資産と同様に、取得（課税仕入れ）の時点で仕入税額控除の対象とすることになります（消基通11－3－4）。

建設仮勘定　建物などの完成前に支払った手付金や中間金は単なる前払金です。したがって、支払った手付金や中間金を建設仮勘定として経理しても、その時点では仕入税額控除はできません。建物が完成し、建物勘定に振り替えた時点でまとめて仕入税額控除の対象とすることになります。

ただし、建設仮勘定に計上している時点であっても、設計図面が完成するなど、部分的に課税仕入れが行われていれば、その時点で仕入税額控除の対象とすることも認められます（消基通11－3－6）。

●手付金支払時	（建設仮勘定）×××	（現　　金）×××		
●完成引渡時	（建　　物）×××	（建設仮勘定）×××	←ここで控除する	

短期前払費用　翌期分の家賃などを前払費用として資産に計上せずに、継続して費用処理している場合には、所得税、法人税の計算上、これを認めることとしています。そこで、消費税の計算においても、所得税、法人税の計算で短期前払費用として費用に計上したものについては、その支出した時点において仕入税額控除の対象とすることが認められています（消基通11－3－8）。

リース料の取扱い

ファイナンスリース取引　ファイナンスリース取引については、「所有権移転ファイナンスリース」だけでなく、「所有権移転外ファイナンスリース」についても、引き渡しを受けた時にリース資産を取得したものとして取り扱うこととされています。したがって、賃借人は、リース資産の取得時にリース料の総額を仕入税額控除の対象とすること（一括控除）が原則とされています（消基通5－1－9(注)(1)・11－3－2(注)）。

ただし、所得税、法人税では、「所有権移転外ファイナンスリース」について、リース資産を減価償却資産として認識せずに、支払リース料を賃借料として経費（損金）処理することを例外的に認めています。

そこで、賃借料処理を選択した場合に限り、その賃借料について、課税仕入れを認識すること（分割控除）も認めることとされました（国税庁／質疑応答事例より）。

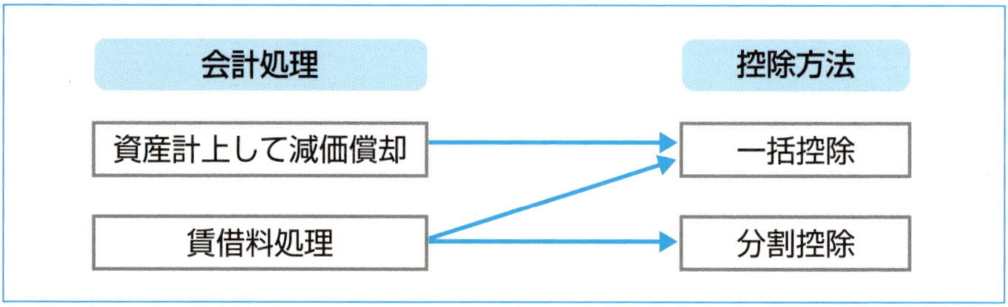

なお、リース物件を資産計上し、減価償却する場合には、分割控除は認めないこととされていますので注意が必要です。

金融取引とされるリース取引　実質的に金銭の貸し付けと認められるリース取引については、リース資産の賃借はなかったものとして扱われます。

したがって、賃借人サイドでは、リース料を仕入税額控除の対象とすることはできません（消基通5－1－9（注）(2)）。

オペレーティングリース取引　オペレーティングリースは、所得税、法人税では売買として取り扱われるリース取引には該当しないこととされています。

したがって、発生したリース料を、その都度仕入税額控除の対象とすることになります。

建設業の外注費

未成工事支出金　工事原価に算入される材料費や外注費、経費については、工事の完成時期に関係なく、課税仕入れを行ったときに仕入税額控除の対象とすることになります。材料費などの課税仕入れであれば、たとえ未成工事支出金勘定に計上している状態であったとしても、引渡しを受けていれば仕入税額控除の対象としてかまわないということです。

ただし、外注費の仕入税額控除の時期については注意する必要があります。

外注費　外注費のうち、人工（じんく）、手間賃などの人的役務の提供であれば、日数などに基づく出来高の請求月の属する課税期間において、また、出来高精算書に基づく外注費であれば、その請求月の属する課税期間において、それぞれ仕入税額控除の対象とすることができます（消基通11－6－6）。

一方、出来高精算書に基づかない外注費で、引渡しを要するものについては、現実に引渡しを受けたときが課税仕入れの時期となるので、目的物の引渡し前に支払ったお金を外注費勘定で処理していたとしても、その外注費の実態は単なる前払金であり、仕入税額控除はできませんので注意してください。

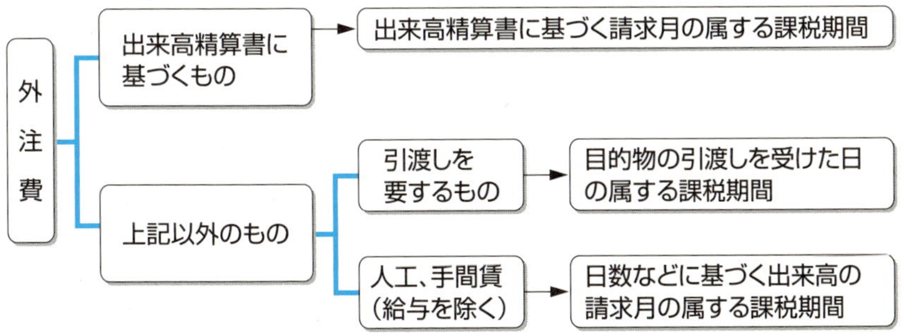

控除時期の特例　工事原価のうち、材料費や外注費などの課税仕入れについては、工事が完成し、完成工事高を計上した時点でまとめて税額控除をすることも認められています。つまり、未成工事支出金から完成工事原価に振り替えた時点で、その完成工事原価のうち、課税仕入れに該当するものを抽出し、完成工事高の計上と同時に税額控除をするということです（消基通11－3－5）。

郵便切手類などの取扱い

郵便切手類等または物品切手等の譲渡は非課税とされているので、郵便切手類や商品券などを購入したときは課税仕入れには該当せず（非課税仕入れ）、使用時、引換時に課税仕入れとして仕入税額控除の適用を受けることになります。

しかし購入した郵便切手類について、課税期間末に未使用分の棚卸しをすることや、業務用のテレホンカードなどについて、課税期間末に残り度数をチェックするのは非常に困難であることから、継続適用を条件として、購入日の属する課税期間でその全額を仕入税額控除の対象とすることが認められています（消基通11－3－7）。

印紙、証紙については、これらを使用した時点で税金や行政手数料の支払いをしたものとして認識されるため、購入時、使用時ともに税額控除はできません。

テレホンカードなどについては、贈答用として購入する場合と業務用として購入する場合があります。たとえば今では少なくなりましたが、事業者が無地のテレホンカードを購入し、社名を印刷して取引先に贈るような場合には、無地のテレホンカードの購入代金は贈答用として税額控除はできず、社名印刷代だけが課税仕入れとして認識され、仕入税額控除の対象となります。業務用として従業員に支給するようなものについては、郵便切手類と同様にその購入時点での税額控除が認められています。

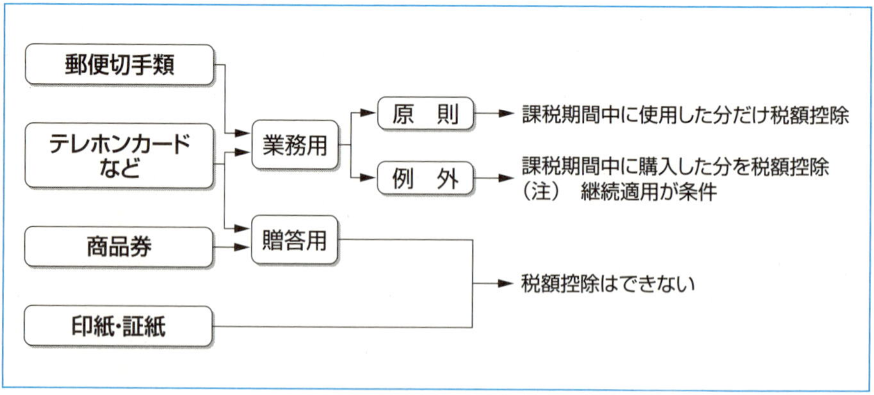

課税売上割合の計算

課税売上割合は次のように計算します（消令48）。

$$課税売上割合 = \frac{課税売上高(税抜) + 免税売上高}{課税売上高(税抜) + 非課税売上高 + 免税売上高}$$

●計算上の注意点●

①課税されない取引であっても、受取利息などの非課税売上高は分母に計上するのに対し、受取配当金のような課税対象外収入は計算には一切関係させません。輸出免税売上高は分母、分子ともに算入します。

②課税売上高は税抜きの金額です。

ただし、非課税売上高や輸出免税売上高には消費税は含まれていないので税抜きにしてはいけません。

③純売上高で計算します。

計算に用いる売上高は、返品、値引、売上割引、金銭による割戻金や販売奨励金をマイナスした後の純売上高です（消基通14－1－2・14－1－4）。免税事業者であったときの課税売上げについて、課税事業者となってから返品や値引が発生した場合には、その全額（税抜きにしない金額）を総売上高からマイナスします（消基通11－5－2）。

④貸倒れとなった売上げも含めたところで計算します。

課税売上割合は、事業者の売上実績に基づき算定するものですから、貸倒金額を売上高からマイナスすることはできません。

⑤株券、社債券、受益証券などの流通性のある有価証券については、「売却金額×５％」を非課税売上高にカウントします。

ただし、貸付金債権などのように、一般に売買されない有価証券については、売却金額をそのまま非課税売上高にカウントします。

⑥事業者単位で計算します。

課税売上割合は事業者単位で計算します。したがって、本店、支店ごとの課税売上割合とか、個人事業者で、不動産所得、事業所得ごとの課税売上割合の算定などは認められません。

計算例

下記の設例により、「課税売上割合」を計算してみましょう（単位：省略）。

国内における課税売上高（税込）	4,515
上記のうち、返品、値引高（税込）	315
輸出売上高	1,000
受取利息	100
受取配当金	200
株券の売却収入	58,000

① 課税売上額（税抜き）

$$(4{,}515-315)\times\frac{100}{105}=4{,}000$$

② 免税売上額
1,000

③ 非課税売上額
100+58,000×5%=3,000

④ 課税売上割合

$$\frac{①+②}{①+②+③}=\frac{5{,}000}{8{,}000}=62.5\%$$

有価証券の取扱い　たとえば財テクで株の売買をやっているような場合には、有価証券の売却金額がそのつど非課税売上高にカウントされることになって課税売上割合がどんどん低くなってしまい、仕入税額控除について制限を受けることになってしまいます。

そこで、株券や社債券などのように流通性のある有価証券については、売却金額の５％相当額だけを非課税売上高として認識し、財テクにより税制上不利になるようなことがないように配慮がなされているわけです。

ただし、貸付金債権などのように、一般に売買されない有価証券については、その売却金額をそのまま非課税売上高にカウントします。

また、売掛債権を換金のために信販会社に譲渡するような場合については、売上げの二重計上を防ぐ意味から、その譲渡対価は課税売上割合の計算では関係させないこととしています。

帳簿と請求書等の記載事項

仕入税額控除の適用要件　仕入税額控除の適用を受けようとする事業者は、法定事項が記載された帳簿および請求書等を、確定申告期限から７年間保存することが義務づけられています（消法30⑦、消令50）。

ただし、課税期間の末日の翌日から５年経過後の期間については、帳簿または請求書等のいずれかを保存しておけばよいこととされています。

帳簿の保存だけで認められる場合　課税仕入れ等の金額が３万円未満の場合、あるいは３万円以上であっても、自動販売機を利用するなどして請求書等の交付を受けられない理由があるような場合には、帳簿のみの保存でよいこととされています（消令49①、消基通11－6－3）。

帳簿とは　現金出納帳、預金出納帳、仕入帳、経費帳、総勘定元帳だけでなく、営業日誌、仕訳帳なども帳簿に該当します。

帳簿の記載事項　帳簿には、次の４つの事項を記載することとされています（消法30⑧）。

①課税仕入れの相手方の名称
②課税仕入れの年月日
③課税仕入れの内容
④課税仕入れの金額

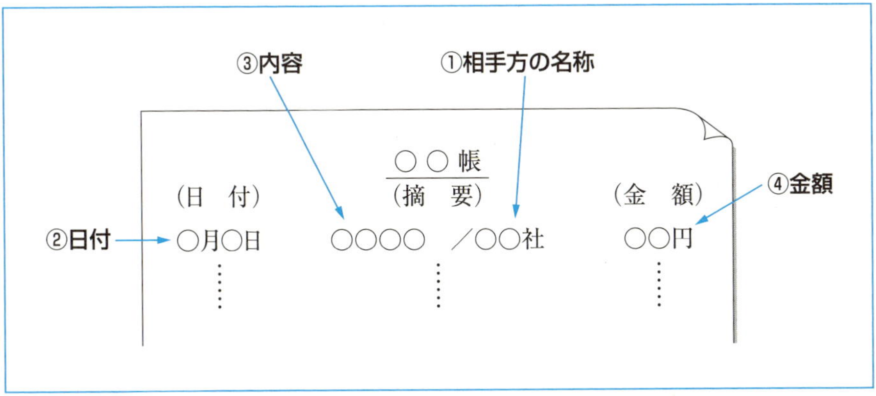

なお、同一の帳簿に上記①～④の事項をすべて記載する必要はありません。①～④の事項が、帳簿のどれかに書いてあればよいこととされています。

請求書等とは　請求書等とは、請求書、納品書、領収書など売手側から発行される対外的な書類をいいます。

請求書等の記載事項　請求書等には、次の５つの事項が記載してあることが条件となります。ただし、飲食店業、タクシー業などのように不特定多数の者を相手にする業種の場合には、⑤の記載は省略できることになっていますので、たとえばタクシー代であれば、レシートの保存でよいことになります（消法30⑨）。

①書類の作成者の名称　②課税仕入れの年月日
③課税仕入れの内容　④課税仕入れの金額
⑤書類の交付を受ける事業者の名称

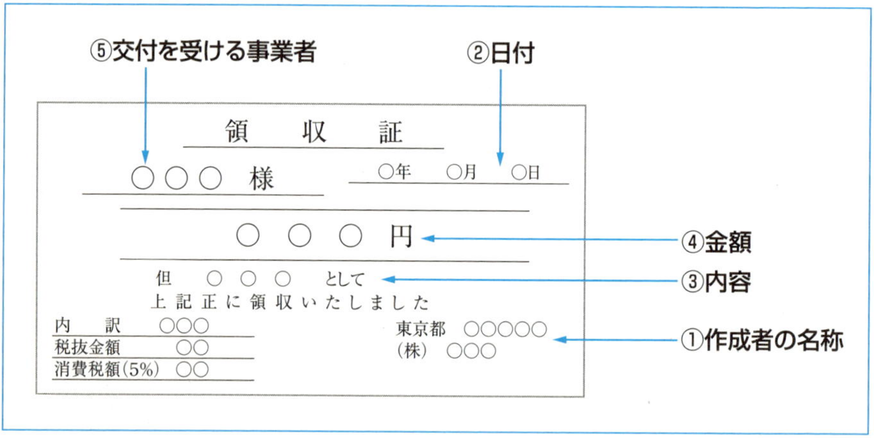

仕入明細書・仕入計算書　デパートと問屋の取引などにおいては、買手であるデパートが、納品された商品のうち、実際に売れた商品についてだけ問屋からの仕入れを計上するという取引手法があり、これを「消化仕入れ」といいます。この場合には、売手側（問屋）からは請求書等の書類は発行されず、買手側（デパート）が仕入明細書などの書類を作成し、売手側に確認を受けるということになりますので、この仕入明細書、仕入計算書など、仕入サイドで作成する書類についても、上記の５つの事項が記載されているものは、請求書等と同じ効力があるものとして扱われます。

個別対応方式と一括比例配分方式

個別対応方式　個別対応方式とは、課税仕入れ等の税額を、下図のように3つのグループに区分し、課税売上げにのみ対応するものはその全額を控除し、共通対応のものは課税売上割合を乗じた分だけ控除する方法です。

したがって、非課税売上げにのみ対応するものは税額控除はできません。

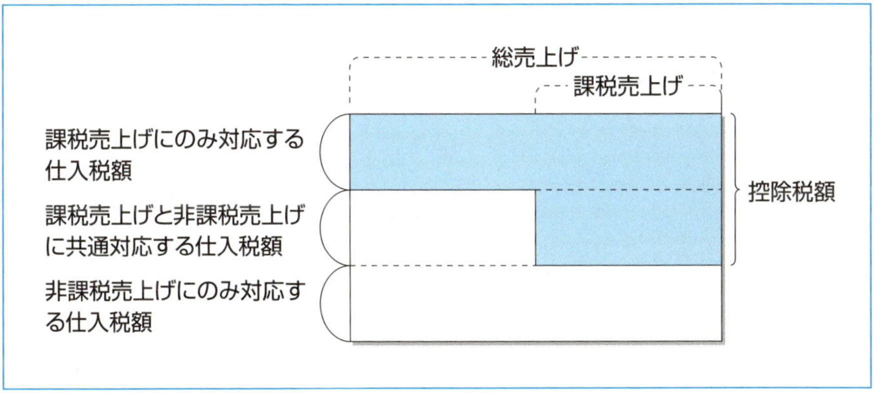

一括比例配分方式　一括比例配分方式とは、課税仕入れ等の税額の内訳を区分しないで、課税仕入れ等の税額の全額に課税売上割合を乗じて仕入税額を計算する方法です。したがって、一括比例配分方式を適用する場合には、課税売上げにのみ対応するものであっても課税売上割合を乗じた分しか控除ができない反面、非課税売上げにのみ対応するものであっても、課税売上割合を乗じた分だけは控除できることになります。

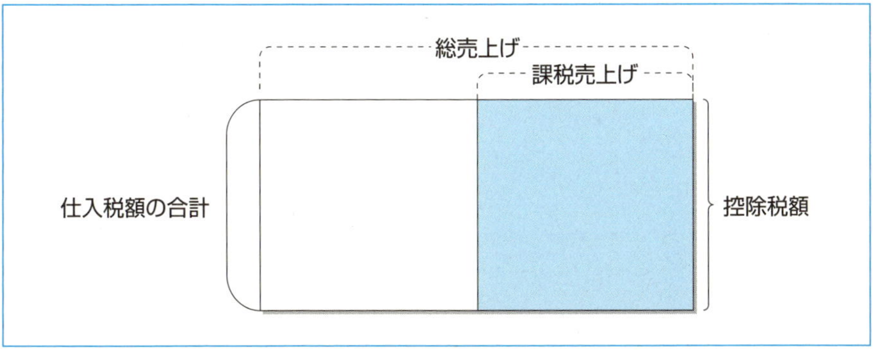

前頁で取りあげた税額控除の方式についてまとめると次のようになります。

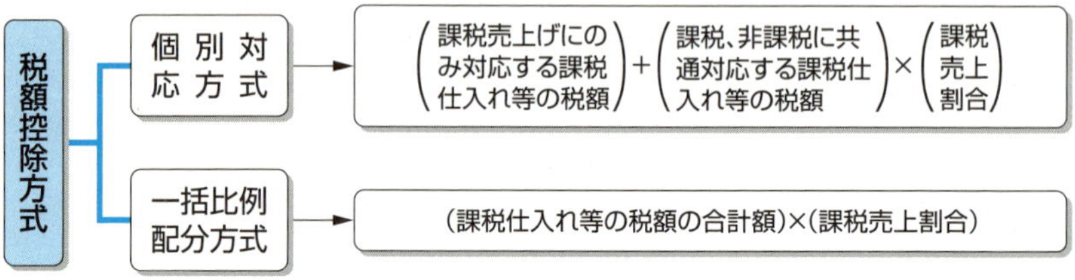

計算例

国内における課税仕入高（税込）の内訳が次のとおりである場合の「控除対象仕入税額」を計算してみましょう。なお、課税売上割合は50％と仮定します（単位：省略）。

課税売上げに対応する課税仕入高　5,250
課税売上げと非課税売上げに共通して対応する課税仕入高　4,200
非課税売上げに対応する課税仕入高　1,050

（1）課税仕入れ等の税額の合計額

5,250+4,200+1,050=10,500

$10{,}500\times\frac{4}{105}=400$

（2）個別対応方式

①課税売上げにのみ要するもの

$5{,}250\times\frac{4}{105}=200$

②課税売上げと非課税売上げに共通して要するもの

$4{,}200\times\frac{4}{105}=160$

③個別対応方式により控除する課税仕入れ等の税額

①+②×50%=280

（3）一括比例配分方式により控除する課税仕入れ等の税額

(1)×50%=200

（4）控除対象仕入税額

(2)>(3)　280

個別対応方式への変更制限

一括比例配分方式を採用した事業者は、その採用した課税期間の初日から2年を経過する日までの間に開始する各課税期間における継続適用が義務づけられています。したがって、課税期間が1年の場合には、2年間は継続して一括比例配分方式を適用しなければならないことになります（消法30⑤）。

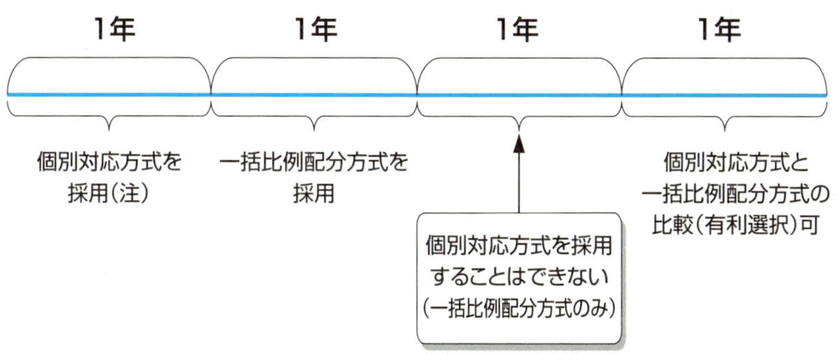

（注）課税売上割合が95％以上であることによる全額控除。簡易課税方式によった場合も同様です

ただし、一括比例配分方式を採用した課税期間の翌課税期間において課税売上割合が95％以上となったことにより、課税仕入れ等の税額の全額が控除された場合には、その翌課税期間においては、個別対応方式と一括比例配分方式の有利選択は可能となります（消基通11－2－21）。

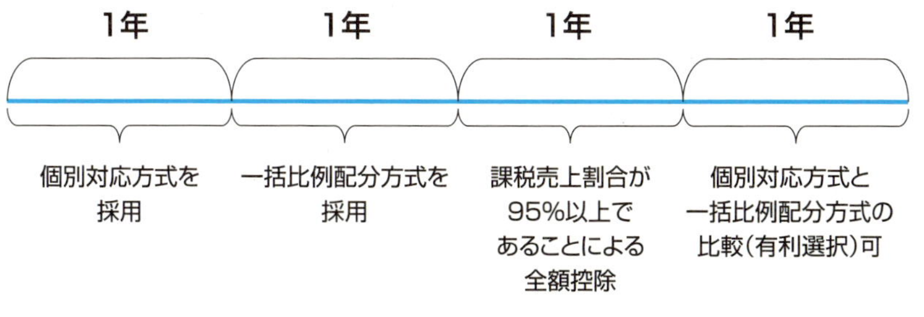

課税仕入れ等の用途区分

課税仕入れ等の用途区分は、事業者の業種、経営方針、収入項目などを基準に決定されるものであり、単純に勘定科目により区分できるものではありません。用途区分にあたっては、まず支出項目から課税仕入れ等の金額をピックアップします。国際航空運賃や国際電話料金などの免税仕入れ、土地の購入費や支払利息などの非課税仕入れ、寄付金、見舞金などの課税対象外支出は、この時点ですべて計算から除外されることになります。

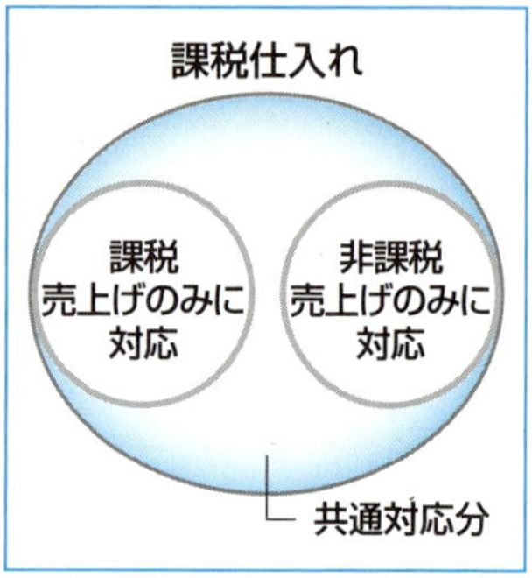

次に、支出項目から抽出した課税仕入れ等の金額から、課税売上げにのみ対応するものと非課税売上げにのみ対応するものを拾い出せば、必然的に余ったものが共通対応の課税仕入れとなります。つまり、売上げと明確な対応関係のないものは、すべて「共通対応分」と考えるのです。

贈与、寄付をした課税資産の用途区分　個別対応方式を適用する場合、課税仕入れ等の税額は、

①課税売上げにのみ対応するもの
②課税売上げと非課税売上げに共通対応するもの
③非課税売上げにのみ対応するもの

のいずれかに区分しなければいけないわけですから、贈与、寄付をした課税資産の課税仕入れのように、どの売上げとも明確な対応関係のないような課税仕入れ（不課税取引に対応する課税仕入れ）については、結果的に「課税売上げと非課税売上げに共通対応する課税仕入れ」に区分せざるを得ないことになります（消基通11－2－16～17）。

非課税仕入れと非課税売上のみに対応する課税仕入れ　「非課税仕入れ」と「非課税売上げにのみ対応する課税仕入れ」を混同しないように注意する必要があります。土地や株券の購入費、支払利息などは「非課税仕入れ」であり、いかなる場合においても絶対に税額控除の対象とはなりません！　あくまでも税額控除の対象となるのは「課税仕入れ」であり、非課税仕入れは消費税計算にはいっさい関係させないということです。

用途区分の判定時期　課税仕入れ等の用途区分は、原則として課税仕入れ等を行った日の状況によることとされていますが、仕入れの時点で用途区分が不明の場合には、課税期間末の状況により区分することも認められます。

なお、用途区分の判定にあたっては、同一の課税期間中にその課税仕入れとひも付きとなる売上げが発生する必要はありません。あくまでも、課税仕入れ等を行った日、あるいは課税期間末の現況により区分すればよいこととされています（消基通11－2－20）。

◉**用途区分の具体例**（消基通11－2－12～15）◉

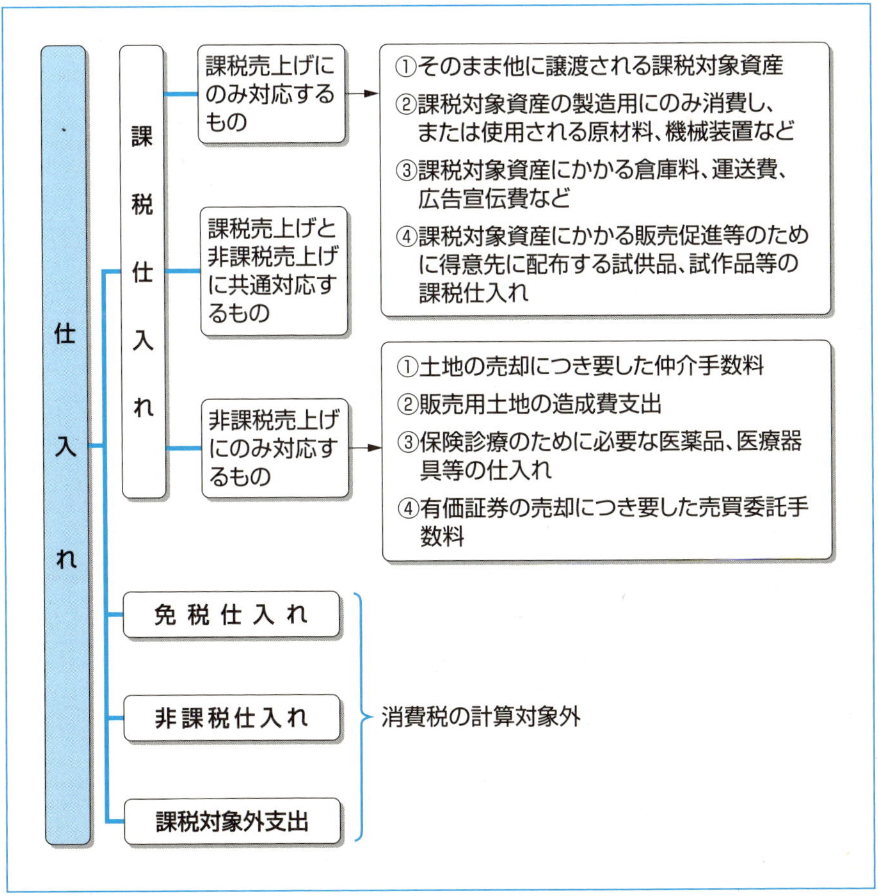
仕入れ
課税仕入れ
課税売上げにのみ対応するもの
①そのまま他に譲渡される課税対象資産
②課税対象資産の製造用にのみ消費し、または使用される原材料、機械装置など
③課税対象資産にかかる倉庫料、運送費、広告宣伝費など
④課税対象資産にかかる販売促進等のために得意先に配布する試供品、試作品等の課税仕入れ
課税売上げと非課税売上げに共通対応するもの
非課税売上げにのみ対応するもの
①土地の売却につき要した仲介手数料
②販売用土地の造成費支出
③保険診療のために必要な医薬品、医療器具等の仕入れ
④有価証券の売却につき要した売買委託手数料
免税仕入れ
非課税仕入れ
課税対象外支出
消費税の計算対象外

広告宣伝費　課税資産の販売業者が、商品の販売目的で支出した広告宣伝費は、課税売上げにのみ対応する課税仕入れに区分することができます。しかし、企業名の宣伝目的で支出したものについては、企業の営業活動全体に対応するものであり、課税売上げと直接的な対応関係はないので共通対応の課税仕入れに区分することになります。つまり、勘定科目だけで、課税仕入れ等の用途区分は判断できないということに注意する必要があるのです。

不動産業者が支出する広告宣伝費の場合、主たる収入に課税のものと非課税のものが混在しているため、その内容に応じて個別に判断する必要があります。

たとえば、自らが所有する土地を売るための宣伝であれば、土地の売上げに直接対応するものとして非課税売上対応分に区分するのに対し、他者の所有する土地の販売にかかるものであれば、仲介手数料収入に対応するものとして課税売上対応分に区分することになります。不動産業の場合には、土地の他にも建売住宅の販売や不動産の賃貸による収入などがあるわけですが、これらの売上げに対応する広告宣伝費の用途区分は次のように考えます。

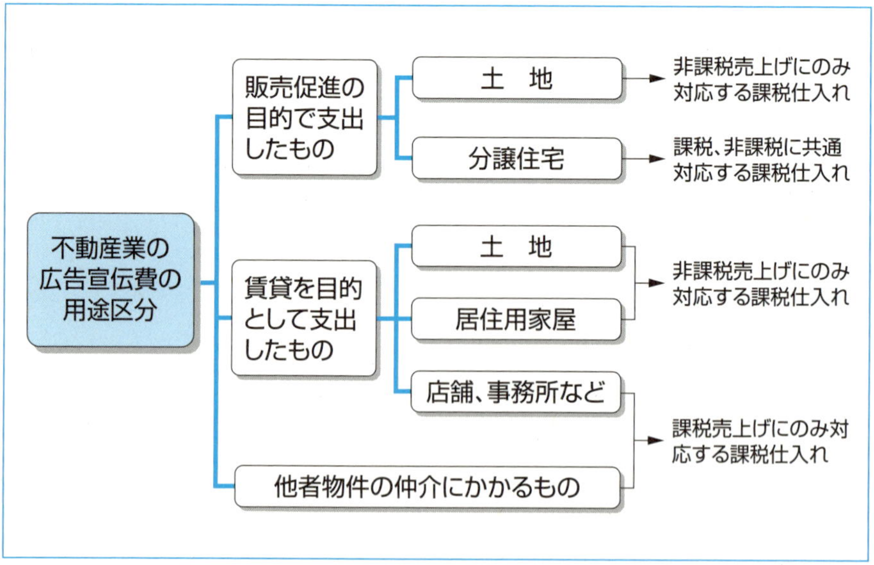

保養所などの賃借料　保養所、レジャー施設などを借り上げ、従業員に低料金で利用させている場合のその借上料は、従業員から収受する利用料が課税売上げであることから、これに直接対応するものとして課税売上げにのみ対応する課税仕入れに区分されます。これらの施設を従業員に無料で利用させている場合には、売上げと明確な対応関係のないものとして、共通対応の課税仕入れに区分することになります。つまり、従業員から利用料を収受しているか否かにより、借上料の用途区分が決定されるということです。

なお、従業員用の社宅を借り上げ、従業員に低料金で利用させている場合のその借上料は非課税仕入れであり、消費税計算には一切関係ないことに注意してください（従業員から収受する社宅使用料は非課税売上げとなります）。

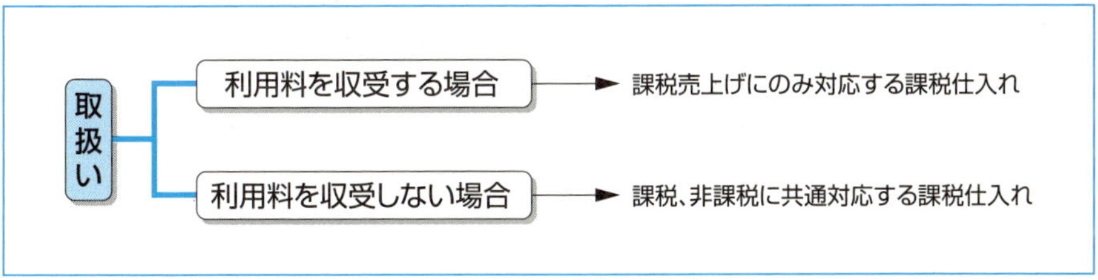

作為的な用途区分の禁止　課税仕入れ等の用途区分が適正にされていない限り、個別対応方式を適用することはできません。したがって、たとえば、課税仕入れ等の中から課税売上対応分を抽出し、それ以外のものをすべて共通対応分に区分するようなことは認められません（消基通11－2－18）。

ところで、課税仕入れ等を行った日あるいは課税期間末においてその用途区分が明らかでない場合には、その課税仕入れ等は、課税売上げと非課税売上げのどちらとも直接的な対応関係はないものであり、結果として「共通して要するもの」に区分することになります。

たとえば、調剤薬局が問屋から仕入れた調剤薬品等は、保険医からの処方箋に基づき販売するもので、保険診療にかかるものは非課税売上対応分に、自由診療にかかるものは課税売上対応分に区分することになるわけですが、仕入れの時点ではその用途が区分できないということであるならば、その調剤薬品等は「共通対応分」に区分すべきものと考えられるのです。

土地購入にかかる仲介手数料など　土地を売却する際に支払う仲介手数料や、販売用の土地につき要した土地造成費用は、土地の売上げに直接対応するものとして非課税売上対応分に区分します。注意してほしいのは、土地に関連する課税仕入れだから非課税売上対応分に区分するのではないということです。その購入した土地を事業者がどのように利用するのか、その利用方法により、土地の購入に要した仲介手数料や造成費の用途区分を判断するのです。つまり、事業者の経営方針により、その用途区分が決定されるということです。

土地の購入にかかる仲介手数料や土地造成費について、土地の利用方法に応じた用途区分の考え方を確認してみましょう。

利　用　方　法	課税仕入れの用途区分
①販売用の土地の場合	土地の売上高に直接対応するものなので、非課税売上げにのみ対応する課税仕入れに区分されます。
②購入した土地の上に建物を建て、分譲住宅として販売する場合	土地の売上げと建物の売上げに対応するものなので、共通対応の課税仕入れに区分されます。 なお、建物の建築費は建物の売上げに直結するものなので、課税売上げにのみ対応する課税仕入れに区分されることになります。
③購入した土地の上に建物を建て、賃貸住宅として貸し付ける場合	住宅家賃収入に直接対応するものなので、非課税売上げにのみ対応する課税仕入れに区分されます。 建物の建築費も非課税売上げにのみ対応する課税仕入れに区分されます。
④購入した土地の上に建物を建て、店舗として貸し付ける場合	住宅以外の家賃収入に直接対応するものなので、課税売上げにのみ対応する課税仕入れに区分されます。 建物の建築費も課税売上げにのみ対応する課税仕入れに区分されます。
⑤用途未確定の場合	売上げと明確な対応関係のないものとして共通対応の課税仕入れに区分されます。

共通用の課税仕入れ等の分解

共通対応の課税仕入れ等の税額について、課税売上げにのみ対応する部分と非課税売上げにのみ対応する部分とに合理的に区分できる場合には、これを区分したところで個別対応方式を適用することが認められています（消基通11－2－19）。

共通対応の課税仕入れ等の税額を区分した場合、課税売上げにのみ対応する部分はその全額が控除対象となり、非課税売上げにのみ対応する部分はいっさい控除することはできません。つまり、課税仕入れの区分の方法により、控除税額が変わってくるわけです。

具体例

たとえば、土地付建物を譲渡し、仲介手数料を支払った場合には、その仲介手数料は土地の売上げと建物の売上げのどちらにも関係するものですから共通用に区分します。しかし、この仲介手数料は、土地を売るための仲介手数料と建物を売るための仲介手数料が合体したものと考えることもできるので、これを土地と建物の時価の比率により分解することも認められます。

仲介手数料を共通対応分に区分した場合には、課税売上割合を乗じた分だけが税額控除の対象となります。時価の比で分解した場合には、建物の譲渡にかかる部分は全額が控除できる反面、土地の譲渡にかかる部分はいっさい控除ができません。つまり、課税売上割合と建物の時価比率を比較して、いずれか有利な方法で用途区分を決定すればよいわけです。

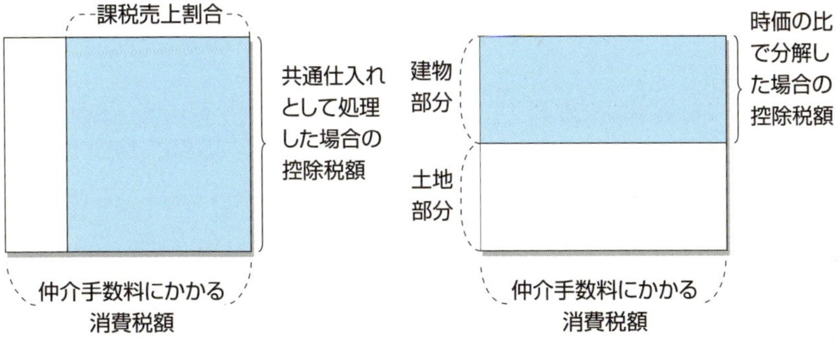

課税売上割合に準ずる割合

個別対応方式で仕入れにかかる消費税額を計算する際に、共通対応の税額を計算する場合には、税務署長の承認を受けることにより、課税売上割合以外の合理的な割合（課税売上割合に準ずる割合）を採用できます（消法30③）。

承認申請　「課税売上割合に準ずる割合の適用承認申請書」（☞233頁）を納税地の所轄税務署長に提出し、承認が得られれば、その承認を受けた課税期間から課税売上割合に準ずる割合を適用することができます。

なお、課税売上割合に準ずる割合は、個別対応方式により共通対応の税額を計算する場合に適用するものですから、たとえ承認申請を受けていたとしても、一括比例配分方式により仕入税額を計算する場合には、課税売上割合しか使えないことに注意してください。

適用方法　課税売上割合に準ずる割合は、事業の種類の異なるごと、費用の種類の異なるごと、事業場の単位ごとにバラバラに適用することができますし、また、課税売上割合との併用も認められています（消基通11－5－8）。

取り止めの場合　いったん承認を受けた課税売上割合に準ずる割合の適用をやめる場合には、「課税売上割合に準ずる割合の不適用届出書」（☞234頁）を提出することにより、その提出日の属する課税期間から原則的な計算によることになります。

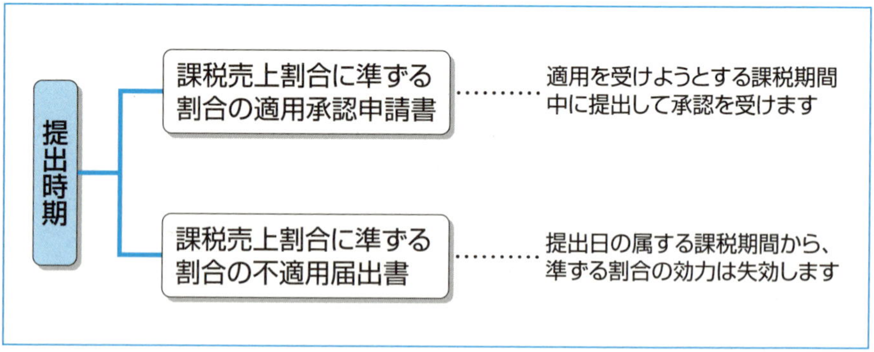

提出時期
課税売上割合に準ずる割合の適用承認申請書
適用を受けようとする課税期間中に提出して承認を受けます
課税売上割合に準ずる割合の不適用届出書
提出日の属する課税期間から、準ずる割合の効力は失効します

計算例

物品販売業と不動産賃貸業を営んでいる事業者について、課税売上割合に準ずる割合の承認を受けた場合と受けない場合とで比較検討してみましょう。なお、賃貸物件はすべて居住用の貸室です（単位省略）。

⑴ 収入	
① 商品売上高（税抜き）	4,000
② 家賃収入	6,000
	10,000
⑵ 支出（税込み）	
① 商品仕入高、運送費など課税売上対応の課税仕入高	2,100
② 水道光熱費など共通対応の課税仕入高	1,050
③ 貸家の修繕費など非課税売上対応の課税仕入高	525
	3,675

【課税売上割合に準ずる割合の承認を受けない場合】

(1) 課税売上割合

$$\frac{4{,}000}{4{,}000+6{,}000}=40\%$$

(2) 個別対応方式

$$2{,}100\times\frac{4}{105}+1{,}050\times\frac{4}{105}\times40\%=96$$

(3) 一括比例配分方式

$$3{,}675\times\frac{4}{105}\times40\%=56$$

(4) (2)>(3) ∴96

【販売部門の従業員が9人、不動産賃貸部門の従業員が1人で、課税売上割合に準ずる割合として、従業員の割合を採用することにつき、承認を受けた場合】

(1) 個別対応方式

$$2{,}100\times\frac{4}{105}+1{,}050\times\frac{4}{105}\times\frac{9}{9+1}=116$$

(2) 一括比例配分方式

$$2{,}100\times\frac{4}{105}\times40\%=56$$

(3) (1)>(2) ∴116

仕入れの返品、値引きなどの取扱い

課税仕入れについて、返品や値引きなどがあった場合には、その返品、値引などに対する消費税は、課税仕入れ等の税額から控除することになります。

つまり、返品、値引分などを控除した後の純仕入高についてだけしか税額控除は認められないということです（消法32①）。

範囲　具体的には、国内において行った課税仕入れにつき、返品、値引き、割戻しがあった場合のほか、仕入割引や販売奨励金収入についても税額調整が必要となります（消基通12－1－2・4）。

仕入割引とは、買掛金を支払期日よりも前に支払ったことにより取引先から収受するもので、会計学では受取利息と同質の扱いをするようですが、消費税の世界では仕入税額控除の調整項目として扱われます。したがって、当然に非課税売上げにも該当しません。割戻金や販売奨励金収入も仕入税額控除の調整項目として扱われます。会計処理上、雑収入勘定に計上していたとしても、当然に「売上げ」とはならないので注意してください。

債務免除益については、返品や値引とは本質的に異なるものであり、税額調整は要しないこととされています（消基通12－1－7）。

調整時期　返品、値引きなどに対する税額調整は、その返品や値引が発生した課税期間で税額調整をすることになっています。したがって、免税事業者であったときの課税仕入れについて、課税事業者になってから返品や値引きが発生したとしても、これは仕入税額控除の適用を受けたものではないので税額調整は必要ありません（消基通12－1－8）。

輸入仕入れに対する取扱い　輸入仕入高は、消費税計算には一切関係ありません。したがって、輸入仕入れに対する返品や値引きなどがあったとしても、当然に消費税計算には関係させないことになります。ただし、輸入貨物について、品違いなどの理由によりこれを相手国に返品（再輸出）する場合や税関長の承認を受けてこれを廃棄したような場合には、輸入時に納付した消費税等の諸税について、輸徴法などの規定により還付を受けるケースがあります。課税貨物の引取り時に納付した消費税について還付を受けるということは、その還付金額については実質的に納付はしていないことになるので、これを課税仕入れ等の税額からマイナスする必要があるわけです（消法32④）。

仕入税額の特例計算

課税仕入れ等の税額の計算は、国内での課税仕入れについては経理方法にかかわらず、その支払対価の額に$\frac{4}{105}$を乗ずるのが原則です。

しかし、税抜経理を採用している場合には、税抜きの仕入高と仮払消費税等に区分して処理がされているので、これを合計して$\frac{4}{105}$を乗ずる必要もないことから、その区分経理した**仮払消費税等の金額に$\frac{80}{100}$を乗じて課税仕入れ等の税額を計算する**ことが認められています（「事業者が消費者に対して価格を表示する場合の取扱い及び課税標準額に対する消費税額の計算に関する経過措置の取扱いについて」/法令解釈通達14)。

仮払消費税等の計上方法　仮払消費税等の計上は、次のいずれかの方法によることとされています。

①１円未満の端数を適正に処理した消費税額等が請求書等に明記されている場合において、その消費税額等を仮払消費税等として計上する方法

②税込課税仕入高に$\frac{5}{105}$を乗じて計算した仮払消費税等を帳簿等で区分経理する方法。この場合の仮払消費税等については、１円未満の端数を切捨てか四捨五入にすることが条件とされており、切上げ処理は認められません。

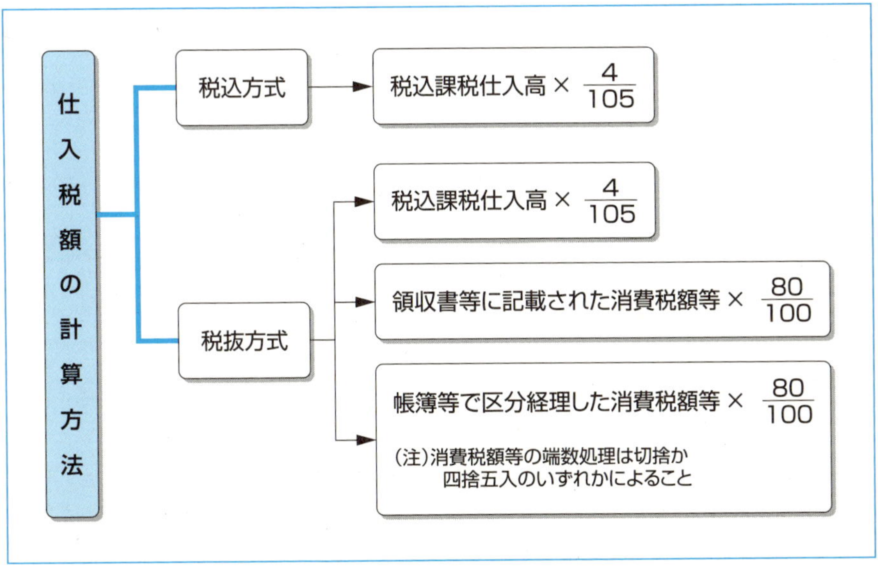

COLUMN

帳簿は調査官のために記帳するものなのか？

仕入税額控除の規定の適用を受けるためには、法定事項が記載された帳簿および請求書等を、確定申告期限から７年間保存することが要件とされています。

ただし、金額が３万円未満の場合や、３万円以上であっても自動販売機を利用するなどして請求書等の交付が受けられなかったような場合には、例外的に帳簿の保存だけでよいこととされています（☞109頁・110頁）。

注意したいのは、「帳簿」および「請求書等」の両方を保存しておかないと、あくまでも原則論は仕入税額控除が認められないということです。

ここにいう「帳簿」とは、現金出納帳、預金出納帳、仕入帳、経費帳、総勘定元帳などをいい、帳簿には、①課税仕入れの相手方の名称、②課税仕入れの年月日、③課税仕入れの内容、④課税仕入れの金額の４つの事項を記載することとされています。つまり、法令上は、上記①から④の事項のうち、どれか一つでも記載漏れがあるような場合には、仕入税額控除の規定の適用は受けられないということになるわけです。

もう少し具体的に考えてみましょう。たとえば、電気代を支払った場合ですが、一般的には次のような記帳をするものと考えられます。

日　付	摘　　要	金　額
○月○日 ⋮	○月分電気代 ⋮	××××円 ⋮

この記載方法では、法令上は仕入税額控除否認となります！

なぜならば、上記①の「仕入先の名称」が記載されていないからです。

関東地域で支払う電気代の支払先は東京電力に決まっているのに、ましてや東京電力から送られてくる立派な領収書や請求書が保存されているのに、なぜ同じことを帳簿にまで重複して記帳しなければいけないのでしょうか？

領収書に記載のある事項については、帳簿への記載を省略できるなど、もう少し現実的な法改正が強く望まれるところです。帳簿は経営管理のために記帳するものであり、調査官に見てもらうために記帳しているわけではありません！

6

仕入税額控除の特例と調整

棚卸資産の税額調整のやり方は？

固定資産の税額調整のやり方は？

輸出とみなされる取引の扱いは？

公益法人における計算方法は？

仕入税額控除
に調整が必要
な場合を押さ
えましょう

期首棚卸資産の税額調整

前期まで免税事業者だった事業者が、当期から課税事業者になる場合には、期首の棚卸資産は免税事業者のときに仕入れたものですから税額控除をしていません。これを課税事業者になってから販売するわけですから、その売上げについては消費税が課税されることになります。つまり、売上げに対する消費税とのバランスをとるために、免税事業者が課税事業者になった場合についてだけ、期首の在庫について税額控除が認められているのです（消法36①）。

ただし、簡易課税を適用する場合には、棚卸資産の調整はできません。

書類の保存義務　税額控除の適用を受ける場合には、棚卸資産の明細を記録した書類を確定申告期限から７年間保存することが義務づけられています（消法36②、消令54③）。

課税仕入れ等の税額に加算する金額は、**「期首棚卸資産の取得価額 $\times \frac{4}{105}$」**により計算します。

新設法人の３期目に注意する　期首の資本金が1,000万円未満の新設法人は、基準期間のない１期目と２期目は免税事業者となります。設立３期目は設立事業年度が基準期間となるので、基準期間中の課税売上高を年換算し、これが1,000万円を超えると３期目は課税事業者となります（下図参照）。

したがって、１期目と２期目に仕入れた棚卸資産のうち、３期目の期首に在庫として保有しているものについて、税額調整ができることになります。

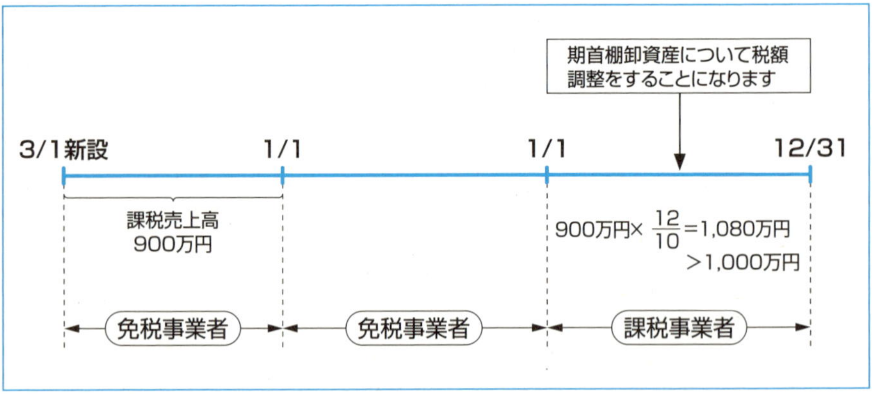

期末棚卸資産の税額調整

課税事業者を選択している事業者が「課税事業者選択不適用届出書」を提出した場合や、基準期間の課税売上高が1,000万円以下となったことにより翌期から免税事業者となるような場合には、期末の棚卸資産は免税事業者となってから販売するものであり、その売上げについては消費税は課税されません。

しかし、その期末在庫資産を仕入れたのは課税事業者のときであり、その仕入れについては仕入税額控除の対象としていることになります。そこで、売上げに対する消費税とのバランスをとるために、原則課税を適用している事業者が翌期から免税事業者になる場合には、期末の棚卸資産のうち、当期中に仕入れたものについては税額控除はできないことになっています（消法36⑤）。

課税仕入れ等の税額から控除する金額は、**「期末棚卸資産の取得価額 × $\frac{4}{105}$」**により計算します。

新設法人の２期目に注意する　期首の資本金が1,000万円以上の新設法人は、基準期間のない１期目と２期目は課税事業者となります。設立３期目は設立事業年度が基準期間となるので、基準期間中の課税売上高を年換算し、これが1,000万円以下の場合には３期目は免税事業者となります（下図参照）。

したがって、２期目に仕入れた棚卸資産のうち、期末に在庫として保有しているものについて、税額控除が制限されることになります。

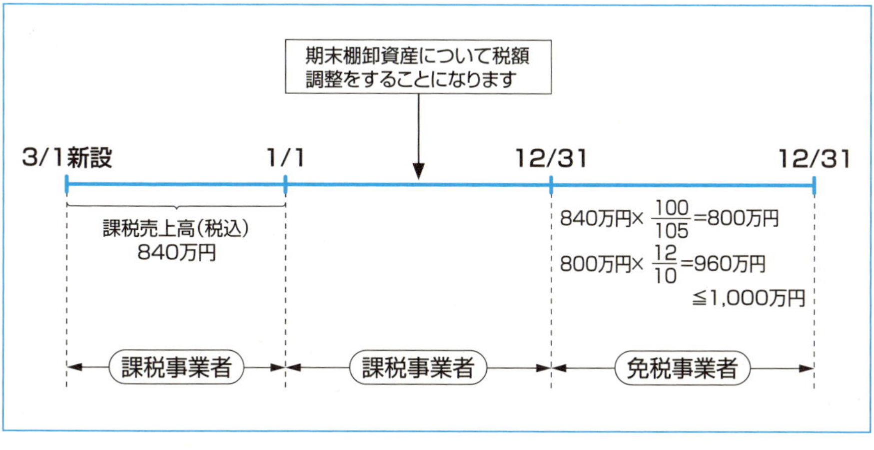

棚卸資産の範囲と取得価額

棚卸資産の範囲 商品、製品、仕掛品、原材料、貯蔵中の消耗品などで棚卸をすべき資産をいいます（消法２①十五、消令４）。

棚卸資産の取得価額 棚卸資産の課税仕入れにかかる支払対価の額に引取運賃、荷役費などの付随費用と販売準備費用を加算した金額が取得価額となります（消令54①・②）。つまり、所得税、法人税の計算における棚卸資産の取得価額を用いて税額計算をするということです。

仕入れの返品、値引等と棚卸資産の税額調整の関係 免税事業者であったときの課税仕入れについて、課税事業者になってから返品や値引きが発生したとしても、これは仕入税額控除の適用を受けたものではないので税額調整は必要ありません。

ただし、期首棚卸資産の税額調整をしたものについては、返品等の金額についても税額調整が必要となるのでご注意ください（消基通12－1－8）。

納税義務の免除の特例との関係 相続、吸収合併、吸収分割があったことにより、年または事業年度の中途から相続人や合併法人、分割承継法人が課税事業者となる場合にも期首棚卸資産の税額調整ができます。

相続人や合併法人、分割承継法人が、その課税事業者となる日の前日において、免税事業者のときに仕入れた棚卸資産を保有している場合には、その棚卸資産は免税事業者の時代に仕入れたものであり、これを課税事業者となってから販売するわけですから、免税事業者が課税事業者になった場合の期首棚卸資産の調整ができることになります（消法36①）。

相続、吸収合併、吸収分割があった場合の納税義務の免除の特例については72頁～82頁を参照してください。

相続等による棚卸資産の引き継ぎ 相続、合併、分割による事業承継により棚卸資産の引き継ぎを受けた場合にも、棚卸資産の税額調整ができるケースがあります。

すなわち、被相続人、被合併法人、分割法人が免税事業者のときに仕入れた棚卸資産について、課税事業者である相続人や合併法人、分割承継法人が引き継ぎを受けた場合には、その棚卸資産にかかる消費税額を課税仕入れ等の税額に加算することができます（消法36③）。

調整対象固定資産の範囲と税額調整

企業利益を計算する場合、建物、機械などの固定資産の取得価額については、耐用年数に応じ、減価償却費として毎期費用配分するわけですが、消費税の世界では、固定資産を購入した時に負担した消費税は、その取得した課税期間において、その全額が仕入税額控除の計算に取り込まれることになります。

しかし、固定資産のように長期間にわたり使用するものについてまでも、購入時の状況やその用途により税額控除を完結させてしまうことにはいささか問題があります。そこで、課税売上割合が著しく変動した場合や、固定資産の用途を変更したような場合には、その固定資産の当初の控除税額について後から調整を加えることとしたものです。

調整対象固定資産　対象となる資産は、建物、構築物、機械装置などで、一取引単位の税抜きの取得価額が100万円以上の固定資産（調整対象固定資産）です（消法２①十六、消令５）。したがって、国内での課税仕入れである固定資産についてはその支払対価の額×$\frac{100}{105}$により、輸入貨物の場合には課税標準である金額が100万円以上かどうかにより判定することになります。

なお、土地などの非課税資産や棚卸資産については、たとえ取得価額が100万円以上であったとしても調整対象固定資産とはなりません。

資本的支出　調整対象固定資産の修理や改良などをした場合において、その支出が「資本的支出」に該当する場合には、その税抜きの金額が100万円以上であればその「資本的支出」も調整対象固定資産として扱われます。

ただし、土地造成費などについては、土地そのものが調整対象固定資産には該当しないため、たとえ100万円以上の金額であっても調整対象固定資産とはなりません（消基通12－2－5）。

調整対象固定資産の取得価額　100万円と比較する固定資産の取得価額には、引取運賃などの付随費用は含まれません。したがって、税抜きの本体価額により調整対象固定資産の判定をすることになります（消基通12－2－2）。

一方、棚卸資産の税額調整に用いる棚卸資産の取得価額には、引取運賃などの付随費用が含まれることとされています。つまり、資産に関する税額調整であっても、棚卸資産と調整対象固定資産では取得価額に関する取扱いが異なっているということです。

課税売上割合が減少した場合

※課税売上割合の変動による税額調整については次頁以降の「課税売上割合が増加した場合」を先に確認してください。

計算例

次の設例により、平成X1年度中に1,050万円（税込み）の調整対象固定資産を取得したケースについて、具体的な計算方法を確認してみましょう（1年決算法人とします）。

（年度）	（税抜課税売上高）	（税抜総売上高）	（課税売上割合）
平成X1年度	1,600万円	2,000万円	80%
平成X2年度	3,000万円	10,000万円	30%
平成X3年度	800万円	8,000万円	10%

課税売上割合が著しく減少した場合には、当初の課税売上割合が95％以上であることにより全額を控除した場合であっても、変動率、変動差などの要件を満たせば税額調整は必要となるので注意してください。

この場合には、次頁の計算例とは逆に、平成X3年度において控除税額がカットされることになります。

①通算課税売上割合

$$\frac{1{,}600\text{万円}+3{,}000\text{万円}+800\text{万円}}{2{,}000\text{万円}+10{,}000\text{万円}+8{,}000\text{万円}}=27\%$$

②著しく変動したか否かの判定

$$\text{変動率}=\frac{0.8-0.27}{0.8}\geqq 50\% \qquad \text{変動差}=0.8-0.27\geqq 5\%$$

平成X3年度において調整する税額は、通算課税売上割合により再計算した税額と、平成X1年度において実際に控除した税額との差額です。

$1{,}050\text{万円}\times\frac{4}{105}=40\text{万円}$　$40\text{万円}\times 27\%=10\text{万}8{,}000\text{円}$…再計算した税額

$40\text{万円}\times 80\%=32\text{万円}$…実際に控除した税額

つまり、32万円から10万8,000円を控除した残額の21万2,000円が、平成X3年度の調整前の仕入れにかかる消費税額からカットされる税額ということになるわけです。

課税売上割合が増加した場合

課税売上割合が著しく増加した場合には、当初の少なすぎた控除税額を取り戻すという意味で、後から控除税額を再計算することとされています。

要件　課税売上割合が増加した場合の調整計算は、調整対象固定資産の控除税額を**一括比例配分方式、あるいは個別対応方式で共通仕入れに区分して計算した場合に限り行う**ものです。したがって、95％以上による全額控除、あるいは個別対応方式で課税売上げにのみ対応する仕入れに区分して計算したような場合には適用されません。課税売上割合が税額計算に関係していないわけですから、課税売上割合が変動したとしても調整する必要がないわけです。

また、固定資産を長期にわたり保有するために税額調整が必要になるわけですから、売却などにより**3期目（第三年度の課税期間）の末日に保有していない**ような場合には調整計算は必要ありません。

課税売上割合が著しく増加した場合とは、**変動率が50％以上であり、かつ、変動差が5％以上**の場合とされています。変動率、変動差の計算など、具体的な計算手順については次頁の計算例で確認してください（消法33、消令53）。

第三年度の課税期間とは　変動率、変動差の判定にあたり、「通算課税売上割合」を求める必要があるわけですが、この通算課税売上割合とは、仕入れ等の課税期間から第三年度の課税期間までの売上高を通算して計算した割合とされています。さらに、「第三年度の課税期間」とは、「仕入れ等の課税期間の開始の日から3年を経過する日の属する課税期間」と定められているので、課税期間が1年サイクルの場合には、固定資産を取得した翌々期で税額調整をすることになります。ただし、新設法人が設立事業年度で調整対象固定資産を取得したような場合には、下図のように「第三年度の課税期間」が4期目となることもあるので注意が必要です。

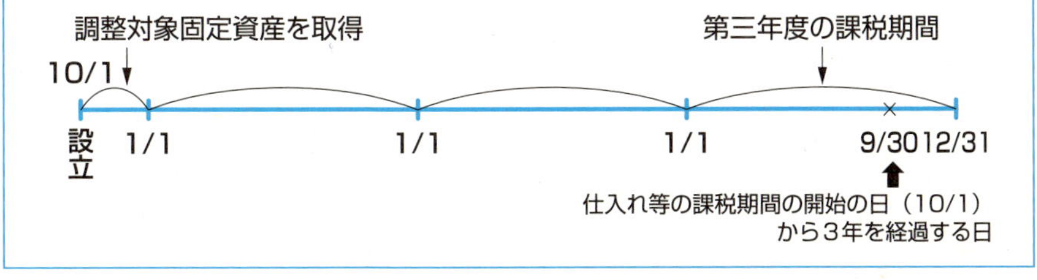

計算例

次の設例により、平成X1年度中に1,050万円（税込み）の調整対象固定資産を取得したケースについて、具体的な計算方法を確認してみましょう（1年決算法人とします）。

（年度）	（税抜課税売上高）	（税抜総売上高）	（課税売上割合）
平成X1年度	1,000万円	5,000万円	20%
平成X2年度	3,000万円	6,000万円	50%
平成X3年度	7,200万円	9,000万円	80%

(1) まず、課税売上割合が著しく変動したかどうかを判定するわけですが、これは、「変動率」が50％以上で、かつ、「変動差」が5％以上の場合に、著しい変動があったものとして取り扱うこととされています。

「仕入れ等の課税期間の課税売上割合(X)」と「通算課税売上割合(Y)」の差のことを「変動差」といい、「仕入れ等の課税期間の課税売上割合」のうちに占める「変動差」の割合のことを「変動率」といいます。

$$\text{変動率} = \frac{Y-X}{X} \geqq 50\% \quad \text{かつ} \quad \text{変動差} = Y-X \geqq 5\%$$

具体的には、平成X1年度（仕入れ等の課税期間）の課税売上割合と、平成X1年度から平成X3年度までの売上げのトータルで計算した「通算課税売上割合」を用いて以下の手順により判定します。

①通算課税売上割合

$$\frac{1{,}000\text{万円}+3{,}000\text{万円}+7{,}200\text{万円}}{5{,}000\text{万円}+6{,}000\text{万円}+9{,}000\text{万円}}=56\%$$

②著しく変動したか否かの判定

$$\text{変動率}=\frac{0.56-0.2}{0.2}\geqq 50\% \qquad \text{変動差}=0.56-0.2\geqq 5\%$$

(2) 平成X3年度において調整する税額は、通算課税売上割合により再計算した税額と、平成X1年度において実際に控除した税額との差額です。

$$1{,}050\text{万円} \times \frac{4}{105} = 40\text{万円}$$

40万円×56％＝22万4,000円……再計算した税額

40万円×20％＝ 8 万円……実際に控除した税額

つまり、22万4,000円から 8 万円を控除した残額の14万4,000円が、平成X3年度において追加で控除できる税額ということになるわけです。

仕入れ等の課税期間において売上高がゼロの場合　新設法人の設立事業年度においては、開業準備行為だけで課税期間が終了し、結果として売上高がゼロの課税期間が発生することも考えられます。このような場合には、設立事業年度において取得した課税非課税共通用の調整対象固定資産について、その後、第三年度の課税期間で課税売上割合の変動による税額調整の規定を適用しようとしても、変動率の分母の金額がゼロとなり、変動率の判定ができないことになってしまいます。

このようなケースでは、通算課税売上割合が 5 ％以上であれば、「課税売上割合が著しく増加した場合」に該当するものとして取り扱うこととされていますので、変動率が判定不能となった場合でも、結果、第三年度の課税期間において税額調整ができることとされています（消基通12－3－2）。

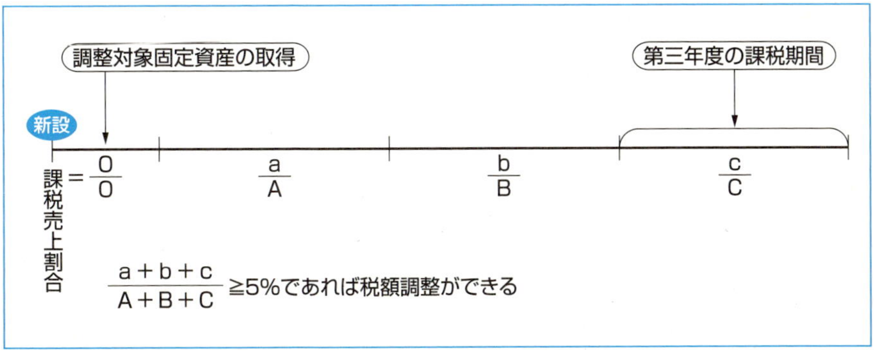

転用した場合

調整対象固定資産を取得し、これを課税業務用に使用したとしましょう。

個別対応方式により控除税額の計算をすれば、その固定資産に課された消費税は全額が控除できることになります。ところが、この固定資産をその後に非課税業務用に転用したとしたらどうでしょうか？　当初から非課税業務用としていれば、まったく税額控除はできなかったわけですから、固定資産について、購入時の用途だけで税額控除を完結させることには問題があるわけです。

そこで、調整対象固定資産を取得の日から３年以内に転用した場合には、次のような調整計算をすることとしています（消法34①・35)。

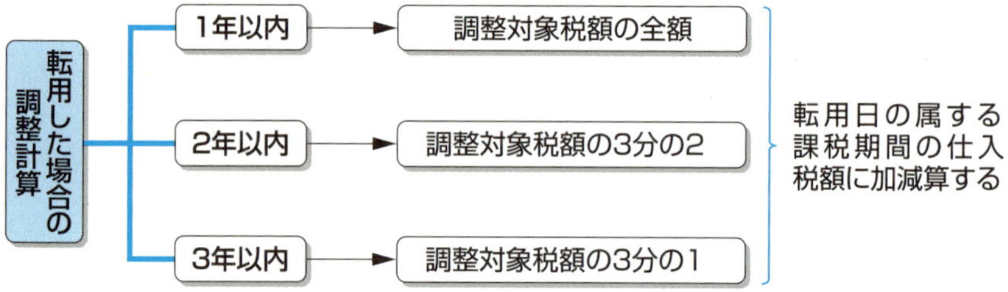

（注)「調整対象税額」とは、その調整対象固定資産に課された消費税額のことです。

つまり、取得日から転用日までの期間の経過に応じ、課税業務用のものを非課税業務用に転用した場合には、転用日の属する課税期間の調整前の仕入税額から減算し、非課税業務用のものを課税業務用に転用した場合には逆に加算するということです。

調整計算の要件　転用による調整計算は、**個別対応方式**により仕入税額を計算した場合に限り行うものですが、たとえ個別対応方式を適用した場合であっても、**共通用に区分したものを転用した場合や共通用に転用したような場合には適用されません**（消基通12－4－1・12－5－1)。

調整対象固定資産を取得した期において、課税売上割合が95％以上の場合や一括比例配分方式を適用した場合についても、もちろん適用除外です。

なお、３年を超えてからの転用については、もちろん調整は必要ありません。

非課税資産の輸出取引等

非課税売上げに対応する課税仕入れ等については、原則として税額控除はできないため、身体障害者用物品や教科用図書などの非課税資産を輸出した場合には、その製造や販売に要した課税仕入れ等については税額控除ができないこととなってしまい、課税資産を輸出した場合と比較し、負担する税額が増加してしまいます。

そこで、非課税資産を輸出するような場合には、輸出取引等に該当することが証明されたときに限り、その取引を課税資産の輸出取引等とみなすことにより、これに対応する課税仕入れ等についての税額控除を認めることとしたものです（消法31①）。

適用対象取引　この取扱いは、身体障害者用物品などの非課税資産を輸出した場合だけでなく、非居住者に対する貸付金利息や外国国債の利子などの金融取引も対象になります（消令17③）。

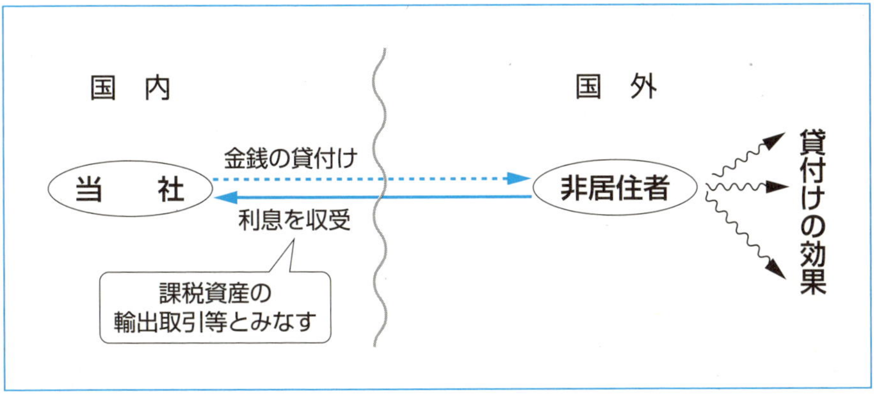

貸付金利息は非課税売上げなので、課税売上割合の計算上、分母にだけカウントするわけですが、外国法人などの非居住者に対するものであれば、これを分母と分子の両方にカウントするということです。

計算方法　個別対応方式を適用する場合には、非課税資産の輸出額に対応する課税仕入れ等は、課税売上げにのみ対応する課税仕入れに区分することができます。また、課税売上割合の計算にあたっては、非課税資産の輸出額を、分母と分子にカウントします（消令51②）。

国外移送

海外の支店などに資産を移送する行為は、本支店間の内部取引ですから資産の譲渡等に該当しません。また、海外支店での資産の譲渡は国外取引のため課税の対象とはなりません。

そうすると、国内の本店から海外の取引先にダイレクトに資産を販売した場合には輸出免税売上げとなるのに対し、支店経由で資産を販売した場合には、その取引はまるっきり消費税計算に関係しないこととなってしまいます。

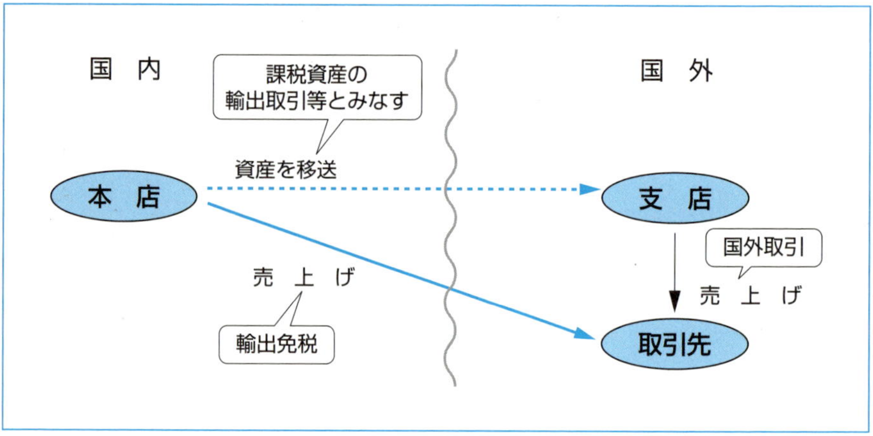

そこで、海外支店等への資産の移送については、輸出証明がされたときに限り、その取引を課税資産の輸出取引等とみなすことにより、これに対応する課税仕入れ等についての税額控除を認めることとしています（消法31②）。

適用対象取引　海外支店で販売するための商品や、海外支店で使用するための事務機器などを移送する場合にこの規定が適用されることになります（消基通11－7－1）。

計算方法　個別対応方式を適用する場合の課税仕入れ等の用途区分について、国外へ移送した資産に対応する課税仕入れ等を、課税売上げのみに対応する課税仕入れに区分するとともに、課税売上割合の計算にあたっては、移送した資産のFOB価格を、分母と分子にカウントします（消令51③・④）。FOB価格とは、輸出許可証などに記載する貿易条件価格のことで、正式名称を「本船甲板渡し価格」といいます。

公益法人等の特例計算とは

公益法人のように補助金収入などを多く受け取る企業は、収入に対して消費税が課されないばかりか、補助金などを元手に行った課税仕入れについては税額控除ができることとなり、民間企業と比較してみても、明らかに不公平であることがわかります。

そこで、**消費税法別表第三に掲げる公益法人など、特定の企業**については、次の**「特定収入割合」が５％を超える場合**には、特定収入に対応する課税仕入れ等の税額について、税額控除を制限することとしたものです（消法60④、消令75）。

$$\text{特定収入割合} = \frac{\text{特定収入}}{\text{資産の譲渡対価（税抜き）＋特定収入}}$$

上記の「特定収入割合」を計算する場合の分母の「資産の譲渡対価」の金額は、基本的には課税売上割合の分母と同じ金額になりますが、特定収入割合は、あくまでも「収入」をベースに計算するものですから、有価証券の譲渡などについては５％を乗ずるのではなく、売却金額の総額を計上することになるので注意が必要です。

特定収入　補助金や寄付金などの**資産の譲渡等の対価以外の収入で、その収入により課税仕入れ等を行うことができるような収入**のことを「特定収入」といいます。したがって、特定収入割合を計算するためには、今まで消費税計算とは無関係であった補助金や寄付金などの対価性のない収入を、特定収入と特定収入以外の収入に区分する必要があるわけです。

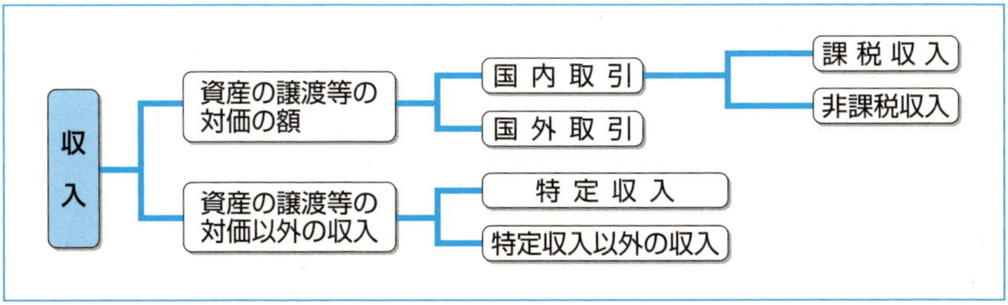

特定収入の範囲

⑴　補助金、交付金、資産の譲渡等の対価に該当しない負担金

ただし、補助金などであっても、人件費の補助として交付されるようなものは、これにより課税仕入れ等を行うものではないことから特定収入には該当しません。また、借入金などの返済に充てることが指示されている補助金などについては、その借入金収入（特定の借入金）が特定収入に該当することになるため、これの返済に充てるための補助金収入は特定収入とはなりません。

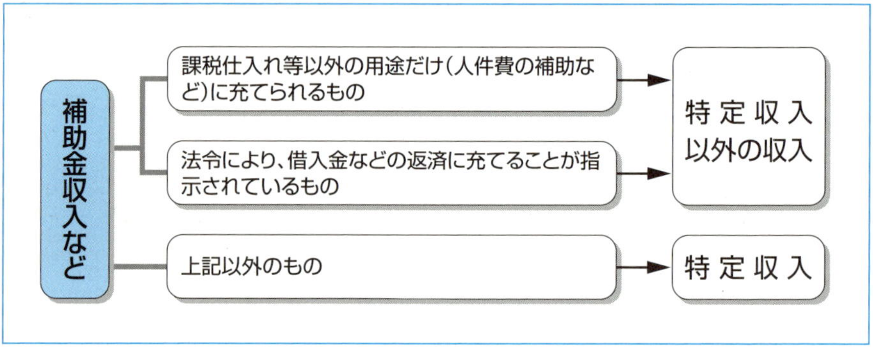

⑵　借入金収入、社債の発行などによる収入

借入金収入などについては、上記⑴のように補助金などの交付を受ける借入金は特定収人に該当することになるわけですが、特定の借入金以外の一般の借入金、あるいは特定の借入金であっても、法令などの定めにより、その借入金が人件費などの課税仕入れ等以外の用途だけに充てられるような場合は、特定収入に該当しないことになります。

⑶　寄付金

⑷　受取配当金

⑸　保険金

⑹　損害賠償金

⑺　資産の譲渡等の対価に該当しない会費、喜捨金、その他の収入

⑻　借入金等に係る債務について受けた免除額

なお、貸付金の回収額は資本取引であること、租税の還付金収入などは租税公課の戻りであることから、ともに特定収入には該当しません。

公益法人等の調整税額の計算

特定収入割合が５％を超える場合には、特定収入に係る課税仕入れ等の税額を控除した残額が仕入れに係る消費税額として控除対象となるわけですが、この特定収入については、さらにその内容を課税仕入れ等にのみ充てる旨の定めがあるもの（使途特定収入）と、そうでないもの（使途不特定収入）に区分したうえで計算することになります。

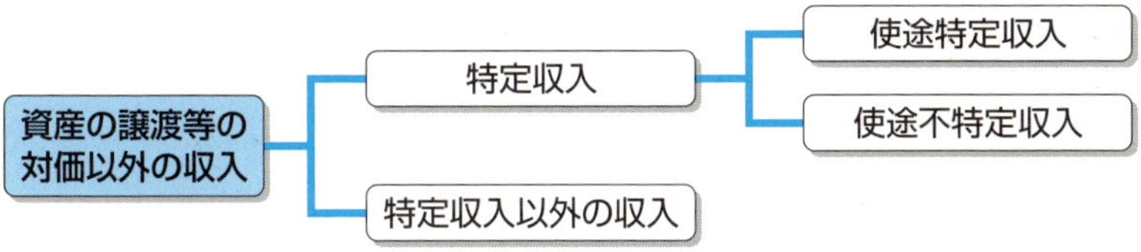

控除対象仕入税額 ＝ 調整前の仕入税額 － 特定収入に係る課税仕入れ等の税額

なお、簡易課税制度の適用を受ける場合には、特定収入の拾い出しや特定収入に係る課税仕入れ等の税額を計算する必要はありません。

使途特定収入　たとえば、建物や機械などの課税資産を購入することを条件として交付される補助金などを指します。使途特定収入については、まさに課税仕入れ等の税額とひも付きになっていることから、「使途特定収入×$\frac{4}{105}$」が「特定収入に係る課税仕入れ等の税額」として仕入税額控除が制限されることになるわけです。

使途不特定収入　受取配当金などのようにその使途が定められていないものはすべて使途不特定収入に該当します。使途不特定収入により賄った税額については、調整前の仕入税額から使途特定収入により賄った税額を控除した残額に下記の「調整割合」を乗じて計算します。

$$調整割合 = \frac{使途不特定収入}{資産の譲渡対価（税抜き）+ 使途不特定収入}$$

課税売上割合が95%以上の場合

課税売上割合が95%以上の場合の「特定収入に係る課税仕入れ等の税額」は次の算式により計算します（消令75④一）。

特定収入に係る課税仕入れ等の税額 ＝ ①＋②

- ①使途特定収入 × $\frac{4}{105}$
- ②（調整前の仕入税額－①）× 調整割合

（注）「特定収入割合」と「調整割合」の算式は非常に似ていますが、「特定収入割合」の算式は特定収入の合計額を分母と分子に算入するのに対し、「調整割合」の算式は、使途不特定収入だけを分母と分子に算入することに注意してください。

次の設例により、控除対象仕入税額の計算方法を確認してみましょう（単位省略）。

計算例

●収入	課税収入（税抜き）	10,000
	非課税収入	200
	使途特定収入	2,100
	使途不特定収入	1,000
	特定収入以外の収入	800
●課税仕入れに係る支払対価の額		5,250

（1）課税売上割合

$$\frac{10{,}000}{10{,}000+200} \fallingdotseq 98.0\% \geqq 95\%$$

（2）課税仕入れ等の税額

$$5{,}250 \times \frac{4}{105} = 200$$

（3）特定収入割合

$$\frac{2{,}100+1{,}000}{(10{,}000+200)+(2{,}100+1{,}000)} \fallingdotseq 23.3\% > 5\%$$

（4）特定収入に係る課税仕入れ等の税額

①$2{,}100 \times \frac{4}{105} = 80$

②$(200-80) \times \frac{1{,}000}{(10{,}000+200)+1{,}000} \fallingdotseq 10$

③①＋②＝90

（5）仕入れに係る消費税額

(2)－(4)＝110

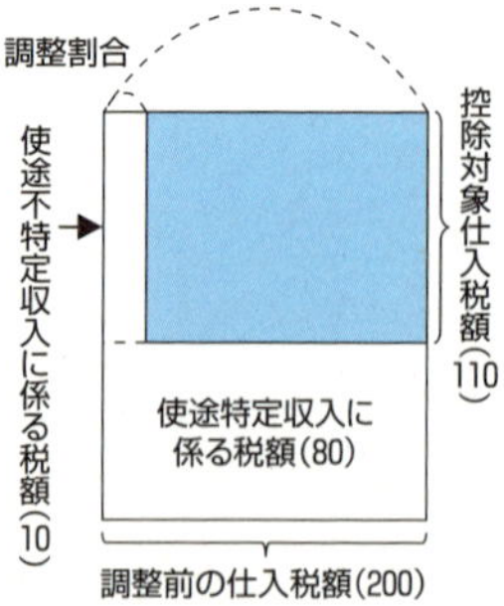

課税売上割合が95%未満の場合

個別対応方式を適用する場合には、使途特定収入について、その使途の内容によりさらに細分したところで税額計算を行うこととされています。

- 特定収入
  - 使途特定収入
    - 課税売上げのみ対応の課税仕入れ等にのみ充てられるもの
    - 共通対応の課税仕入れ等にのみ充てられるもの
    - 上記以外のもの
  - 使途不特定収入

計算例

特定収入に係る課税仕入れ等の税額は次の算式により計算します（消令75④二・三）。

個別対応方式

①（課税売上げのみ対応の課税仕入れ等にのみ充てられる特定収入）$\times \frac{4}{105}$

②（共通対応の課税仕入れ等にのみ充てられる特定収入）$\times \frac{4}{105} \times$（課税売上割合）

③{調整前の仕入税額－(①＋②)}×調整割合

①＋②＋③＝特定収入に係る課税仕入れ等の税額

一括比例配分方式

① 使途特定収入 $\times \frac{4}{105} \times$ 課税売上割合

②(調整前の仕入税額－①)×調整割合

①＋②＝特定収入に係る課税仕入れ等の税額

次の設例により、控除対象仕入税額の計算方法を確認してみましょう（単位省略）。

計算例

●収入	
①課税収入（税抜き）	10,000
②非課税収入	9,300
③特定収入	(8,415)
課税収入に係る課税仕入れにのみ充てられる特定収入	1,050
共通対応の課税仕入れにのみ充てられる特定収入	840
上記以外の使途特定収入	525
使途不特定収入	6,000
④特定収入以外の収入	500
●課税仕入れに係る支払対価の額	(6,300)
①課税収入のみ対応分	2,100
②共通対応分	3,150
③非課税収入のみ対応分	1,050

(1)　課税売上割合

$$\frac{10{,}000}{10{,}000+9{,}300}=\frac{10{,}000}{19{,}300}\fallingdotseq 51.8\% < 95\%$$

(2)　個別対応方式による仕入税額

①調整前の仕入税額

$$2{,}100\times\frac{4}{105}+3{,}150\times\frac{4}{105}\times\frac{10{,}000}{19{,}300}\fallingdotseq 142$$

②特定収入割合

$$\frac{8{,}415}{19{,}300+8{,}415}\fallingdotseq 30.3\% > 5\%$$

③特定収入に係る課税仕入れ等の税額

(イ)　$1{,}050\times\frac{4}{105}=40$

(ロ)　$840\times\frac{4}{105}\times\frac{10{,}000}{19{,}300}\fallingdotseq 16$

(ハ)　$\{①-((イ)+(ロ))\}\times\frac{6{,}000}{19{,}300+6{,}000}\fallingdotseq 20$

(ニ)　(イ)+(ロ)+(ハ)=76

④　調整後の仕入税額

①−③=66

◉個別対応方式◉

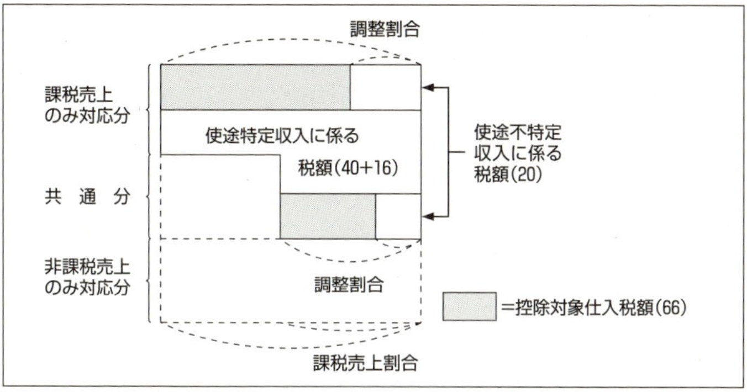

(3)　一括比例配分方式による仕入税額

①調整前の仕入税額

$$6{,}300\times\frac{4}{105}\times\frac{10{,}000}{19{,}300}\fallingdotseq 124$$

②特定収入に係る課税仕入れ等の税額

(イ)　$(1{,}050+840+525)\times\frac{4}{105}\times\frac{10{,}000}{19{,}300}\fallingdotseq 47$

(ロ)　$(①-(イ))\times\frac{6{,}000}{19{,}300+6{,}000}\fallingdotseq 18$

(ハ)　(イ)+(ロ)=65

③調整後の仕入税額

①−②=59

(4)　仕入れに係る消費税額

(2)>(3)　∴66

◉一括比例配分方式◉

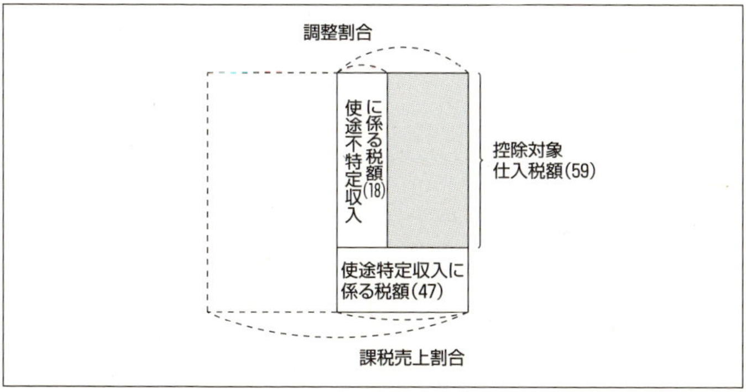

収益事業と非収益事業の関係

公益法人等が行う本来の事業（非収益事業）については、法人税は非課税とされています。したがって、たとえば宗教法人が信者から収受するお布施収入については法人税は課税されません。

しかし、公益法人等であっても物品の販売や不動産賃貸などの法人税法で定める「収益事業」を営む場合には、民間企業と同じようにその収益事業から生じた所得についてだけは法人税を課税することとされています。そこで、公益法人等が、収益事業と非収益事業を営むような場合には、それぞれの事業に関する経理を区分することが義務づけられています。

消費税の世界では、納税義務の判定や税額計算はあくまでも事業者単位で行うこととされています。したがって、公益法人等が収益事業と非収益事業を営んでおり、これを部門別に区分経理していたとしても、これらの事業から生ずる売上げや仕入れをすべて合算したところで納税義務の判定や税額計算をする必要があるわけです。

非収益事業については法人税の申告が不要なため、とかく消費税についても収益事業にかかるものだけで計算してしまうという実務上の誤りが多いようです。法人税法と消費税法はまったく別物であり、法人税の課税範囲と消費税の課税範囲は完全に切り離して理解する必要があるわけです。

具体例

宗教法人が次のような事業を営んでいる場合に、課税売上割合と特定収入割合は次のように計算します。

収入科目	収益事業	非収益事業
地代収入（非課税）	1,000	—
駐車場の賃貸収入（課税）	6,000	—
受取利息（非課税）	400	600
お布施収入（特定収入）	—	12,000

$$\frac{6{,}000}{6{,}000+(1{,}000+400+600)}=75\%$$…課税売上割合

$$\frac{12{,}000}{6{,}000+(1{,}000+400+600)+12{,}000}=60\%$$…特定収入割合

7

簡易課税制度

簡易課税制度の適用要件って？

簡易課税制度の計算方法は？

簡易課税制度を選ぶ基準は？

事業区分はどのように判断する？

簡易課税を選ぶ
メリット・デメリッ
トをよく検討し
ましょう

簡易課税制度の適用要件と計算方法

簡易課税制度とは、実際の課税仕入れ等の税額を無視して、課税売上高から仕入税額を計算する方法です。

適用要件　簡易課税を適用することができるのは、次の①と②のいずれの要件も満たす事業者です（消法37①）。

①簡易課税により計算しようとする課税期間の基準期間における課税売上高が5,000万円以下であること

②「簡易課税制度選択届出書」（☞235頁）を所轄税務署長に提出すること

したがって、「簡易課税制度選択届出書」が提出されていたとしても、基準期間の課税売上高が5,000万円を超える課税期間については原則計算により仕入税額を計算することになります。また、基準期間の課税売上高が5,000万円以下であり、かつ、「簡易課税制度選択届出書」が提出してある場合には必ず簡易課税制度を適用しなければなりません。つまり、原則計算との有利選択は認められないということです。

基本的な計算方法　事業者が１種類のみの事業を営む場合の控除対象仕入税額は、次の算式により求めた「控除対象仕入税額計算の基礎となる消費税額」に、下図の「事業区分」に掲げるそれぞれの仕入率を乗じて計算します（消法37①、消令57①、消基通13－1－6）。

控除対象仕入税額計算の基礎となる消費税額 ＝ 課税標準額に対する消費税額 ＋ 貸倒回収にかかる消費税額 － 課税売上げに対する返品、値引きなどにかかる消費税額（返還等対価にかかる税額）

控除対象仕入税額 ＝ 基礎税額 × 仕入率

事業区分	仕入率
第1種事業（卸売業）	90%
第2種事業（小売業）	80%
第3種事業（製造業等）	70%
第4種事業（その他）	60%
第5種事業（サービス業等）	50%

控除対象仕入税額の計算

2種類以上の売上げがある場合の仕入税額は、原則として、業種別の消費税額にそれぞれの仕入率を適用して計算した税額を、業種別の消費税額の合計で除した割合（平均みなし仕入率）を用いて計算します（消令57②）。

ただし、1種類の事業の売上高の合計が全体の75％以上を占める場合には、基礎税額に、その業種（特定1事業）の仕入率を乗じて計算することが認められています（消令57③一）。また、2種類の事業の売上高の合計が全体の75％以上を占める場合には、事業の種類がその2種類（特定2事業）だけと考えて、平均みなし仕入率により計算することも認められています（消令57③二）。

仕入控除税額の計算は、下記のうち、最も有利な方法（控除税額の最も多くなる方法）によることになります。

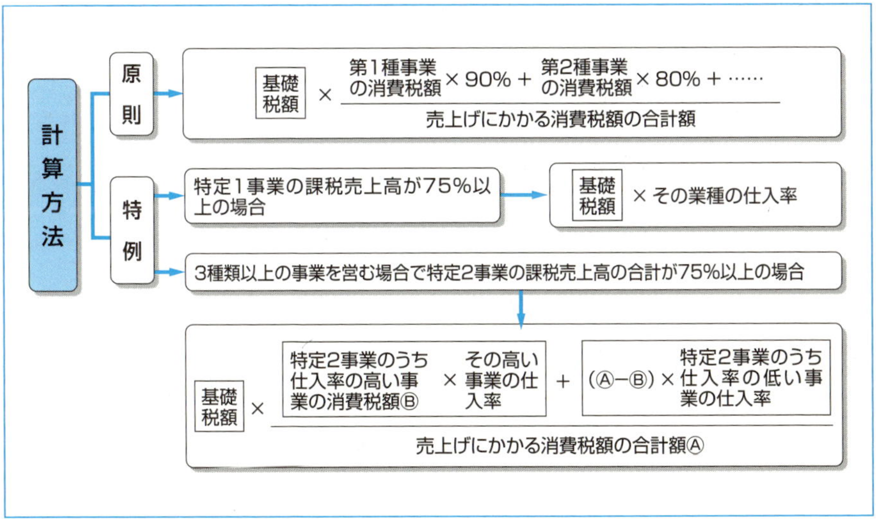

●計算上の留意点●

- 「○○事業の消費税額」は、返品等にかかる税額（返還等対価にかかる税額）を控除した純売上高に対する税額です。
- 75％以上かどうかの判定をする場合には、非課税売上高や輸出免税売上高は含みません。なお、売上高は返品、値引き、割戻しなどの金額（売上げにかかる対価の返還等の金額）をマイナスした後の税抜きの純課税売上高です。

計算例１

下記の設例により、原則計算と特例計算について具体的に確認してみましょう（単位省略）。

（種類）	（税込売上）	（消費税）	（地方消費税）	（税抜売上）	（売上割合）
第１種事業	21,000	800	200	20,000	20%
第２種事業	84,000	3,200	800	80,000	80%
	105,000	4,000	1,000	100,000	

①課税標準額に対する消費税額の計算

$105{,}000 \times \frac{100}{105} = 100{,}000$　　$100{,}000 \times 4\% = 4{,}000$

②原則計算による控除対象仕入税額の計算

$4{,}000 \times \frac{800 \times 90\% + 3{,}200 \times 80\%}{4{,}000} = 3{,}280$

③第２種事業の仕入率による特例計算

第２種事業の売上割合が75％以上（80％）であることから、第２種事業の仕入率（80％）を適用することができます。

$4{,}000 \times 80\% = 3{,}200$

④控除対象仕入税額

②＞③　∴3,280

簡易課税制度は、計算の簡便化を目的として設けられたものです。

しかし、売上げが複数ある場合には、原則計算による按分が必要となり、いたずらに計算を複雑にしてしまうことが危惧されます。そこで、特定１事業の売上高が全体の75％以上を占めているような場合には、残りの売上高はすべて特定１事業の仕入率により計算することを認めたものです。

また、卸売と小売を兼業しているような事業者は主たる売上げが２種類あることとなるので、このような事業者に配慮して、特定２事業の売上高合計で75％以上となる場合にも特例計算の適用を認めたということです。

計算例２

下記の設例により、特定２事業の仕入率による特例計算について具体的に確認してみましょう（単位省略）。

（種類）	（税込売上）	（消費税）	（地方消費税）	（税抜売上）	（売上割合）
第１種事業	31,500	1,200	300	30,000	30%
第2種事業	63,000	2,400	600	60,000	60%
第4種事業	10,500	400	100	10,000	10%
	105,000	4,000	1,000	100,000	

①課税標準額に対する消費税額の計算

$$105{,}000\times\frac{100}{105}=100{,}000\qquad 100{,}000\times 4\%=4{,}000$$

②原則計算による控除対象仕入税額の計算

$$4{,}000\times\frac{1{,}200\times 90\%+2{,}400\times 80\%+400\times 60\%}{4{,}000}=3{,}240$$

③第１種事業と第２種事業の仕入率による特例計算

$$4{,}000\times\frac{1{,}200\times 90\%+(4{,}000-1{,}200)\times 80\%}{4{,}000}=3{,}320$$

④控除対象仕入税額

②＜③　　∴3,320

◉特例計算の考え方◉

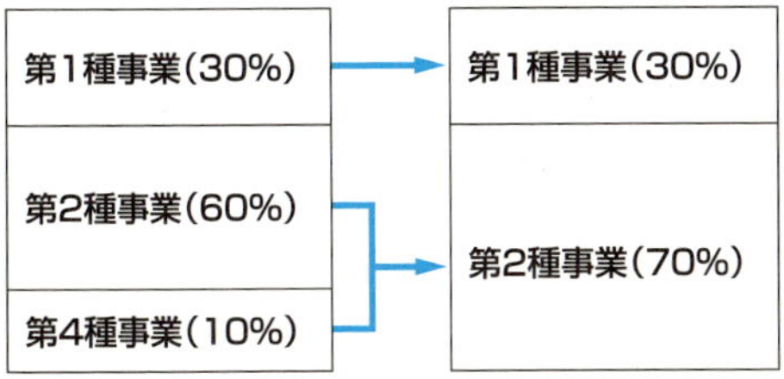

売上高の内訳を第1種事業と第2種事業だけで構成されているものと考えて、このうち、仕入率の高い事業(第1種事業)の売上高は区分し、残りの売上高はすべて仕入率の低い事業(第2種事業)であるものとして計算するということです。

計算例３

下記の設例のように、特定２事業の仕入率による特例計算は、特定１事業の売上高が75％以上であっても適用可能となります（単位省略）。

（種類）	（税込売上）	（消費税）	（地方消費税）	（税抜売上）	（売上割合）
第１種事業	10,500	400	100	10,000	10%
第２種事業	84,000	3,200	800	80,000	80%
第４種事業	10,500	400	100	10,000	10%
	105,000	4,000	1,000	100,000	

①課税標準額に対する消費税額の計算

$$105{,}000 \times \frac{100}{105} = 100{,}000 \qquad 100{,}000 \times 4\% = 4{,}000$$

②原則計算による控除対象仕入税額の計算

$$4{,}000 \times \frac{400 \times 90\% + 3{,}200 \times 80\% + 400 \times 60\%}{4{,}000} = 3{,}160$$

③第２種事業の仕入率による特例計算

$4{,}000 \times 80\% = 3{,}200$

④第１種事業と第２種事業の仕入率による特例計算

$$4{,}000 \times \frac{400 \times 90\% + (4{,}000 - 400) \times 80\%}{4{,}000} = 3{,}240$$

⑤第２種事業と第４種事業の仕入率による特例計算

$$4{,}000 \times \frac{3{,}200 \times 80\% + (4{,}000 - 3{,}200) \times 60\%}{4{,}000} = 3{,}040$$

⑥控除対象仕入税額

②～⑤のうち最も多い金額　　∴3,240

簡易課税制度選択届出書

簡易課税制度選択届出書　「簡易課税制度選択届出書」（☞235頁）は、適用を受けようとする課税期間が始まる前までに提出しなければなりません（消法37①）。ただし次のケースについては、それぞれの課税期間中に提出すれば、その課税期間から簡易課税によることができます（消令56①）。

①新規に開業（設立）をした日の属する課税期間

②相続があった場合の納税義務の免除の特例規定により、年の中途から新たに課税事業者となった個人事業者が、簡易課税を選択していた被相続人の事業を承継した場合の相続があった日の属する課税期間

（注）　基準期間中の課税売上高が1,000万円を超えていることにより、年初から課税事業者である相続人が簡易課税の適用を受けている被相続人の事業を承継したとしても、相続人は前年中に「簡易課税制度選択届出書」を提出しない限り、簡易課税制度の適用を受けることはできません（消基通13－1－3の2ただし書）。

③合併や吸収分割があった場合の納税義務の免除の特例規定により、事業年度の中途から新たに課税事業者となった合併法人や分割承継法人が、簡易課税を選択していた被合併法人や分割法人の事業を承継した場合の合併、吸収分割があった日の属する課税期間

２期目からの簡易課税の選択　資本金が1,000万円以上の新設法人や設立事業年度から課税事業者を選択した事業者の届出書の効力発生時期については、提出日の属する課税期間か翌課税期間かのいずれかを任意に選択できる旨が消費税法基本通達に明らかにされています（消基通13－1－5）。

いずれの場合にしても、届出書は１期目の課税期間中に提出することに注意してください。また、「簡易課税制度選択届出書」の適用開始課税期間の欄に、適用開始課税期間の年月日を忘れずに記載する必要があります。たとえば、開業（設立）課税期間から課税事業者を選択した事業者が２期目から簡易課税制度の適用を受けようとする場合には、「課税事業者選択届出書」だけでなく、「簡易課税制度選択届出書」も１期目の末日までに提出する必要があるということです。

簡易課税制度選択届出書が無効とされる場合

平成22年４月１日以後に設立した資本金1,000万円以上の法人が、基準期間のない事業年度中に調整対象固定資産を取得した場合には、調整対象固定資産を取得した日の属する課税期間の初日から３年を経過する日の属する課税期間までの間は課税事業者として拘束されるとともに、この期間中は簡易課税制度の適用を受けることはできません（☞65頁）。

また、平成22年４月１日以後に開始する課税期間から課税事業者を選択した事業者が、課税選択の強制適用期間中に調整対象固定資産を取得した場合には、調整対象固定資産を取得した日の属する課税期間の初日から３年を経過する日の属する課税期間までの間は課税事業者として拘束されるとともに、この期間中は簡易課税制度の適用を受けることはできません（☞70頁）。

そこで、資本金1,000万円以上の新設法人や課税選択をした事業者が、課税事業者としての強制適用期間中に「簡易課税制度選択届出書」を提出した後、同一の課税期間中に調整対象固定資産を取得したような場合には、その届出書の提出はなかったものとみなされます（消法37②）。

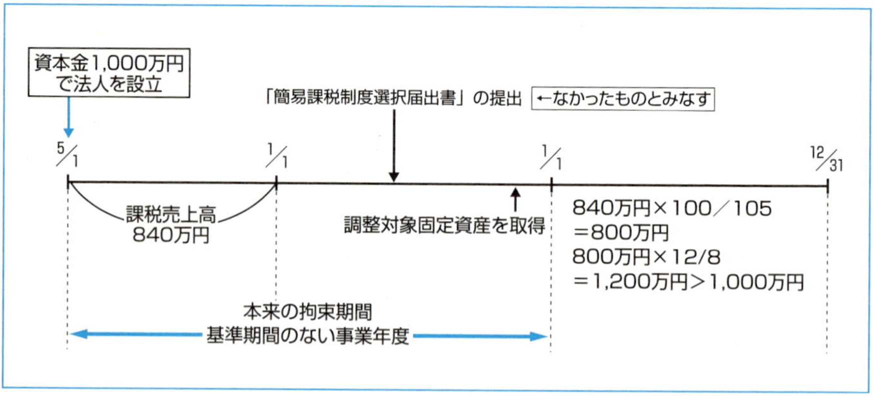

なお、新設法人が設立事業年度中に「簡易課税制度選択届出書」を提出し、設立事業年度から簡易課税制度の適用を受けているような場合には、その後に調整対象固定資産を取得した場合であっても、その調整対象固定資産の取得は税額計算に何ら影響しないものであり、「簡易課税制度選択届出書」の効力は当然に有効となります（消法37②ただし書、消令56②）。

簡易課税制度選択不適用届出書

簡易課税制度選択不適用届出書　簡易課税の最大のデメリットは、還付を受けることができないということです。したがって、簡易課税を選択している事業者が、設備投資などの予定があるため原則課税により還付を受けようとする場合には、「簡易課税制度選択不適用届出書」（☞236頁）を所轄税務署長に提出する必要があるわけです（消法37④）。「簡易課税制度選択不適用届出書」を提出した場合には、その提出日の属する課税期間の翌課税期間からその効力は失われ、原則課税となります（消法37⑥）。

納税義務の免除と届出書の関係　簡易課税を適用している事業者が、基準期間の課税売上高が1,000万円以下となったため、消費税の納税義務が免除されたとします。その後、基準期間の課税売上高が1,000万円を超えたため、再び課税事業者となった場合の仕入れにかかる消費税額の計算は、「簡易課税制度選択不適用届出書」を提出していない場合に限り簡易課税によることになります。

つまり、免税事業者となった時点での「簡易課税制度選択不適用届出書」の提出、および再び課税事業者となった時点での「簡易課税制度選択届出書」の提出は必要ないということです（消基通13－1－3）。

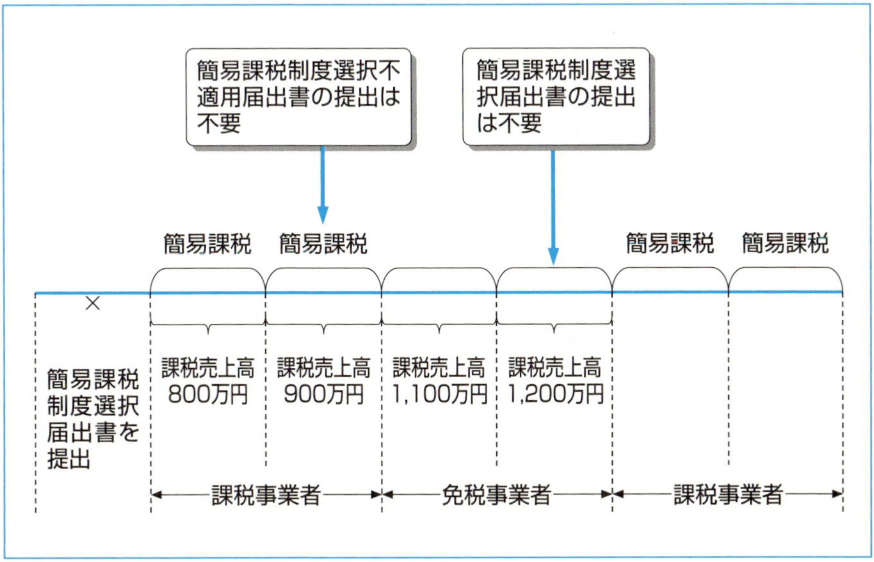

適用上限額と届出書の関係　「簡易課税制度選択届出書」を提出した場合であっても、基準期間における課税売上高が5,000万円を超える場合には簡易課税により計算することはできません。「簡易課税制度選択不適用届出書」は、簡易課税を適用している事業者が自らの意思でこれを取り止める場合に提出するもので、基準期間の課税売上高が5,000万円を超えたことにより、いわば強制的に原則課税によるような場合についてまで提出するものではありません。

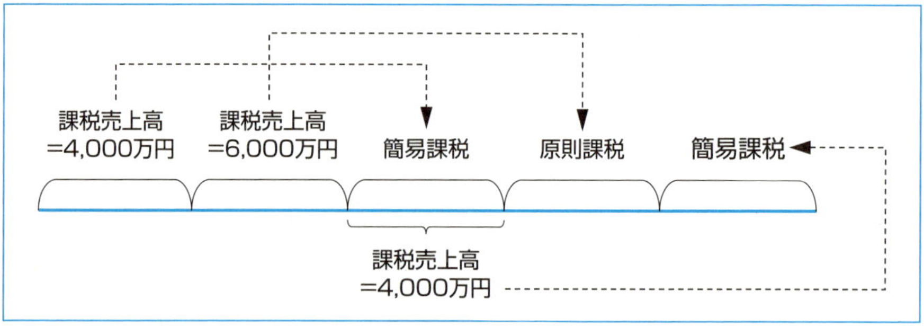

簡易課税を選択した場合の拘束期間　「簡易課税制度選択不適用届出書」は、新たに簡易課税を採用した課税期間の初日から２年を経過する日の属する課税期間の初日以降でなければ提出することができません（消法37⑤）。

つまり、いったん簡易課税を採用したならば、翌期も簡易課税で申告しなければいけないということです。

なお、廃業の場合には届出時期についての制限はありません。

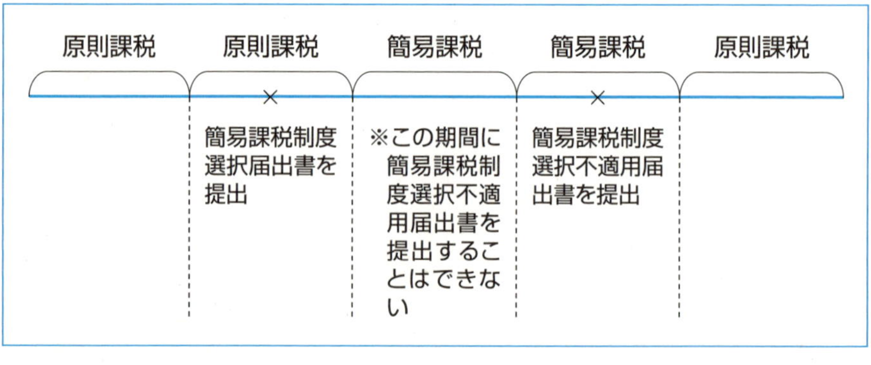

原則課税に切り替えた場合の拘束期間　継続して簡易課税を適用してきた事業者が下図のように多額の設備投資をした課税期間についてだけ原則課税により還付を受け、翌期からまた簡易課税を適用することは可能です。

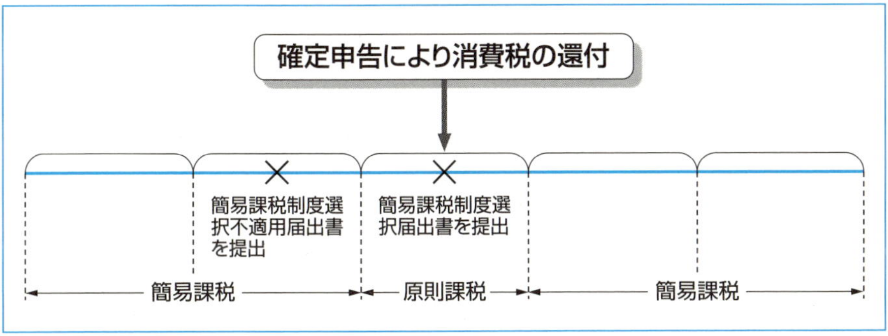

新設法人の拘束期間　資本金が1,000万円以上の新設法人は、設立事業年度から課税事業者として納税義務があるわけですが、設立事業年度が１年未満の新設法人が、設立事業年度から簡易課税を選択した場合には、３期目以降でなければ「簡易課税制度選択不適用届出書」を提出することができません。つまり、４期目以降でなければ原則課税に変更することはできないということです。

◉年の中途の７月１日に12月決算法人を設立した場合◉

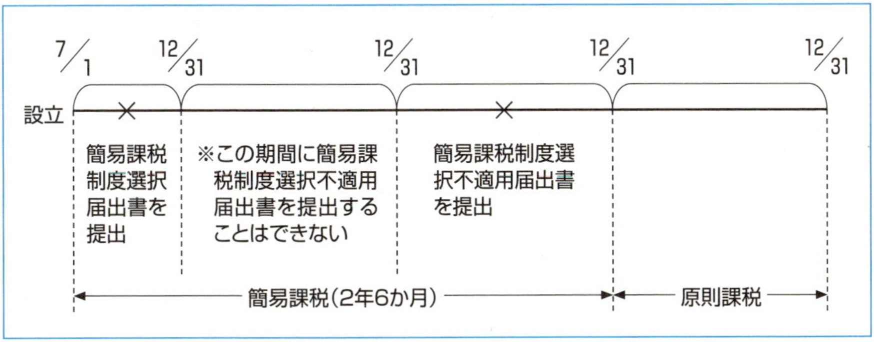

つまり、「新たに簡易課税を採用した課税期間の初日から２年を経過する日」は３期目の６月30日であり、この６月30日の属する課税期間の初日以降でなければ「簡易課税制度選択不適用届出書」は提出できないわけですから、結果的に３期目まで簡易課税で計算しなければいけないということです。

特例承認申請制度(1)

簡易課税制度選択（不適用）届出に係る特例承認申請書　「簡易課税制度選択届出書」あるいは「簡易課税制度選択不適用届出書」を提出期限までに提出できなかった場合において、次のような事情がある場合には、承認申請をすることにより、これらの届出書を提出期限内に提出したものとして取り扱うこととしています（消法37⑦、消令57の２、消基通13－1－5の２）。

①天災や事業者に責任のない人的災害（もらい火など）が発生したことにより、届出書の提出ができない状態になったと認められる場合

②①の災害に準ずるような状況または事業者に責任のない状態にあることにより、届出書の提出ができない状態になったと認められる場合

③その課税期間の末日前おおむね１か月以内に相続があった場合で、相続人が新たに簡易課税を選択することのできる個人事業者になった場合

④①～③に準ずる事情がある場合で、税務署長がやむを得ないと認めた場合

承認申請をする場合には、災害などの場合には災害等がやんだ後２か月以内に、相続の場合には翌年２月末日までに、「簡易課税制度選択届出書」あるいは「簡易課税制度選択不適用届出書」とともに「簡易課税制度選択（不適用）届出に係る特例承認申請書」（☞237頁）を提出する必要があります。

ただ単に提出し忘れた場合などは、当然のことながら宥恕規定は適用されないのでくれぐれも注意してください。

相続があった場合の簡易課税制度選択届出書の効力　相続による事業承継があった場合でも、被相続人が提出した「簡易課税制度選択届出書」の効力は相続人に引き継がれないので注意してください。

なお、簡易課税を選択していた被相続人の事業を承継した場合において、納税義務の免除の特例規定により相続人が年の中途から課税事業者となった場合には、相続があった日の属する課税期間中に届出書を提出すれば、相続人は、その課税期間から簡易課税を選択することができます。

また、年末に相続があった場合には、上記のように、その翌年の２月末日までに承認申請をすれば、相続のあった年から簡易課税を適用することが認められています。

特例承認申請制度(2)

災害が発生し、多額の設備投資が必要となるにもかかわらず、簡易課税制度が強制適用となったのでは、せっかくの設備投資について消費税の控除あるいは還付を受けることができません。こういった事情に配慮して、課税期間の中途に災害等が発生した場合には、その災害等がやんだ後２か月以内に申請書（☞238頁）を提出することで、その災害等があった課税期間の初日にさかのぼって、簡易課税の選択あるいは取り止めができることとされています。この場合において、課税期間の初日にさかのぼって簡易課税制度の適用を止める場合には、たとえ簡易課税制度の強制適用期間を満了していなくとも、簡易課税を取り止め、原則課税に切り替えることが可能となります（消法37の２①・⑥）。

申請書の提出期限　承認申請書の提出期限は、災害等がやんだ後２か月以内とされているのですが、災害等がやんだ日がその承認を受けようとする課税期間の末日の翌日以後の場合には、確定申告書の提出期限までに申請書を提出する必要がありますので注意してください（消法37の２②）。

なお、個人事業者の場合には、確定申告書の提出期限が３月31日であることから、災害等がやんだ日の属する年の前年にさかのぼって承認を受けようとする場合には、２月１日以後に災害等がやんだ場合についてだけ、申請書の提出期限が３月31日となります（消基通13－1－8（1））。

翌課税期間からの取り止め　災害等が継続している場合には、簡易課税の強制適用期間中に限り、その災害等が発生した課税期間だけでなく、その翌課税期間以後に簡易課税を取り止めることもできます（消令57の３①）。

たとえば、個人事業者が平成X1年中に「簡易課税制度選択届出書」を提出し、平成X2年から簡易課税の適用を受けていた場合には、平成X3年までの２年間は簡易課税が強制適用となります。この場合において、平成X2年中に災害が発生したようなケースでは、承認申請をすることにより、平成X2年から簡易課税の取り止めができることになります。

一方、平成X2年中は設備投資の予定がなく、翌年の平成X3年に設備投資の予定があるようなケースでは、平成X2年分は簡易課税により申告し、平成X3年から簡易課税を取り止めることもできるということです。ただし、災害が平成X3年まで継続していることが条件となります。

事業区分の定義

簡易課税の事業区分は、業種により区分するのではなく、売上げごとにすることになっています。したがって、「卸売業＝90％の仕入率」ということにはなりません（消基通13－2－1）。

第１種事業（卸売業）　他の者から購入した商品を、その**性質や形状を変更しないで他の事業者に販売する事業**をいいます（消令57⑥）。つまり、小売店で販売するものであっても、購入者が事業者であるならば、その売上げは第１種事業に該当することになるわけです。

第２種事業（小売業）　他の者から購入した商品を、その**性質や形状を変更しないで販売する事業で第１種事業以外のもの**をいいます（消令57⑥）。つまり、問屋で販売するものであっても、購入者が消費者であるならば、その売上げは第２種事業に該当することになるわけです。

第３種事業　「第１種事業および第２種事業以外の事業のうち、**農業、林業、漁業、鉱業、建設業、製造業、電気業、ガス業、熱供給業および水道業**をいう」と定義されており、これらの範囲は、おおむね日本標準産業分類（総務省）の大分類に掲げる分類を基礎に判定することとされています。

ただし、加工賃を対価とする事業は第３種事業から除かれ、結果的に第４種事業に区分することとなります（消令57⑤三、消基通13－2－4）。

第５種事業　第１種事業～第３種事業以外の事業のうち、日本標準産業分類の大分類に掲げる**情報通信業、運輸業、郵便業、不動産業、物品賃貸業、学術研究、専門・技術サービス業、宿泊業、生活関連サービス業、娯楽業、教育、学習支援業、医療、福祉、複合サービス事業およびサービス業（他に分類されないもの）**をいうこととされています（消令57⑤四、消基通13－2－4）。

第４種事業（その他）　第１種事業～第３種事業および第５種事業以外の事業をいいます（消令57⑤五）。

具体的には、次のような事業が該当します（消基通13－2－8の３）

①加工賃を対価とする製造業、建設業など（第３種事業から除かれる事業）

②飲食店業

③金融業

④保険代理業

他の事業者とは　商品の販売先である「他の事業者」には、民間企業や個人事業者はもちろんのこと、国、地方公共団体あるいは公共法人、公益法人なども含まれるので、たとえば市役所に対する仕入商品の販売は第１種事業に該当することになります。

したがって、仕入商品の性質および形状を変更しないことを前提に、購入者が事業者か消費者かということで、第１種事業と第２種事業の区分をすればよいわけです。

性質および形状を変更しないことが条件　第１種事業および第２種事業に区分するためには、仕入商品の「性質および形状を変更しない」ことが条件となっているので、仕入商品を加工して販売するような場合には、その売上げは第１種事業および第２種事業に区分することはできません。「製造」として第３種事業に区分されることになります。

製造小売業と製造問屋　「製造小売業」と「製造問屋」については、日本標準産業分類の定義にかかわらず、第３種事業に区分することとされています（消基通13－2－5～6）。元請業者が他の業者に下請加工させた製品を販売するようないわゆる製造問屋は、自らが直接製造行為等は行っていないわけですが、その実態は製造業等であり、第３種事業に区分するということです。

賃加工業は第４種事業に　原材料などを無償で支給され、製造するような場合には、「加工賃を対価とする役務の提供を行う事業」として第３種事業から除かれ、第５種事業にも該当しないことから最終的に第４種事業に区分されることになります（消基通13－2－7）。

中古資産や段ボール箱の売却　固定資産の売却は第４種事業に区分されます（消基通13－2－9）。ただし、これと似たようなものであっても、建設、製造などの第３種事業から生じた加工屑などの売却は第３種事業に区分されるので、これについてまでも第４種事業にする必要はありません（消基通13－2－8）。

また、卸売業者や小売業者が不要ダンボール箱を売却した場合には、原則として第４種事業の売上げとなるわけですが、これを第１種事業または第２種事業の売上げとして区分することが認められています（消基通13－2－8）。

事業区分の判定順序

事業区分の判定にあたっては、○○業という概念ではなく、常に売上げごとに判断します。下手な先入観のもとに事業区分を判断すると、思わぬ失敗をすることにもなりかねないのでくれぐれも注意してください。

具体的には、次の順序で第１種事業から第５種事業までの振り分けをし、第１種事業～第３種事業、第５種事業のいずれにも該当しないものが最終的に第４種事業に区分されることになります。

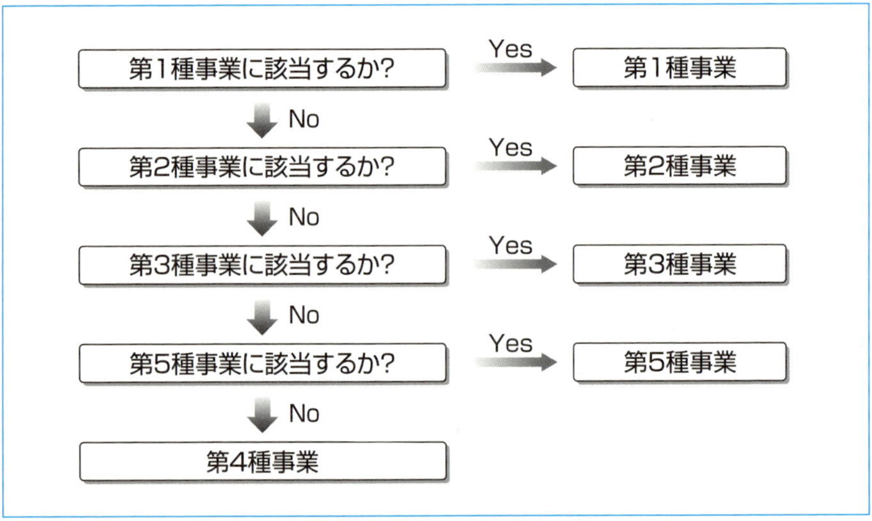

たとえば、事業区分で不動産業は第５種事業とされていますが、不動産業者の売上げがすべて第５種事業に区分されるわけではありません。他から購入した不動産（建物などの課税資産）の売上げであれば、購入者が事業者であれば第１種事業に、購入者が消費者であれば第２種事業に区分されます。

建築した分譲住宅を売却した場合であれば、その売上げは仕入商品の販売ではないので第１種事業および第２種事業には該当せず、建設業として第３種事業に区分されることになります。つまり、不動産業者の売上げで第５種事業に区分されるのは、第１種事業～第３種事業のいずれにも該当しないもの、たとえば、不動産売買の仲介手数料や貸店舗の家賃収入などが該当することになるわけです。

日本標準産業分類

日本標準産業分類とは、総務省より発刊されている統計資料で、統計の正確性と客観性を保持し、また、統計の相互比較性と利用度の向上を図るために設定されたものです。第3種事業および第5種事業の定義については、おおむね日本標準産業分類の大分類に掲げる分類を基礎として判定することとされており、その大分類は次のような構成になっています。

大分類	中分類	小分類	細分類
A　農業、林業	2	11	33
B　漁業	2	6	21
C　鉱業、採石業、砂利採取業	1	7	32
D　建設業	3	23	55
E　製造業	24	177	595
F　電気・ガス・熱供給・水道業	4	10	17
G　情報通信業	5	20	44
H　運輸業、郵便業	8	33	62
I　卸売業、小売業	12	61	202
J　金融業、保険業	6	24	72
K　不動産業、物品賃貸業	3	15	28
L　学術研究、専門・技術サービス業	4	23	42
M　宿泊業、飲食サービス業	3	17	29
N　生活関連サービス業、娯楽業	3	23	67
O　教育、学習支援業	2	15	34
P　医療、福祉	3	18	41
Q　複合サービス業	2	6	10
R　サービス業（他に分類されないもの）	9	34	65
S　公務（他に分類されるものを除く）	2	5	5
T　分類不能の産業	1	1	1
（計）20	99	529	1,455

事業区分のポイント

卸売と小売の区分方法　卸売と小売を区分する方法としては、全体の売上高から第１種事業（または第２種事業）の売上高を差し引くような方法も認められます（消基通13－3－2）。とにかく合理的に区分ができればいいわけです。

第１種事業の売上げが多ければ多いほど得なわけですから、できる限り区分すべきです。請求書、納品書、領収書等の相手先を○○商店としている場合などは、明らかに事業者に対して販売していることがわかるので、このようなものは面倒でも他の売上高とは区別して記帳すべきでしょう。

売上区分をしていない場合　売上げが区分できない場合には、区分できない事業のうち、最低の仕入率を適用することになっています（消令57④）。

たとえば、第１種事業と第２種事業のある小売業者がその売上げを区分していない場合には、すべて第２種事業の売上げとして消費税の申告をせざるを得ないということです。

性質・形状の変更　仕入商品の販売であっても、性質・形状の変更があった場合には、その商品の売上げは第３種事業に区分することになります。

①**軽微な加工**　仕入商品を、切ったり袋詰めにしたりする行為は、軽微な加工として製造行為には該当しません。また、仕入商品に対する名入れ等の行為も、製造行為には該当しないものとして取り扱われます（消基通13－2－2）。

②**食料品小売店舗の取扱い**　食料品の小売店舗で、仕入商品に軽微な加工を加え、これを同一の店舗内で販売する場合のその加工行為は「製造=第３種事業」には該当せず、第２種事業に区分されます（消基通13－2－3）。

ここでいう「軽微な加工」とは、仕入商品を切る、つぶす、挽く、たれに漬け込む、混ぜ合わせる、こねる、乾かすなどの行為をいい、原則として加熱する行為は「製造」として第３種事業に区分されます。

③**セット販売・組立販売**　単品でも市場流通性のある商品を単に組み合わせ、セット商品として販売する場合や、運送の利便のために分解されている部品等を単に組み立てて販売するようなケース（取付けに特殊技術を必要としないネジ止め程度の行為）は、製造行為に該当しないこととされています（消基通13－2－2）。

第３種事業から除かれる事業　建設業であっても、解体工事業などは「加工賃を対価とする役務の提供を行う事業」として第３種事業から除かれ、第５種事業にも該当しないことから、最終的に第４種事業に区分されることになります（消基通13－2－4)。クリーニング業などのように、大分類で判定した結果、第５種事業に該当するようなものについてはこのような取扱いはありませんので注意してください。

材料の無償支給　下請業者が材料の無償支給を受けている場合には、たとえ製造した製品を元請業者に販売する形態をとっていても、その実態は加工賃であり、第４種事業に区分されることになります。これとは逆に、元請業者が下請業者に材料を支給し、完成品を仕入れ、販売する場合のその売上げは第３種事業に区分されることになります（消基通13－2－5(1))。

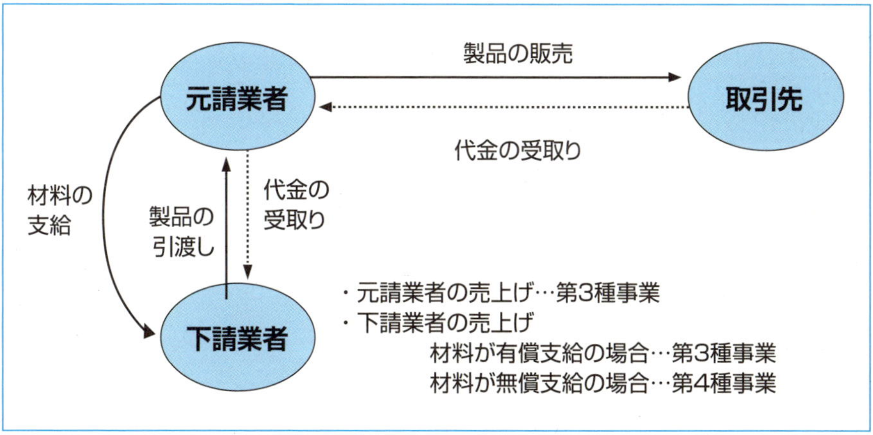

材料とは　材料とは製造に必要な主たるものをいいますので、たとえば縫製業者が生地の無償支給を受け、自己で調達した糸、ボタン等を用いて縫製を行い納品する場合の糸、ボタン等は、「加工資材」として取り扱われます。つまり、この場合の材料は「生地」になるわけですから、縫製行為は「加工賃を対価とする役務の提供を行う事業」として第４種事業になるわけです。なお、消費者から生地の支給を受けて加工処理する行為はサービス業（小分類番号833：衣服裁縫修理業）であり、第５種事業となることに注意してください。

工事の丸投げ　建設業者が、請け負った工事のすべてを下請業者に行わせる、いわゆる工事の丸投げについては、下請業者が材料を調達し、工事を行うことから下請業者はもちろん第３種事業となります。

注意してほしいのは、この場合、工事を請け負った元請業者も第３種事業に該当するということです（消基通13－2－5(2)）。これと同様のケースとして、商品の販売業者が特注品の注文を受け、外注先を使ってこれを製造させ、納品する場合には、外注先だけでなく、注文を受けた販売業者の売上げも原則として第３種事業に該当することになります（消基通13－2－5(1)）。

建売住宅の販売　不動産業者が建売注宅を販売する場合は、通常のケースであれば不動産業者がまず土地を購入し、建設業者に建築を依頼して建物を建て、これを販売するわけですから、その建物の売上げは建設業として第３種事業に区分されることになります。つまり、建売住宅の販売でその売上げが第１種事業または第２種事業になるケースというのは、中古住宅のように出来合いのものを購入し、販売する場合に限られるということです。

ただし、購入した中古住宅をリフォーム（塗装、修理など）して販売するような場合には、性質および形状の変更があったものとして第１種事業および第２種事業から除かれ、建設業として第３種事業に区分されることになります。

飲食サービス業と宿泊業　飲食サービス業は、第１種事業から第３種事業および第５種事業のいずれにも該当しないものとして第４種事業に区分されます。一方、宿泊業の収入で第１種事業から第３種事業のいずれにも該当しないものは第５種事業に区分されることになるわけですが、宿泊業の場合、宿泊料金の中には宿泊代のほかに飲食代も含まれているケースが少なくありません。

この場合において、飲食代を宿泊料金と区分して領収している場合には、その飲食代については、第５種事業ではなく、飲食サービス業として第４種事業に区分することが認められています（消基通13－2－8の２）。

飲食代を第４種事業に区分するためには、料金を明確に区分する必要があるので、たとえば食事代込みで宿泊料金が定められている場合には、その料金の全額が第５種事業に該当することになります。

宅配とテイクアウト　食堂などが行う出前（宅配）については、店内における飲食の延長線上にあるものとして第４種事業となりますが、持ち帰り専用の飲食物の販売については、出前とは異なるものであり、製造小売業として第３種事業に区分することができます（消基通13－2－8の２（注）１）。

手数料の取扱い　家具や電化製品などの販売にあたり、取付手数料などを別途領収している場合には、その手数料部分は「サービス業等」として第５種事業に区分するものとされています。なお、取付手数料などをサービスしたような場合には、仕入商品の販売として、その売上高全体を第１種事業（または第２種事業）に区分することができます（消基通13－2－1）。

医療業とは　医療業の場合、患者の診察だけではなく、医療行為の一貫として薬の給付などをするわけですから、治療代金はもとより、患者から収受する薬代や医療器具の代金もすべて第５種事業に区分されることになります。

また、歯科技工士が義歯の製作依頼を受け、歯科医師に完成品を販売する場合には、材料を自己で調達したか、依頼者から支給を受けたかに関係なく、その売上げは第５種事業に区分されることになります。

なお、保険診療報酬は非課税であり、税額計算には関係しません。

サービス業とは　日本標準産業分類（☞161頁）に定義されている業種のうち、最もイメージのつかみにくいのが「サービス業」でしょう。サービス業の売上げとして第５種事業に区分されるものをいくつかピックアップしてみましょう。

- 法律事務所、税理士事務所などの専門サービス業の売上高
- クリーニング店の売上高（クリーニング〈洗濯〉代）
- 理髪店、美容室などの売上高
- カメラ店のフィルムの現像、焼増、引き伸ばしなどによる売上高
- 廃棄物の処理による売上高
- 物品賃貸（リース）による売上高
- 広告による売上高

精肉の小売店

仕入商品の売上高は、販売先が事業者の場合には第１種事業に、販売先が消費者の場合には第２種事業に区分しますが、「性質および形状の変更があった場合」には、その売上高は第３種事業に区分することになります。

食料品の小売店舗内で行う加工については、加熱行為を除き、性質・形状の変更としては取り扱わないこととされているので、カットした精肉や挽肉、たれに漬け込んだ生肉を販売しても、その売上高は第１種事業または第２種事業に区分することができます。ただし、自家製揚げトンカツのように、加熱した商品の販売は性質・形状の変更にあたるため、その売上高は販売先に関係なく、第３種事業に区分することになるので注意が必要です。

仕入商品を家事消費した場合には、仕入金額と「売値×50％」のいずれか大きい金額を売上計上することとされています。

取引内容		事業区分	留意事項
精肉の売上高	販売先が事業者の場合	第１種事業	カット、挽肉、たれに漬け込むなどしても第３種事業とはなりません
	販売先が消費者の場合	第２種事業	
精肉の家事消費		第２種事業	消費者に販売したものとみなされ、課税の対象になります
自家製揚げトンカツの売上高	販売先が事業者の場合	第３種事業	油で揚げないで生のまま販売する場合は第１種事業または第２種事業に区分されます
	販売先が消費者の場合		
不要となったダンボールの売上高		第１種または第２種事業	売上比率などにより第１種事業と第２種事業に合理的に区分します（筆者私見）
商品運搬用トラックの売却収入		第４種事業	事業用の資産を家事用に転用した場合は第４種事業に区分されます

家具製造業

製品の売上高を第３種事業に区分するためには、材料を自己で調達することが条件となります。したがって、元請から材料の支給を受けているような場合には、その売上高の実態は加工賃であり、第３種事業に区分することはできないので注意が必要です。

ここにいう「材料」とは、製造に必要な主材料をいいますので、加工資材を自己で調達したとしても、売上高を第３種事業に区分することはできません。

第３種事業となる製造業には、いわゆる製造問屋も含まれます。したがって、下請に材料を支給して製品を製造させ、これを納品させて自己の製品として販売するような場合には、その売上高は第３種事業に区分することになります。

また、製造工程において生ずる作業屑の売却収入は、主たる売上高に含めてよいこととされているので、第３種事業から発生した作業屑であれば、その売却収入は第３種事業に区分することができます。

取引内容		事業区分	留意事項
製品の売上高	材料を自己で調達する場合	第３種事業	「材料」とは製造に必要な主たる材料をいうので、釘などの加工資材を自己で調達したとしても第３種事業とはなりません
	元請から材料の支給を受けた場合	第４種事業	
	材料を支給して下請に製作をさせた場合	第３種事業	
製品の取付による手数料収入		第５種事業	取付手数料、修理による収入は「サービス業等」の売上げとして第５種事業に区分されます
製品の修理による収入			
製品の運送料収入			「運輸業」の売上げとして第５種事業に区分されます
製造工程において生ずる作業屑の売却収入（材料自前持ちのケース）		第３種事業	加工賃を対価とする製造業は、作業屑の売却収入も第４種事業です
中古の製造用機械の売却収入		第４種事業	――

建設業

建築請負による売上高を第３種事業に区分するためには、材料を自己で調達することが条件となります。したがって、元請から材料の支給を受けているような場合には、その売上高の実態は加工賃であり、第３種事業に区分することはできないので注意が必要です。

下請業者に材料を支給して工事をさせた場合や受注した請負工事を下請業者に丸投げした場合にも、自らが請け負った工事にかかる売上高であり、第３種事業に区分することになります。

解体工事による売上高の実態は加工賃であり、第４種事業に区分することになります。ただし、増改築工事一式を請け負ったような場合には、解体工事と新築工事が一連の作業として行われるものであることから、たとえ解体費用と建築費を別個に請求した場合であっても、その売上高の全額を第３種事業に区分することが認められます。

<table>
<tr><th colspan="2">取引内容</th><th>事業区分</th><th>留意事項</th></tr>
<tr><td rowspan="4">建設請負による売上高</td><td>材料を自己で調達する場合</td><td>第３種事業</td><td rowspan="4">・「材料」とは工事に必要な主たる材料をいうので、釘などの加工資材を自己で調達したとしても第３種事業とはなりません
・工事の丸投げも元請が建築したものとして第３種事業に区分されます</td></tr>
<tr><td>元請から材料の支給を受けた場合</td><td>第４種事業</td></tr>
<tr><td>材料を支給して下請に工事をさせた場合</td><td>第３種事業</td></tr>
<tr><td>下請に工事を丸投げした場合</td><td>第３種事業</td></tr>
<tr><td colspan="2">建築物の改修工事による売上高</td><td>第３種事業</td><td rowspan="2">増改築工事一式を請け負い、解体費用と建築費を別個に請求した場合であっても、全体を第３種事業の売上げとして計算することができます</td></tr>
<tr><td colspan="2">建築物の解体工事による売上高</td><td>第４種事業</td></tr>
<tr><td colspan="2">資材運搬用トラックの売却収入</td><td>第４種事業</td><td>——</td></tr>
</table>

不動産業

不動産業であっても、出来合の建売住宅や分譲マンションなどを仕入れて販売する場合には、仕入商品の販売として第１種事業または第２種事業に区分することができます。ただし、購入した中古住宅をリフォームして販売する場合には、性質および形状が変更されたものとして第３種事業に区分することになるので注意が必要です。建設業者に依頼して建設した建売住宅の売上高は、建設業者から出来合いの物件を仕入れて販売するものではないので第１種事業または第２種事業に区分することはできません。建設業の売上げとして第３種事業に区分することになります。

大家さんから物件の管理を依頼され、入退室の管理やクレーム処理などを代行した場合に収受する管理手数料は、たとえ居住用物件の管理であっても非課税とはなりません。この場合の管理手数料収入は、不動産業の売上げとして第５種事業に区分することになります。また、不動産の賃貸収入や仲介手数料なども不動産業の売上げとして第５種事業となります。

<table>
<tr><th colspan="2">取　引　内　容</th><th>事業区分</th><th>留　意　事　項</th></tr>
<tr><td rowspan="2">棚卸商品（購入した不動産）の売上高</td><td>販売先が事業者の場合</td><td>第１種事業</td><td rowspan="2">・土地部分は非課税であり、税額計算には関係しません
・購入した中古住宅をリフォーム（塗装、修理など）して販売する場合は第３種事業に区分されます</td></tr>
<tr><td>販売先が消費者の場合</td><td>第２種事業</td></tr>
<tr><td rowspan="2">建設業者に依頼して建設した建売住宅の売上高</td><td>販売先が事業者の場合</td><td rowspan="2">第３種事業</td><td rowspan="2">建設業者に依頼して建設したのであり、仕入商品にはならず、「建設業」の売上げとして第３種事業に区分されます</td></tr>
<tr><td>販売先が消費者の場合</td></tr>
<tr><td colspan="2">不動産の賃貸による収入</td><td rowspan="3">第５種事業</td><td rowspan="3">「不動産業」の売上げとして第５種事業に区分されます
なお、不動産の賃貸による収入のうち、土地の貸付けや住宅家賃は非課税であり、税額計算には関係しません</td></tr>
<tr><td colspan="2">不動産（他者物件）の管理による収入</td></tr>
<tr><td colspan="2">不動産の売買などの仲介手数料収入</td></tr>
</table>

ピザの販売店

飲食店業の売上高は、第１種事業〜第３種事業および第５種事業のいずれにも該当しないものであり、第４種事業に区分することになります。ただし、いわゆるテイクアウトによる売上高は、調理した飲食物をその場で小売するものであり、製造小売業として第３種事業に区分することができます。

宅配（出前）による売上高は、店内飲食の延長サービスと考え、第４種事業に区分します。ただ、最近のピザ屋さんのなかには、店内飲食の設備を設けずに、宅配専門のお店もあることから、このような宅配専門業者の場合には、製造小売業の延長サービスと考え、その売上高は第３種事業に区分することができます。

缶ジュースなどの仕入商品を店内で提供する場合には、その売上高は飲食店業の売上高として第４種事業に区分します。したがって、セルフサービスの形態により、店内に設置してある自動販売機で飲み物を販売する場合には、その自動販売機の売上高は第４種事業に区分することになるわけです。一方、テイクアウトによる仕入商品の売上高や路上に設置してある自動販売機の売上高は、仕入商品の販売として第１種事業または第２種事業に区分することができます。

<table>
<tr><th colspan="2">取引内容</th><th>事業区分</th><th>留意事項</th></tr>
<tr><td rowspan="3">ピザの売上高</td><td>店内での飲食</td><td>第４種事業</td><td rowspan="3">飲食設備のない宅配専門の業者の場合には、宅配による売上げであっても第３種事業となります（消基通13−2−8の2（注）2）</td></tr>
<tr><td>テイクアウト（お持ち帰り）</td><td>第３種事業</td></tr>
<tr><td>宅配（出前）</td><td>第４種事業</td></tr>
<tr><td colspan="2">仕入商品（缶ジュースなど）の店頭での持ち帰り販売による売上高</td><td>第２種または第１種事業</td><td>店内での飲食に伴い販売するものは「飲食店業」の売上げとして第４種事業に区分されます</td></tr>
<tr><td colspan="2">中古の宅配用バイクの売却収入</td><td>第４種事業</td><td>——</td></tr>
</table>

旅館業

旅館やホテルなどの宿泊業の売上高は、「サービス業等」として第５種事業に区分します。つまり、「１泊２食で○○円」といったような料金設定の場合には、食事代も含めて第５種事業になるということです。一方、ビジネスホテルなどのように、飲食代と宿泊代が明確に区分されている場合には、飲食代は第４種事業に区分することが認められているので、事業区分にあたっては、料金設定などを確認する必要があるわけです。

部屋に備え付けてある冷蔵庫の飲物の売上高は、部屋の中で飲食するという前提にあることから第４種事業に区分します。一方、廊下やフロントに設置してある自動販売機の売上高は、仕入商品の販売として第２種事業に区分することができます（違和感のあるところではありますが……）。

売店での土産物の売上高は、仕入商品の販売であれば第２種事業または第１種事業に区分することになりますが、自家製の漬物などの売上高は、製造小売業として第３種事業に区分します。

取引内容	事業区分	留意事項
宿泊料金（食事付きの料金）	第５種事業	食事代と宿泊料金を明確に区分請求している場合には、食事代は第４種事業に区分することができます
部屋に備え付けてある冷蔵庫内の飲み物の売上高	第４種事業	部屋の中で飲食するものであり、「飲食店業」の売上げとして第４種事業に区分されます
廊下に設置してある自動販売機による飲み物の売上高	第２種事業	――
電話使用料	第５種事業	「情報通信業」の売上げとして第５種事業に区分されます
売店での土産品（仕入商品）の売上高	第２種または第１種事業	――
ゲームコーナーのゲーム機の収入	第５種事業	「サービス業」の売上げとして第５種事業に区分されます

自動車整備業

自動車の販売による売上高は、仕入商品の販売として第１種事業または第２種事業に区分します。ただし、中古車を下取りし、板金、塗装などをして販売する場合には、性質・形状が変更されたことになり、製造業の売上げとして第３種事業に区分することとなるのでご注意ください。

タイヤの取付けやオイル交換などによる売上高は、取付けや交換に手間がかかったとしても、それはあくまでも仕入商品の販売であり、第１種事業または第２種事業に区分することができます。ただし、車検に伴い部品交換をしたような場合には、たとえ手数料と部品代を区分して請求したとしても、その全額を車検による売上高として第５種事業に区分することになります。

自賠責保険や任意保険などの加入手続を代行したことにより、保険会社から収受する代理店手数料は非課税となる保険料とは異なるものです。「加入手続の代行」という役務提供の対価として課税売上げとなり、「保険業」の売上げとして第４種事業に区分することになります。車検、点検、整備、手続きの代行などにかかる手数料収入は「サービス業」の売上げとして第５種事業に区分されるので、手数料収入であっても、保険の代理店手数料とは明確に内訳を区分しておく必要があるわけです。

取引内容		事業区分	留意事項
自動車の売上高	販売先が事業者の場合	第１種事業	中古車を下取りし、板金、塗装などをして販売する場合は、第３種事業に区分されます
	販売先が消費者の場合	第２種事業	
自動車関連用品（タイヤ、オイルなど）の売上高	販売先が事業者の場合	第１種事業	車検などに伴い使用するものは、たとえ代金を区分したとしてもすべて第５種事業に区分されます
	販売先が消費者の場合	第２種事業	
自賠責保険、任意保険などの加入手続にかかる代理店手数料収入		第４種事業	「保険業」の売上げとして第４種事業に区分されます
車検、点検、整備、手続きの代行などにかかる手数料収入		第５種事業	「サービス業」の売上げとして第５種事業に区分されます

テナント（小売店）

定価10,000円の商品を消費者に販売する場合において、テナントが売上げとして計上する金額とその事業区分は次のようになります。

独立経営のケース　テナントが仕入商品を店舗で販売するつど、定価の10%を手数料としてデパートに支払う旨の契約がされている場合には、売上高10,000円は仕入商品の消費者に対する販売として、第２種事業に区分します。この場合、販売店舗はテナントが独立して経営していることになります。

なお、手数料を売上代金と相殺することはでないので注意してください。

消化仕入れのケース　テナントが仕入商品を店舗で販売するつど、デパートがテナントからその商品を定価の10%引きの価格で買い取る旨の契約がされている場合には、売上高9,000円は仕入商品の事業者（デパート）に対する販売として、第１種事業に区分します。

この場合、販売店舗はデパートが経営しているものと認識し、テナントの販売員がデパートの店員として顧客に対し商品を10,000円で販売したものと考えます。

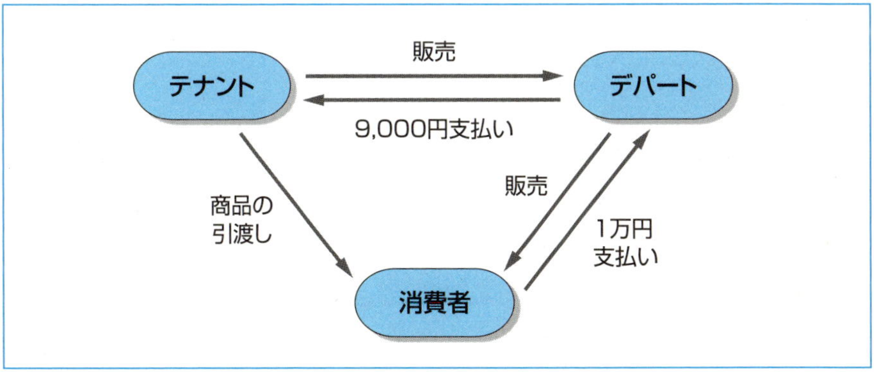

受託販売のケース　委託販売契約により、デパートの仕入商品をテナントが店舗で販売するつど、デパートが定価の10%を手数料としてテナントに支払う旨の契約がされている場合には、その手数料収入1,000円は、卸売・小売業（細分類番号5497：代理商・中立業）の売上げとして第４種事業に区分します。

委託販売手数料は「サービス業等」の売上げではないので第５種事業とはならないことに注意してください。

COLUMN

納付消費税額等の未払計上は継続適用が条件？

納付消費税額等の計算方法は、会計処理の違いにより変わるものではありません。税込方式でも税抜方式でも、特例計算を採用しない限り、納付税額は一致するものです。

税込方式の場合には、納付税額は原則として翌期の申告の時点で租税公課として費用計上することになりますが、次の仕訳により、前倒しで費用計上することも認められています（☞191頁・192頁）。

（借方）　租税公課×××　（貸方）未払消費税等×××

税抜方式の場合には、仮受消費税等の残額を借方に計上し、仮払消費税等の残額を貸方に計上し、納付消費税額等を未払費用（未払消費税等）として貸方に計上します。

（借方）仮受消費税等×××　（貸方）仮払消費税等×××
（　〃　）　未払費用×××

仕入税額の計算方法や端数処理の関係で、貸借がぴったり一致することは通常あり得ませんので、借方が足りない場合には雑損失として、貸方が足りない場合には雑収入として差額を処理し、貸借の天秤を一致させることになります。

ところで、税込方式を採用した場合の納付消費税額等の計上時期ですが、租税公課として費用計上する時期は、消費税計算の対象となった課税期間と実際に申告書を提出する課税期間のどちらでもよいこととされています。

「消費税法等の施行に伴う法人税の取扱いについて」の7では、消費税等の損金算入の時期については、納税申告書が提出された日の属する事業年度の損金の額に算入することを原則としつつ、損金経理により未払金に計上することも例外的に認めることとしています。

この取扱いでは、処理方法の継続性については一切触れていません。

したがって、法人が赤字決算の場合には、翌期に消費税等を納付した時点で費用計上することとし、黒字の決算で法人所得を圧縮したいときには、前倒しで費用計上するような操作をしても何ら問題はないものと考えられます。

一方、税抜方式の場合には、上記のように決算で必ず仮払消費税等と仮受消費税等を消却することとされていますので、税込方式の場合のような、いわゆる利益操作はできないことになります。

8

課税期間と申告・納付・還付

課税期間を短縮・変更する手続は？

中間申告の種類と方法は？

準確定申告って何？

課税期間の短縮と変更

消費税の課税期間は、個人事業者は暦年、法人は事業年度と定められています（消法19①一・二）。ただし、事業者の選択により課税期間を３か月単位あるいは１か月単位に短縮または変更することも認められています。（消法19①三～四の二）。

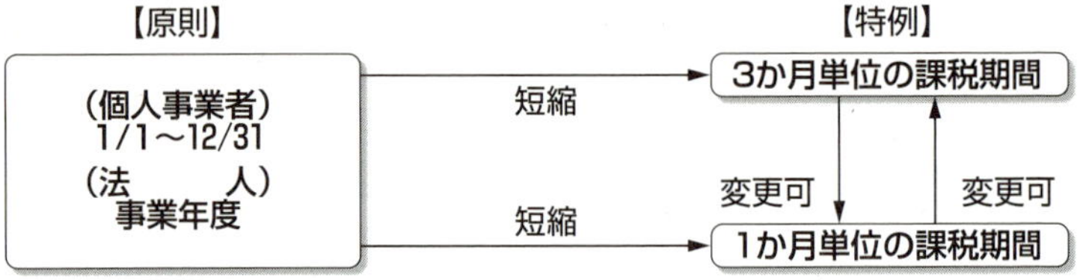

輸出業者の場合、税込みで仕入れた商品を税抜価格で輸出するわけですから、確定申告により消費税は還付となります。このような場合には、多少面倒であっても課税期間を短縮したほうが、運転資金の面からみても有利になります。

個人事業者が課税期間を3か月単位に短縮した場合

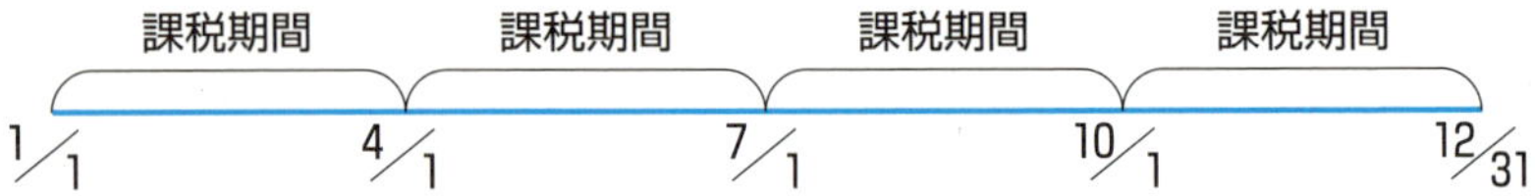

（注）　各課税期間の確定申告期限は、その課税期間終了後2か月以内ですが、10/1～12/31課税期間についてだけは、申告期限は翌年の3月31日まで延長されています（措法86の4①）。

個人事業者が課税期間を1か月単位に短縮した場合

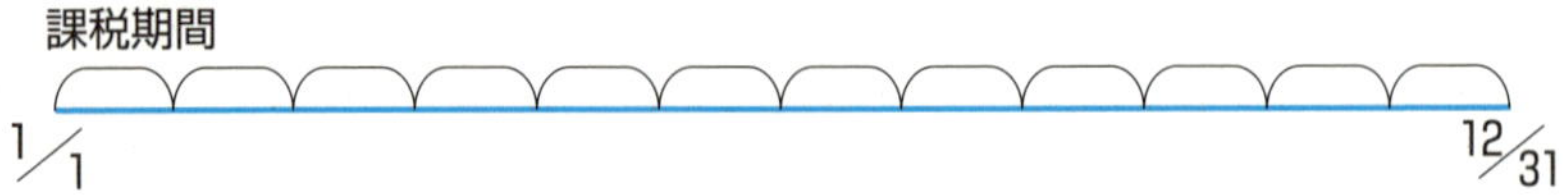

（注）　各課税期間の確定申告期限は、その課税期間終了後2か月以内ですが、12/1～12/31課税期間についてだけは、申告期限は翌年の3月31日まで延長されています（措法86の4①）。

課税期間特例選択・変更届出書

課税期間特例選択・変更届出書の効力　課税期間を短縮あるいは変更する場合には、「課税期間特例選択・変更届出書」（☞239頁）を所轄税務署長に提出する必要があります。「課税期間特例選択・変更届出書」を提出した場合には、提出日の属するサイクルの次のサイクルから短縮あるいは変更の効力が生ずることになるので、課税期間の初日からその効力が生じた日の前日までの期間を1サイクルとして消費税の確定申告をすることになります（消法19②）。

たとえば下図は、個人事業者が課税期間を3か月単位に短縮するために、年の中途の5月20日に「課税期間特例選択・変更届出書」を提出した場合です。

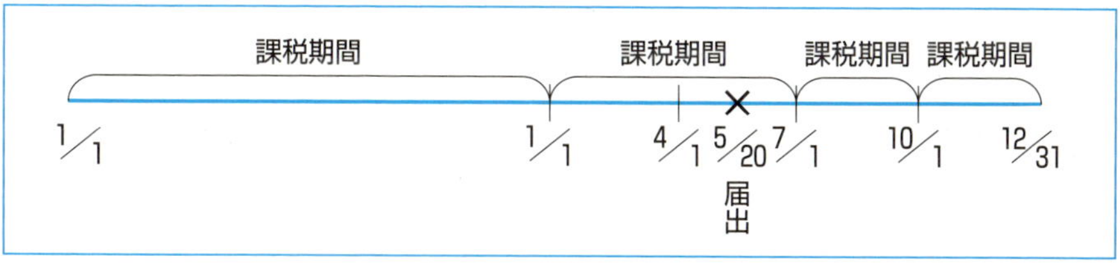

なお、次のケースでは事前に提出することができないので、届出をしたサイクルから短縮の効力が生ずることとされています（消令41①）。

①新規に開業（設立）をした日の属する期間

②個人事業者が、相続により期間短縮をしていた被相続人の事業を承継した場合の相続があった日の属する期間

③法人が、合併や吸収分割により期間短縮をしていた被合併法人や分割法人の事業を承継した場合の合併、吸収分割があった日の属する期間

課税期間を3か月単位に短縮している事業者が、課税期間を1か月単位に変更する場合には、3か月単位の期間短縮の効力が生じた日から2年を経過する日の属する月の初日以降でなければ「課税期間特例選択・変更届出書」を提出することができません。つまり、**いったん採用した期間短縮制度は、2年間は継続適用しなければいけない**ということです。

また、課税期間を1か月単位に短縮している事業者が、課税期間を3か月単位に変更する場合には、1か月単位の期間短縮の効力が生じた日から2年を経過する日の属する月の前々月の初日以降でなければ「課税期間特例選択・変更届出書」を提出することができません（消法19⑤、消令41②）。

課税期間特例選択不適用届出書

課税期間の短縮をやめ、暦年または事業年度単位の申告に戻そうとする場合には、「課税期間特例選択不適用届出書」（☞240頁）を所轄税務署長に提出する必要があります。

「課税期間特例選択不適用届出書」を提出した場合には、提出日の属するサイクルの次のサイクルから短縮の効力が失効することとなるので、その初日から本来の課税期間の末日までの期間を１サイクルとして消費税の確定申告をすることになります（消法19③・④）。

課税期間特例選択不適用届出書の提出　「課税期間特例選択不適用届出書」は、期間短縮の効力が生じた日から２年を経過する日の属する期間の初日以降でなければ提出することができません。つまり、いったん採用した期間短縮制度は、２年間は継続適用しなければ、暦年あるいは事業年度サイクルの課税期間に戻すことはできないということです（消法19⑤）。ただし、廃業の場合には届出時期についての制限はないのでいつでも提出することができます。

具体例をみてみましょう。個人事業者が年の中途の５月20日に「課税期間特例選択・変更届出書」を提出し、３か月単位の課税期間で申告をしていたが、２年後の５月25日に「課税期間特例選択不適用届出書」を提出した場合の課税期間は以下のようになります。

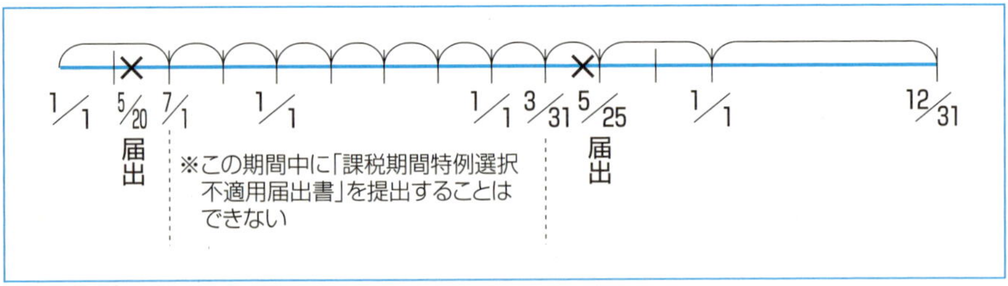

年の中途から課税事業者となった場合の課税期間　個人事業者の課税期間は、開廃業の時期にかかわらず、暦年とされています（消基通3－1－1、2）。

ただし、相続があった場合の納税義務の免除の特例（☞72頁）により、年の中途から課税事業者となった場合の課税売上割合の計算は、その課税事業者となった期間中の売上高に基づいて計算することとされているので注意してください（消基通11－5－3）。

期間短縮制度の活用方法

免税事業者が設備投資などについて消費税の還付を受けようとする場合には、原則として設備投資などがある課税期間が始まる前までに「課税事業者選択届出書」(☞230頁)を所轄税務署長に提出する必要があります。また、簡易課税制度の適用を受けている事業者が設備投資などについて消費税の還付を受けようとする場合には、設備投資などがある課税期間が始まる前までに「簡易課税制度選択不適用届出書」(☞236頁)を所轄税務署長に提出する必要があります。

つまり、これらの届出書をその設備投資などがある課税期間が始まる前までに提出できなかったような場合には、消費税の還付は受けられないということになってしまうわけです。ただし、たとえこのような場合であっても、課税期間を短縮することにより、消費税の還付が受けられるケースもあるので覚えておくと便利です。

たとえば、個人事業者（免税事業者）が、平成X2年の4月中に設備投資の予定があり、消費税の還付が見込まれるのにもかかわらず、平成X1年中に「課税事業者選択届出書」を提出していないような場合には、平成X2年3月31日までに「課税期間特例選択・変更届出書」および「課税事業者選択届出書」を提出することにより、平成X2年4月1日～平成X2年6月30日課税期間について、消費税の還付を受けることができます。

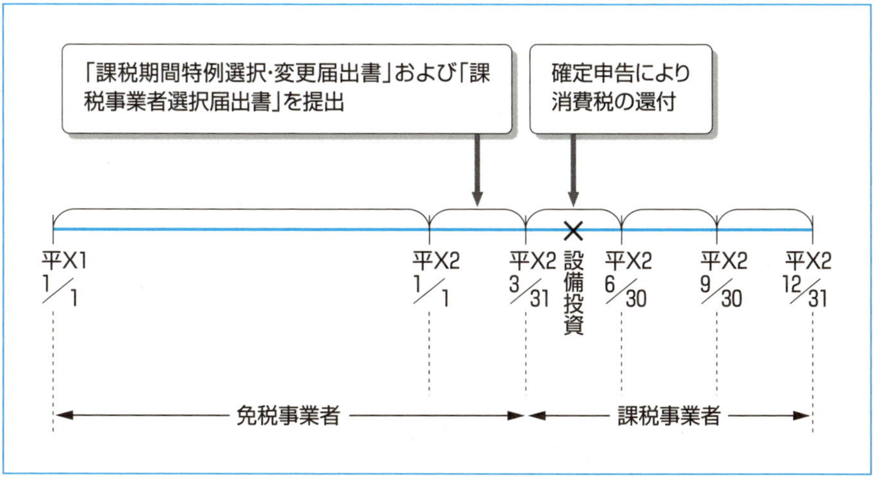

中間申告の体系

預り金的性格が強い消費税について、長期間にわたり事業者がこれをプールすることはあまり好ましいことではありません。そこで、事業者の運用益の排除および国の財政収入を確保する観点から、消費税を仮払いする制度（中間申告制度）が設けられています。

中間申告の方法　中間申告の方法は、前課税期間の実績による方法と仮決算による方法があり、いずれでも事業者の任意により選択することができます。この中間申告書を提出した場合には、その提出期限までに消費税の納付が義務づけられており、無申告の場合には、その提出期限において前課税期間の実績による中間申告書の提出があったものとみなされます（消法44・48）。

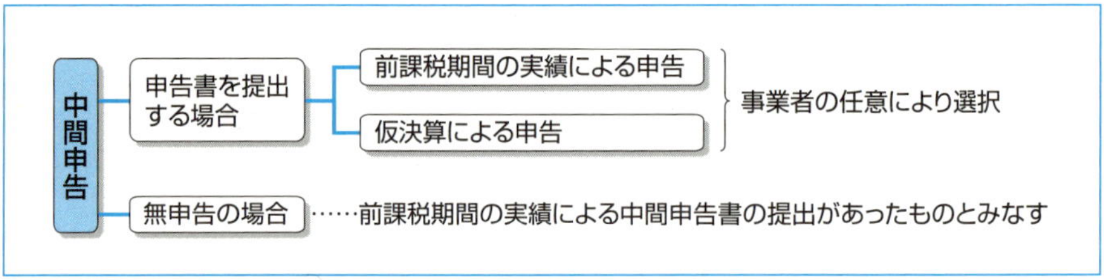

なお、消費税（国税）について中間申告義務がある場合には、地方消費税についてもセットで申告および納付が義務づけられています。

中間申告は、前期の差引税額（年税額）がどれくらいあるかによって、下記のように申告回数と納付税額が異なっています（消法42）。

直前期の年税額（国税）	申告回数	前課税期間の実績による申告納付税額（国税）
4,800万円 < 年税額	延べ11回	前期の差引税額÷前期の月数
400万円 < 年税額 ≦ 4,800万円	延べ3回	前期の差引税額÷前期の月数×3
48万円 < 年税額 ≦ 400万円	1回	前期の差引税額÷前期の月数×6
年税額 ≦ 48万円	申告不要	——

一月(ひとつき)中間申告

直前期の年税額が4,800万円を超える規模の事業者は、課税期間中に延べ11回の中間申告が義務づけられています。ただし、課税期間を短縮している事業者については、中間申告は一切必要ありません。たとえば、課税期間を３か月単位に短縮している事業者であっても、中間申告は不要となります。

中間申告書の提出期限と納期限は、下記の「中間申告対象期間」の末日の翌日から２か月以内とされています（消法42①）。

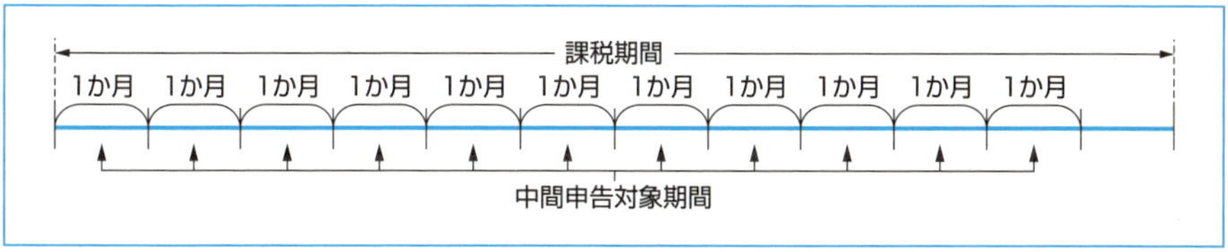

ただし、直前期の確定申告書の提出期限を考慮して、法人の場合には、１回目の中間申告についてだけは、申告書の提出期限と納期限は中間申告対象期間の末日の翌日から３か月以内とされています。

また、個人事業者の場合には、前年分の確定申告書の提出期限が３月31日であることを考慮して、１月～３月分までの中間申告書の提出期限と納期限はすべて５月31日とされています（措令46の４①）。

具体例

直前期の差引税額が、消費税（国税）が6,000万円、地方消費税が1,500万円の場合の平成X1年４月１日～平成X2年３月31日課税期間における中間申告書の提出期限と納付税額は次のようになります。

<table>
<tr><th>回数</th><th>申告（納付）期限</th><th>中間申告による納付税額</th></tr>
<tr><td>1</td><td>平成X1年7月31日</td><td rowspan="5">①消費税（国税）　6,000万円÷12＝500万円
②地方消費税　①×25%＝125万円
③月ごとの納付税額　①＋②＝625万円

１回目から11回目までの中間申告による納付税額の合計額6,875万円は、平成X2年５月31日期限の確定申告で精算します。</td></tr>
<tr><td>2</td><td>平成X1年7月31日</td></tr>
<tr><td>3</td><td>平成X1年8月31日</td></tr>
<tr><td>4
≀
10</td><td>平成X1年9月30日
≀
平成X2年3月31日</td></tr>
<tr><td>11</td><td>平成X2年4月30日</td></tr>
</table>

三月中間申告

直前期の年税額が400万円を超え、4,800万円以下の事業者は、課税期間中に延べ３回の中間申告が義務づけられています。ただし、課税期間を短縮している事業者については、中間申告は一切必要ありません。

中間申告書の提出期限と納期限は、下記の「中間申告対象期間」の末日の翌日から２か月以内とされています（消法42④）。

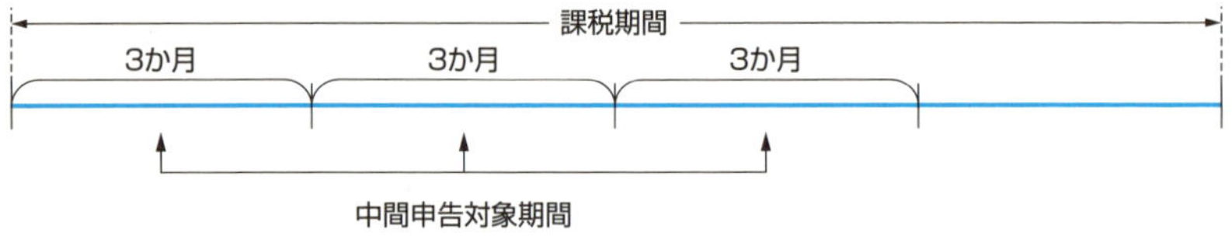

具体例

直前期の差引税額が、消費税（国税）が1,200万円、地方消費税が300万円の場合の平成X1年４月１日～平成X2年３月31日課税期間における中間申告書の提出期限と納付税額は次のようになります。

<table>
<tr><th>回数</th><th>申告（納付）期限</th><th>中間申告による納付税額</th></tr>
<tr><td>1</td><td>平成X1年
8月31日</td><td rowspan="3">①消費税（国税）　1,200万円÷12×3＝300万円
②地方消費税　①×25%＝75万円
③3月ごとの納付税額　①＋②＝375万円

1回目から3回目までの中間申告による納付税額の合計額1,125万円は、平成X2年5月31日期限の確定申告で精算します。</td></tr>
<tr><td>2</td><td>平成X1年
11月30日</td></tr>
<tr><td>3</td><td>平成X2年
2月28日</td></tr>
</table>

確定税額が増減した場合　修正申告などにより、直前期の確定申告額が増減した場合には、中間申告対象期間の末日による確定税額で中間申告の要否を判定します。たとえば、直前期の年税額（国税）が4,600万円であった３月決算法人が、８月中に修正申告により400万円（国税）の追加納税をしたような場合には、４月～６月の中間申告対象期間については３月中間申告により８月31日までに申告納税をし、８月分（申告および納期限は10月31日）以降については直前期の確定税額が4,800万円を超えることとなるので、一月中間申告により月次の中間申告をすることになります。

六月(むつき)中間申告と仮決算

直前期の年税額が48万円を超え、400万円以下の事業者は、課税期間中に1回だけ中間申告が義務づけられています。ただし、課税期間を短縮している事業者については、中間申告は一切必要ありません。

中間申告書の提出期限と納期限は、下記の「中間申告対象期間」の末日の翌日から2か月以内とされています（消法42⑥）。

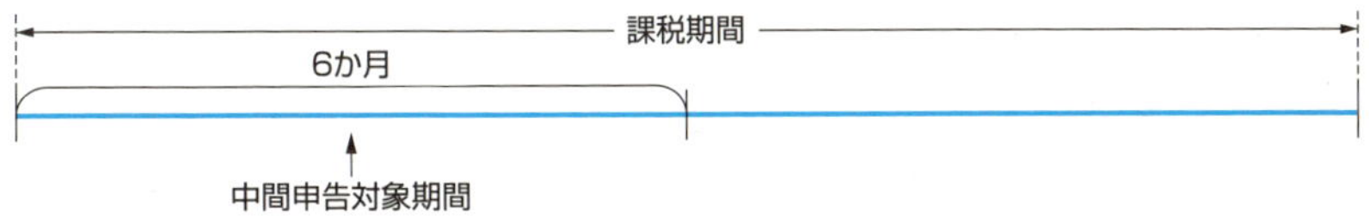

具体例

直前期の差引税額が、消費税（国税）が240万円、地方消費税が60万円の場合の平成X1年4月1日～平成X2年3月31日課税期間における中間申告書の提出期限と納付税額は次のようになります。

申告（納付）期限	中間申告による納付税額
平成X1年 11月30日	①消費税（国税）　240万円÷12×6＝120万円 ②地方消費税　①×25%＝30万円 ③納付税額　①＋②＝150万円 中間申告による納付税額150万円は、平成X2年5月31日期限の確定申告で精算します。

仮決算による中間申告　前期に比べ当期の売上実績が著しく落ち込んでいるような場合には、仮決算による中間申告が認められています（消法43）。

仮決算による中間申告とは、中間申告対象期間を一課税期間とみなしてその期間にかかる課税標準である金額等を計算する方法をいいます。なお、**仮決算による中間申告を行う場合であっても、簡易課税制度の適用を受ける事業者は簡易課税により計算**しなければなりません（消基通15－1－3）。

なお、仮決算による中間申告書には、付表の添付が義務づけられています。また、**仮決算による計算の結果、控除不足還付税額が生じたとしても還付を受けることはできませんが**、納税の必要もありません（消基通15－1－5）。

法人税の仮決算との違い

申告方法はそのつど選択することができる　前期の年税額が400万円を超え、4,800万円以下の場合には、課税期間中に3回の中間申告義務があるわけですが、たとえば1回目の中間申告を前期実績により申告し、2回目の中間申告は仮決算の方法によることも認められます。つまり、1回目から3回目まで、中間申告の方法を継続する必要はないということです（消基通15－1－2）。また、一月中間申告の場合にも同様に継続する必要はありません。

法人税の仮決算に連動させることはできない　三月（みつき）中間申告の適用対象事業者の場合、2回目の中間申告期限は、法人税の中間申告書の提出期限と同じになります。法人税の中間申告で仮決算をする場合には、上半期の6か月を一事業年度とみなして決算をすることになります。

この場合に、消費税の申告も上半期の6か月間の実績に基づいて計算をし、算出した消費税額から1回目の中間納付額を差し引いて申告をするようなことは認められないので注意してください。消費税の中間申告は、あくまでも3か月ごとに定められた中間申告対象期間により計算しなければいけないわけであり、法人税の仮決算とはまったく違うわけです。

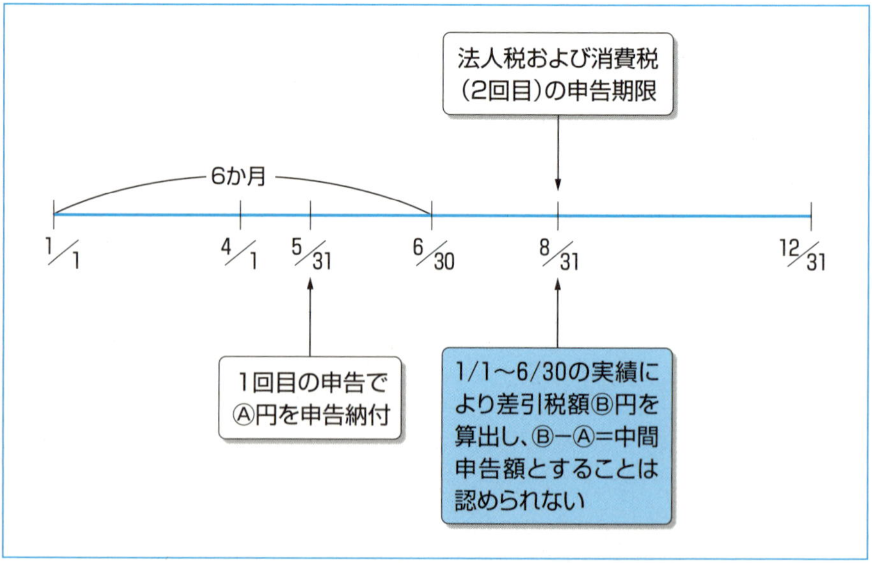
法人税および消費税
（2回目）の申告期限
6か月
1/1
4/1
5/31
6/30
8/31
12/31
1回目の申告で
Ⓐ円を申告納付
1/1～6/30の実績に
より差引税額Ⓑ円を
算出し、Ⓑ－Ⓐ＝中間
申告額とすることは
認められない

確定申告・納付・還付

確定申告　課税期間中の取引については、課税期間の末日の翌日から２か月以内に確定申告書の提出および納付が義務づけられています（消法45①・49）。

課税標準額に対する消費税額よりも控除税額のほうが多い場合には、確定申告により消費税が還付されます。また、中間申告による納付税額が差引税額よりも多い場合についても消費税は還付となります（消法52〜53）。

ただし、個人事業者の12月31日の属する課税期間については、確定申告書の提出期限および納期限はその翌年３月31日まで延長されています（措法86の４①）。したがって、課税期間を３か月単位に短縮している個人事業者は、10月１日〜12月31日課税期間の申告期限と納期限だけが、翌年の３月31日まで延長されることになります。

申告期限の延長制度　法人税の世界では、会計監査などの理由により確定申告期限の延長が認められていますが、消費税にはこのような規定はないので注意が必要です。法人税の確定申告期限が事業年度末日の翌日から３か月以内であったとしても、消費税の確定申告書は、事業年度末日の翌日から２か月以内に提出しなければなりません。

準確定申告　個人事業者が年の中途で死亡した場合には、相続人は、その年の１月１日から死亡日までの期間分について、死亡日の翌日から４か月以内に確定申告をすることとされています（消法45②・③）。

この確定申告書には、「死亡した事業者の消費税及び地方消費税の確定申告明細書」（☞241頁）を添付することとなっています。また、「個人事業者の死亡届出書」（☞242頁）についても提出する必要があります（消法57①四）。

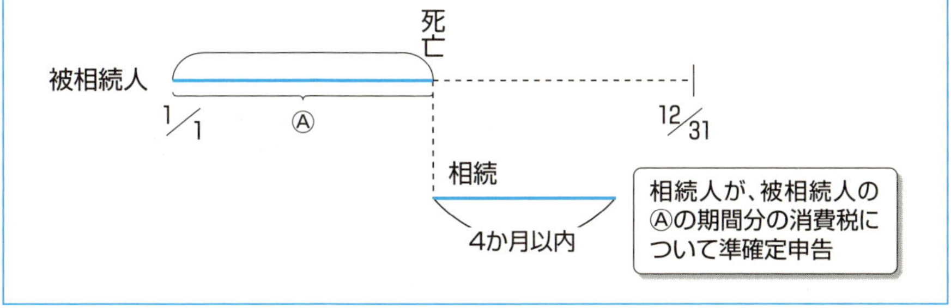

引取申告と納期限の延長制度

引取申告　課税貨物を輸入した場合には、輸入申告に併せて消費税や地方消費税、関税などについて申告（＝引取申告）が義務づけられています（消法47）。

関税法に規定する申告納税方式が適用される課税貨物の輸入者は、貨物を保税地域から引き取るときまでに納税をしなければなりません。また、関税法に規定する賦課課税方式が適用される課税貨物の輸入者の消費税等については、税関長が輸入時に徴収することとされています（消法50）。

特例申告　貨物を輸入した場合には、輸入申告と納税申告を同時に行うことが原則とされていますが、一定の輸入業者などについては、事務処理の煩雑さを緩和するために、一月(ひとつき)中の輸入貨物について翌月末日までにまとめて申告と納税をすることも認められています。なお、特例申告の適用を受ける場合であっても、輸入申告は貨物を輸入するたびに行う必要があります。ただし納税申告については、輸入の許可を受けた貨物について、その許可ごとに作成し、翌月末日までにこれをまとめて申告するというものです。

実際には、概ね過去１年間に６回以上輸入されたもので、継続的に輸入される貨物として指定されたものだけが特例申告の対象となるようです。

納期限の延長制度　税関長に申請書を提出し、担保提供をした場合には、課税貨物に課される消費税等について、３か月以内の期間に限り、納期限の延長が認められています（消法51）。

①個別延長方式　輸入のつど、納期限の延長申請をする方法をいいます。たとえば、４月10日に輸入した貨物について納期限の延長申請をした場合には、その貨物の納期限は７月10日になるということです。

②包括延長方式　一月(ひとつき)中の輸入貨物すべてについて、まとめて延長申請をする方法をいいます。たとえば、４月中に輸入した貨物について納期限の延長申請をした場合には、その貨物の納期限はすべて７月31日になるということです。

③特例申告の場合　特例申告の場合には、申告書の提出期限が貨物の輸入月の翌月末日になることから、特例申告の適用を受ける事業者が納期限の延長申請をした場合には、その貨物の納期限は申告期限の２か月後となります。たとえば、４月中に輸入した貨物については、申告期限は５月31日、納期限は７月31日になるということです。

9

会計処理と控除対象外消費税額等の取扱い

税込方式、税抜方式って？

混合方式のやり方は？

「控除対象外消費税額等」って何？

処理の方法は
仕訳まで
しっかり理解
しましょう

会計処理の方法

税込方式と税抜方式　消費税に関する会計処理には「税込方式」と「税抜方式」があり、事業者はそのいずれかの方法によることになります（「消費税法等の施行に伴う所得税（法人税）の取扱いについて」）。

処理方法の選択にあたっては、原則課税の場合には税抜方式、簡易課税の場合には税込方式といったような制約はありません。たとえ簡易課税制度の適用を受ける場合であっても、税抜方式の適用は可能です。

ただし、簡易課税制度の適用を受ける場合には、仮払消費税等の額とみなし仕入率による仕入控除税額が連動しないので、仮払消費税等と仮受消費税等を精算する際に、多額の雑損失あるいは雑収入が発生する可能性があります。

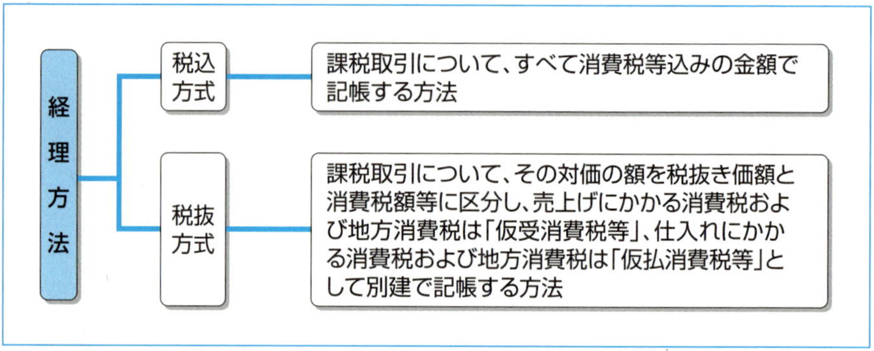

経理方法
税込方式
課税取引について、すべて消費税等込みの金額で記帳する方法
税抜方式
課税取引について、その対価の額を税抜き価額と消費税額等に区分し、売上げにかかる消費税および地方消費税は「仮受消費税等」、仕入れにかかる消費税および地方消費税は「仮払消費税等」として別建で記帳する方法

税抜方式による場合には、原則として取引のつど税抜処理をするわけですが、期中は税込方式で処理しておいて、課税期間末に一括して税抜きにすることもできます。なお、税抜方式により、仮受（仮払）消費税等を計上する場合には、次のいずれかの方法によることになります。

①請求書等に別記されている消費税額等を仮受（仮払）消費税等として計上する方法

②税込金額に$\frac{5}{105}$を乗じて仮受（仮払）消費税等を計算し、計上する方法

なお、②の場合の端数処理は、切捨て、四捨五入、切上げのいずれかを継続して適用することになります。

免税事業者の会計処理　免税事業者は税込方式しか採用することはできないので注意してください。

期中取引の仕訳例

取　引		仕　訳　例			
商品を2,100,000円で掛にて販売した	税込方式	(売　上)	2,100,000	(売掛金)	2,100,000
	税抜方式	(売掛金)	2,100,000	(売　上) (仮受消費税等)	2,000,000 100,000
商品を1,050,000円で掛にて仕入れた	税込方式	(仕　入)	1,050,000	(買掛金)	1,050,000
	税抜方式	(仕　入) (仮払消費税等)	1,000,000 50,000	(買掛金)	1,050,000
事務用品を4,200円で現金で購入した	税込方式	(事務用品費)	4,200	(現　金)	4,200
	税抜方式	(事務用品費) (仮払消費税等)	4,000 200	(現　金)	4,200
帳簿価額160,000円の中古備品を105,000円で売却し、現金を受け取った	税込方式	(現　金) (備品売却損)	105,000 55,000	(備　品)	160,000
	税抜方式	(現　金) (備品売却損)	105,000 60,000	(備　品) (仮受消費税等)	160,000 5,000
帳簿価額4,000,000円の株券を4,600,000円で売却し、売買手数料42,000円を差し引いた残金4,558,000円が普通預金に入金された	税込方式	(普通預金) (有価証券売却手数料)	4,558,000 42,000	(有価証券) (有価証券売却益)	4,000,000 600,000
	税抜方式	(普通預金) (有価証券売却手数料) (仮払消費税等)	4,558,000 40,000 2,000	(有価証券) (有価証券売却益)	4,000,000 600,000

混合方式

混合方式とは　税抜方式を採用する場合には、課税売上げと課税仕入れのすべてについて税抜きにすることが原則ですが、個人事業者などの小規模事業者に配慮して、「混合方式」によることも認められています。

混合方式とは、下図のように課税売上げについてはすべて税抜きにすることを前提に、課税仕入れを①棚卸資産、②固定資産（繰延資産）、③経費等の3グループに区分し、各グループのうち1つでも税抜き処理をしていれば、他のグループの課税仕入れについては税込処理でもよいという経理方法です。

売上高	棚卸資産（仕入れ）	固定資産 繰延資産	経費等
税抜き	税抜き	税抜き	税込み
	税抜き	税込み	税抜き
	税抜き	税込み	税込み
	税込み	税込み	税抜き
	税込み	税抜き	税込み
	税込み	税抜き	税抜き

混合方式の注意点　たとえば、課税商品の仕入高についてだけを税抜きにして、販売管理費や固定資産の取得などについては税込みで処理することもできるということです。ただし、棚卸資産のグループについて、固定資産（繰延資産）と異なる処理をしようとする場合には、税込みあるいは税抜きの処理を継続適用することが条件とされているので注意してください。固定資産については税込みで処理をし、棚卸資産については税抜きで処理しようとする場合には、棚卸資産については翌期以降も継続して税抜きにしなければいけないということです。

なお、混合方式を採用する場合には、課税売上げはすべて税抜きにすることが条件となるので、たとえば、商品売上高だけを税抜きにし、雑収入勘定については税込処理をするようなことは認められません。

納付（還付）税額が確定したときの処理

納付税額の処理方法　税込方式の場合、翌期の申告の時点で、租税公課として費用処理することになりますが、未払費用として前倒しで費用処理することも認められています。

税抜方式の場合には、仮受消費税等の残額を借方に計上し、仮払消費税等の残額を貸方に計上し、納付消費税額等を未払費用として貸方に計上します。

貸借の差額は、次頁の仕訳例のように、雑損失勘定または雑収入勘定で処理をします。

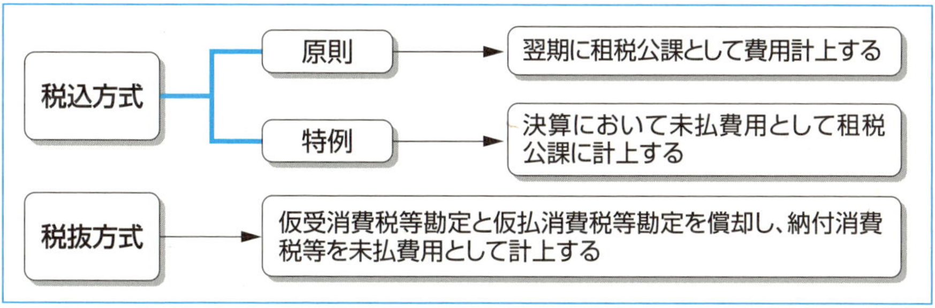

中間申告による納付税額の処理　税込方式の場合には「租税公課」として、税抜方式の場合には「仮払消費税等」で処理することになります。

還付税額の処理方法　税込方式の場合には、確定申告書に記載した還付税額が翌期になってから指定した銀行口座に振り込まれるので、この時点で雑収入として処理することになりますが、未収入金として前倒しで収益計上することも認められています。

税抜方式の場合には、還付消費税額等を未収入金として借方に計上します。

貸借の差額は雑損失勘定または雑収入勘定で処理をします。

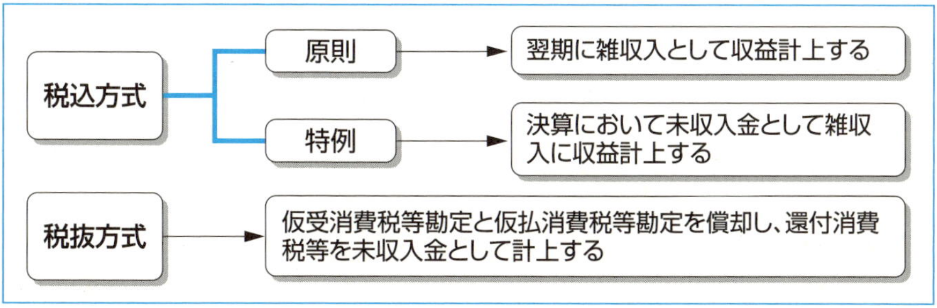

税込方式
原則
翌期に雑収入として収益計上する
特例
決算において未収入金として雑収入に収益計上する
税抜方式
仮受消費税等勘定と仮払消費税等勘定を償却し、還付消費税等を未収入金として計上する

決算時の仕訳例

取引	仕訳例				
決算において、納付税額が100万円と確定した。なお、税抜方式を採用した場合の仮受消費税等の残高は344万3,100円、仮払消費税等の残高は244万7,600円とする。	税込方式	[原則] 処理なし			
		[特例] (租税公課)	1,000,000	(未払費用)	1,000,000
	税抜方式	(仮受消費税等)	3,443,100	(仮払消費税等)	2,447,600
		(雑損失)	4,500	(未払費用)	1,000,000
翌期において、上記の確定税額100万円を現金にて納付した。	税込方式	[原則] (租税公課)	1,000,000	(現金)	1,000,000
		[特例] (未払費用)	1,000,000	(現金)	1,000,000
	税抜方式	(未払費用)	1,000,000	(現金)	1,000,000
決算において、還付税額が150万円と確定した。なお、税抜方式を採用した場合の仮受消費税等の残高は432万5,100円、仮払消費税等の残高は582万4,830円とする。	税込方式	[原則] 処理なし			
		[特例] (未収入金)	1,500,000	(雑収入)	1,500,000
	税抜方式	(仮受消費税等)	4,325,100	(仮払消費税等)	5,824,830
		(未収入金)	1,500,000	(雑収入)	270
翌期において、上記の還付税額150万円が指定した当座預金の口座に振り込まれた。	税込方式	[原則] (当座預金)	1,500,000	(雑収入)	1,500,000
		[特例] (当座預金)	1,500,000	(未収入金)	1,500,000
	税抜方式	(当座預金)	1,500,000	(未収入金)	1,500,000

控除対象外消費税額等の取扱い

税抜方式を採用している原則課税適用事業者の課税売上割合が60%で、一括比例配分方式を採用したケースについて考えてみます。

この場合、仮払消費税等のうち40%は控除されずに残ってしまうことになりますが、この残ってしまう部分のことを「控除対象外消費税額等」といいます。

したがって、税込方式を採用した場合あるいは税抜方式を採用した場合であっても、課税売上割合が95%以上の場合には、「控除対象外消費税額等」という概念は出てこないわけです。

簡易課税のケース　控除対象外消費税額等は、たとえ簡易課税制度の適用を受ける場合であっても発生する可能性があるので注意してください。

簡易課税制度を適用する場合の控除対象外消費税額等については、次のいずれかの方法により算出することとされています。

①簡易課税のみなし仕入率を適用する方法

控除対象外消費税額等の金額は、仮払消費税等の合計金額から「簡易課税制度の適用による控除対象仕入税額×125%」を控除して算出します（注：簡易課税制度の適用による控除対象仕入税額に125%を乗ずるのは、地方消費税のうち、控除対象仕入税額に相当する金額も控除するという意味です）。

個々の資産または費用にかかる控除対象外消費税額等の金額は、次のように按分計算により算出します。

$$\left(\text{個々の資産または費用にかかる仮払消費税等の金額}\right) \times \left(\frac{\text{控除対象外消費税額等の金額}}{\text{仮払消費税等の合計額}}\right) = \left(\text{個々の資産または費用にかかる控除対象外消費税額等の金額}\right)$$

②簡易課税を適用しないものと仮定して計算する方法

たとえば、一括比例配分方式を適用すると仮定した場合における個々の資産または費用にかかる控除対象外消費税額等の金額は次のように算出します。

$$\left(\text{個々の資産または費用にかかる仮払消費税等の金額}\right) \times (1 - \text{課税売上割合}) = \left(\text{個々の資産または費用にかかる控除対象外消費税額等の金額}\right)$$

交際費等にかかる控除対象外消費税額等の取扱い　法人税法上、損金不算入額の計算の基礎となる支出交際費等については、税込方式の場合には税込金額で、税抜方式の場合には税抜金額で計算することとなっています。税抜方式を採用した場合に、控除対象外消費税額等で交際費等にかかるものがある場合には、その金額は支出交際費等に含めたところで損金不算入額を計算することに注意してください。

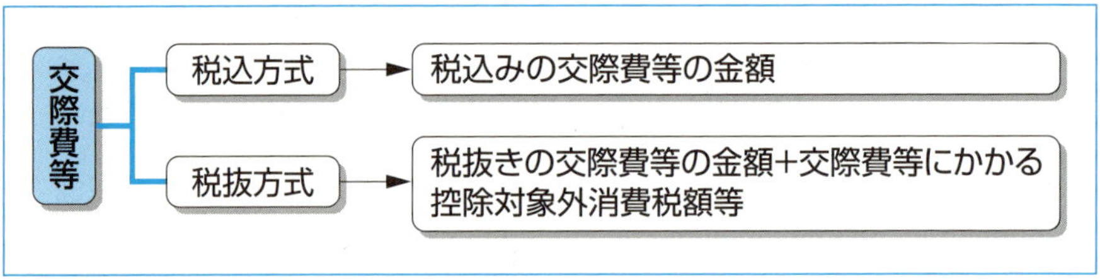

固定資産にかかる控除対象外消費税額等の取扱い　固定資産を購入した年または事業年度の課税売上割合が80％未満で、かつ、その固定資産にかかる控除対象外消費税額等が20万円以上の場合には、その控除対象外消費税額等については、次のいずれかの方法により処理することとされています（所令182の２、法令139の４）。

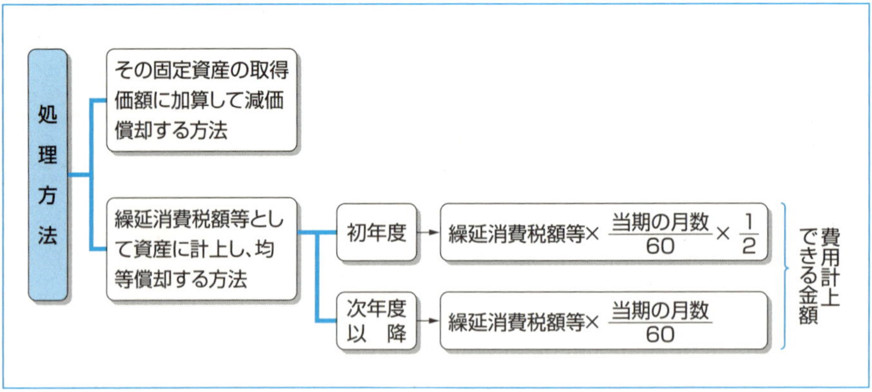

10

経過措置と個人事業者の消費税の計算

押さえておくべき経過措置は？

個人事業者ならではの注意点って？

個人事業者ならではの注意点を押さえておきましょう

経過措置

消費税の税率は、平成９年４月１日から引き上げられました。

そこで、平成９年４月１日（適用日）前に契約を締結した工事の請負やリース取引などについては、その引渡しや貸付けが適用日以降となる場合であっても、一定要件のもとに３％の旧税率を適用することにしています。

また、平成９年４月１日前の課税売上げにかかる対価の返還や貸倒れについても３％の旧税率により控除税額を計算します（消法附則18・19）。

これらの取引にかかる課税標準の計算は$\frac{100}{103}$で、また、控除税額の計算は$\frac{3}{103}$で計算することに注意してください（平成９年３月31日までの取引については、地方消費税は課税されていません。つまり、旧税率の３％はすべて国税〈消費税〉と考えて計算すればよいわけです）。

請負工事等に関する経過措置　工事の請負（製造を含む）については、その契約の締結から完成引渡しまで長期間を要することが多く、契約の時期によっては「消費税率５％」という形で契約できないケースも多分に想定されます。

そこで、工事の完成引渡しが適用日以後となる場合であっても、指定日（平成８年10月１日）の前日までに工事の請負に関する契約を締結した場合には、下記のように旧税率の３％で課税することとされています（消法附則10③）。

なお、指定日以後に値増金などを別途定めた場合には、その値増金部分については５％で課税されることになります。

資産の貸付け（リース）に関する経過措置　指定日の前日までに契約し、適用日前から適用日以後引き続き貸付けを行っているもので、次の要件を満たすような契約であれば、適用日以後の貸付けであっても、契約期間中は旧税率の3％で課税されます（消法附則10④）。

【通常のリース】
- 貸付期間と貸付期間中の対価の額が契約で定められていること
- 事情の変更その他の理由により対価の額の変更を求めることができる旨の定めがないこと

【ファイナンスリース】
- 貸付期間と貸付期間中の対価の額が契約で定められていること
- 当事者の一方もしくは双方がいつでも解約の申入れをすることができる旨の定めがないこと
- 契約でリース費用の総額が資産の取得価額と付随費用の額の90%以上となっていること

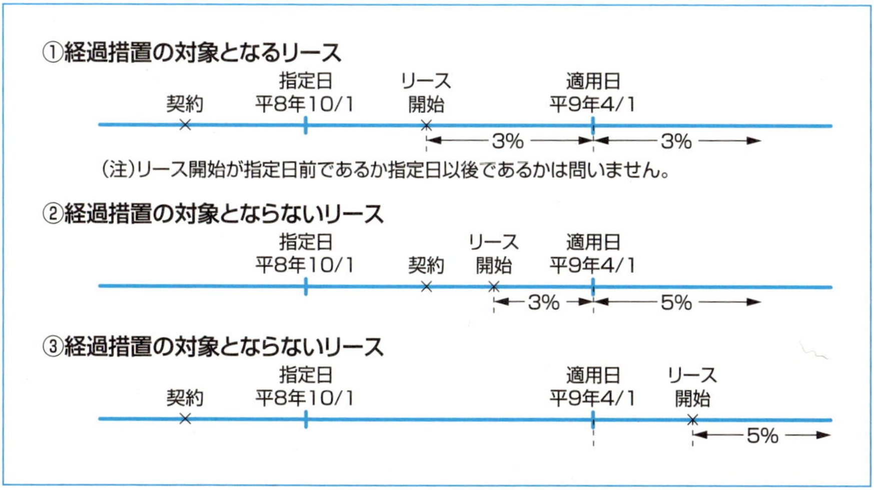

旧税率適用取引がある場合の付表

申告書に添付する付表は、旧税率適用取引がある場合とない場合で異なっていますので注意してください。

	旧税率適用取引がない場合	旧税率適用取引がある場合
原則課税	（一般用）申告書 ↓ 付表2【☞246頁】	（一般用）申告書 ↓ 付表1【☞245頁】 付表2−(2)【☞247頁】
簡易課税	（簡易課税用）申告書 ↓ 付表5【☞249頁】	（簡易課税用）申告書 ↓ 付表4【☞248頁】 付表5−(2)【☞250頁】

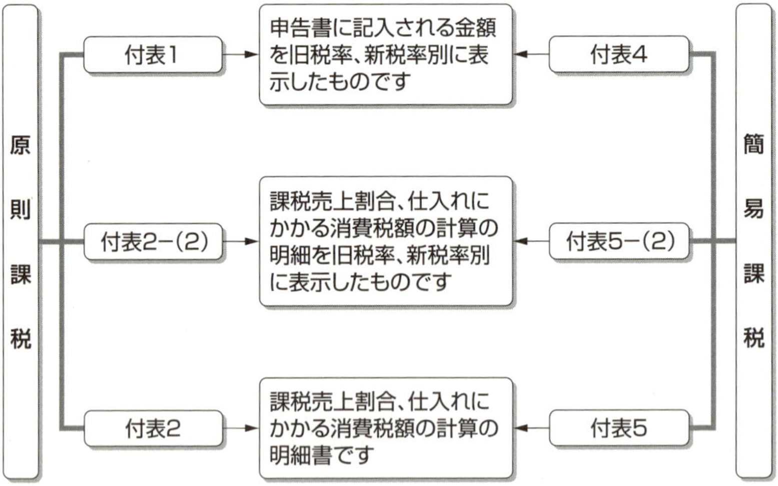
原則課税
付表1
付表2−(2)
付表2
申告書に記入される金額を旧税率、新税率別に表示したものです
課税売上割合、仕入れにかかる消費税額の計算の明細を旧税率、新税率別に表示したものです
課税売上割合、仕入れにかかる消費税額の計算の明細書です
付表4
付表5−(2)
付表5
簡易課税

個人事業者の課税対象要件

消費税は「事業として」行う行為が課税の対象となることから、個人事業者が事業と関係のない家事用資産を売却したような場合には、その行為については、たとえ事業者が行ったものでも課税の対象とはなりません。

たとえば、個人事業者がマイホームを売却したような場合には、その売却収入は消費税の計算に一切関係させないのに対し、店舗として使用していた土地付建物を売却したような場合には、その売却収入は課税の対象となるので、売却収入のうち、建物部分については消費税が課税されることになります。

個人事業者が家事用の資産を購入した場合には、その購入代金を仕入税額控除の対象とすることはできません。店舗兼用住宅のような家事共用資産を購入した場合には、使用割合などを用いてあん分し、事業用の部分だけを仕入税額控除の対象とすることになります。

計算例

個人事業者が2階建の店舗兼住宅を4,200万円で取得し、1階を店舗、2階を居住用として使用する場合の課税仕入れにかかる支払対価の額は次のように計算します。なお、各床面積は、店舗部分120㎡、住居部分80㎡、共用部分20㎡、計220㎡です。

①事業用部分の床面積

$$120㎡+20㎡\times\frac{120㎡}{220㎡-20㎡}=132㎡$$

②課税仕入れにかかる支払対価の額

$$4{,}200万円\times\frac{132}{220}=2{,}520万円$$

これと同様に、店舗兼用住宅を譲渡した場合には、その譲渡対価を使用割合などによりあん分し、事業用の部分だけが課税の対象とされます。

なお、個人事業者が行う次の行為については課税の対象とはならないので注意してください（消基通5－1－8）。

①事業用資金の取得のための家事用資産の譲渡

②買掛金や事業用借入金の代物弁済として行う家事用資産の譲渡

所得税と消費税の関係

所得区分との関係　個人事業者で、一般的に消費税の計算がからんでくるのは、不動産所得と事業所得です。

ただし、これら以外の所得であっても「事業として」行われたものについては消費税の課税の対象に取り込まれるので注意が必要です。たとえば、事業用資金を銀行に預け入れたことによる利息（利子所得）や事業用資産の売却による収入（譲渡所得）などは、消費税の課税の対象となります。土地や建物を譲渡した場合、所得税の世界では他の所得とは切り離して税額計算をするわけですが、消費税の世界では、たとえ分離課税の譲渡所得に区分されるものであっても、事業用の資産の売却であれば、課税の対象となるので注意してください。

みなし譲渡　無償取引であっても「個人事業者が棚卸資産または棚卸資産以外の事業用資産を家事のために消費または使用した場合」については例外的に課税の対象に組み込むこととされており、この場合における売上金額は次のようにして計算します（消法４④一・28②一、消基通10－1－18）。

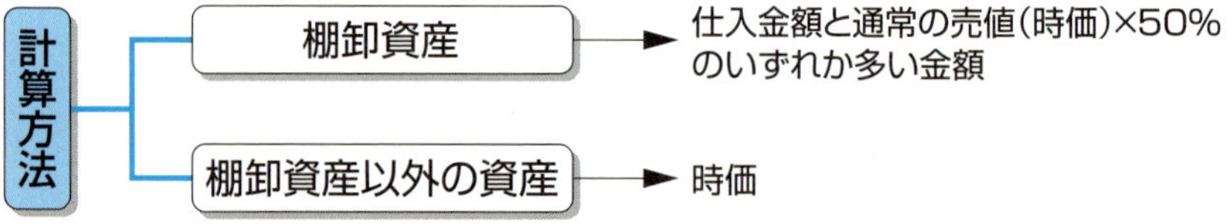

個人事業者には、事業主だけではなく、同居親族も含まれます。また、事業用資産を家事用にも兼用するような場合には、この規定は適用されません（消基通5－3－1・5－3－2）。

個人事業者が棚卸資産を家事消費した場合には、所得税の申告においては、仕入金額と「通常の売値×70％」のいずれか多い金額を総収入金額に計上すればよいことになっていますが、消費税の申告にあたっては、所得税の計算とは別個に、上記の方法により売上金額を計算します。

つまり、所得税の申告書における売上金額と消費税の課税標準となる課税売上高とは連動しないケースもあるということです。

開業時の納税義務判定

納税義務の判定単位　青果業を営んでいる個人事業者が不動産賃貸も行っているような場合には、事業所得の納税義務、不動産所得の納税義務というとらえ方ではなく、それぞれの業種における課税売上高を合算して納税義務の有無を判定します。納付税額を計算する場合においても、所得区分に関係なく、事業として行われたすべての取引を合算して計算します。

不動産の賃貸が、仮に貸駐車場数台という小規模なものであったとしても、駐車場の賃貸収入を除外して計算することはできないので注意が必要です。

新規開業　新規に開業した個人事業者の場合、開業した年とその翌年については基準期間の課税売上高がないので納税義務はありません。その翌々年については、開業した年が基準期間となるので、その課税売上高により納税義務を判定することになります。

個人事業者の場合、基準期間の中途で新たに事業を開始したような場合であっても、新設法人の設立３期目の判定のように、その基準期間中の課税売上高を年換算する必要はありません（消基通1－4－6・9）（☞68頁）。

たとえば、基準期間中の８月10日に開業した個人事業者の基準期間中の課税売上高が500万円の場合、これは８月から12月までの５か月分の売上実績なわけですが、これに$\frac{12}{5}$を乗じて年換算する必要はないということです。

この場合、基準期間中の課税売上高は1,000万円以下となるので、当年の納税義務は免除されることになります。

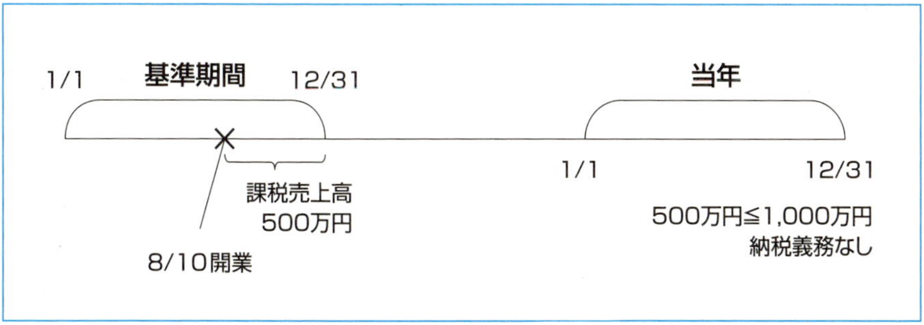

なお、相続による事業承継があった場合には、納税義務判定の特例がありますのでご注意ください。（☞72頁～74頁）。

譲渡所得と経理方法

譲渡所得の計算は、その資産を業務の用に供していた所得（不動産所得、事業所得、山林所得、雑所得）の計算で採用した経理方式と同一の方式によることとされています（「消費税法等の施行に伴う所得税の取扱いについて」二（注）二）。したがって、不動産所得の計算で税抜方式を採用している個人事業者が賃貸物件を譲渡した場合には、収入金額や必要経費は税抜金額で計算することになります。

また、取得費の計算については、「譲渡収入×５％」を取得費とする特例計算が認められています（措法31の４）が、この場合の譲渡収入についても、税込方式の場合には「税込収入金額×５％」、税抜方式の場合には「税抜収入金額×５％」で計算することになります（「消費税法等の施行に伴う所得税の取扱いについて」十三）。

計算例

事業用の土地建物を、土地70,000、建物31,500（うち消費税等1,500）で売却し、仲介手数料3,150（うち消費税等150）を支払った場合の譲渡所得の計算は次のようになります。なお、不動産所得の計算においては税抜方式を採用しており、譲渡にかかる取得費の計算については５％概算控除によることとします（単位省略）。

⑴　土地の譲渡所得金額

①収入金額　70,000

②取得費　①×5%=3,500

③譲渡費用

$$3{,}000 \times \frac{70{,}000}{70{,}000+30{,}000} = 2{,}100$$

④譲渡所得金額

①−②−③=64,400

⑵　建物の譲渡所得金額

⑤収入金額　30,000

⑥取得費　⑤×5%=1,500

⑦譲渡費用

$$3{,}000 \times \frac{30{,}000}{70{,}000+30{,}000} = 900$$

⑧譲渡所得金額

⑤−⑥−⑦=27,600

この譲渡により発生した仮受消費税等1,500と仮払消費税等150は、不動産所得の計算に織り込んで精算（償却）することになります。

11

勘定科目別にみた課税区分の留意点

売上科目では何に注意する？

人件費では何に注意する？

販売管理費では何に注意する？

課税区分を個別の勘定科目から見てみましょう

売上高・営業収益

売上高・営業収益の取扱いについて、実務上、比較的重要と思われる業種をいくつかピックアップし、その売上高や営業収益の大まかな課税区分について確認します。

卸売業・小売業　課税商品の売上高は当然に課税となりますが、身体障害者用物品の販売業であれば、その売上高は非課税となります。また、輸出売上高は免税となるので、国内売上げとは明確に区分する必要があります。

製造業・建設業　課税資産の製造業であれば、製品の売上高は課税となりますが、身体障害者用物品などの非課税製品の製造業であれば、その売上高は非課税となります。なお、輸出売上高は当然に免税となります。

建設業の売上高は基本的に課税となりますが、工事の施工場所が海外の場合には国外取引となるので、その売上高は計算に関係させません。

サービス業　広告代理店などのサービス業の売上高は基本的に課税となりますが、旅行代理店の場合には、商品の内容に応じて課税区分をする必要がありますので注意が必要です。たとえば海外パック旅行であれば、その内容により、課税売上高、免税売上高、国外売上高が発生することになります。

飲食店業、宿泊業の売上高は基本的に課税となりますが、海外で営業するレストランやホテルなどは国外取引となるので、その売上高は計算に関係させません。

運輸業　国内運輸であれば課税となりますが、国際運輸による売上高は輸出免税となります。また、通関業務を営む場合には、通関業務料金や外国貨物にかかる運送費、保管料なども免税となります。

不動産業　土地の売上高は非課税となりますが、建物の売上高は課税です。

仲介手数料収入や賃貸マンションの管理による収入も課税です。

賃貸収入の場合には、居住用の家賃は非課税に、店舗、事務所などの家賃収入は課税になります。

医療業　保険診療報酬は非課税ですが、自由診療報酬は課税となります。

金融業　貸付金の利息などは非課税となりますが、事務手数料に相当する部分は課税となります。

家賃

賃貸マンションの家賃収入　月決め家賃の他、定額で収受する共益費、礼金も含めて非課税となります。退去時に賃借人に返還する敷金は、単なる預り金であり、課税の対象とはなりません。

なお、原状回復費用を敷金から差し引く場合には、その金額は修繕という役務提供の対価として課税となるのですが、修繕費用を賃貸人が立替払いをし、これと同額を預り敷金から差し引くような場合には、その立替金は課税の対象とはなりません。

社宅使用料収入　借上社宅を従業員に利用させ、社宅使用料を収受する場合には、その社宅使用料は住宅家賃であり、非課税となります。なお、家主に支払う社宅の借上料は非課税であり、課税仕入れとはなりません。

保養所の利用料収入　保養所を従業員に利用させ、利用料を収受する場合には、その利用料は社宅家賃とは異なるものであり、課税となります。なお、事業者が保養所を借上げている場合には、その保養所の家賃は課税仕入れに該当し、仕入税額控除の対象となります。

店舗、事務所の家賃収入　貸店舗、事務所など、住宅以外の建物の賃貸は非課税とはならないのでその家賃収入は課税となります。家賃とともに定額で収受する共益費や契約時に収受する礼金も課税となりますが、退去時に賃借人に返還する保証金などは単なる預り金であり、課税の対象とはなりません。

なお、原状回復費用を敷金から差し引く場合には、上記のようにその対価は課税となるのですが、修繕費用を賃貸人が立替払いをし、これと同額を預り敷金から差し引くような場合には、居住用か否かに関係なく、その立替金は課税の対象とはなりません。

保証金の償却　契約に基づく保証金の償却額は家賃と同様に扱われます。保証金の償却額については、その契約内容に応じ、返還しないことが確定した時点で課税の対象となるので、居住用の賃貸物件であれば、返還不要が確定した時点で非課税売上げとして処理します。また、店舗、事務所など居住用以外の物件であれば、返還不要が確定した時点で課税売上げとして処理することになります。

資産の売却収入

資産を売却した際は、売却損益ではなく、売却収入を売上げとして認識することに注意してください。

また、車両の買換えなどをする際に、中古車両を下取りに出し、下取金額と新車の購入代金とを相殺して決済することがありますが、このような場合であっても下取金額を新車の取得価額と相殺して処理することはできません。

中古車両の下取金額は課税売上高として処理し、新車の取得については下取金額を控除する前の価額で課税仕入高を認識することになります。

◉課税売上高となるもの◉

- **建物、機械などの土地以外の固定資産の売却収入**
  建物の売却に際し、固定資産税等の清算金を受領した場合には、その固定資産税等の清算金は建物の売却収入に含めることとされています。
- **特許権など、無形固定資産の売却収入**
  国外で登録されたものなどについては国内取引に該当しないケースもありますので注意が必要です。また、非居住者に対する特許権などの譲渡や貸付けについては、最終的に輸出免税の規定が適用されることになります。
- **ゴルフ会員権などの売却収入**
- **不要段ボール、作業屑などの売却収入**

◉非課税売上高となるもの◉

- **土地の売却収入**
  土地の売却に際し、固定資産税等の清算金を受領した場合には、その固定資産税等の清算金は土地の売却収入に含めることとされています。
- **有価証券の売却収入**
  上場株式などを売却した場合には、課税売上割合の計算上、その売却金額の5％を非課税売上高に計上することに注意してください。

金融取引

受取配当金と受取利息　配当金は株主または出資者としての地位に基づいて受け取るものであり、株主が資産の譲渡等をした対価として受けるものではないため課税の対象とはなりません。

一方、銀行預金の利息については課税の対象（非課税）となるので、消費税の課税区分にあたっては、受取利息と受取配当金はまったく異なるものだと認識する必要があります。

預金利息の場合には、銀行に「現金」という資産を貸し付けて、その対価、つまりリース料として利息を受け取るわけですから、課税の対象となるのです。

> 受取利息……非課税売上高であり、課税売上割合の計算上、分母に計上する
> 受取配当金……課税対象外収入であり、課税売上割合の計算には一切関係させない

貸付金の利子・手形の割引料・割引債の償還差益　非課税となる金融取引には、貸付金、預金等の利子の他に、手形の割引料や割引債の償還差益なども含まれます。

証券投資信託の収益分配金　証券投資信託にかかる収益分配金については、所得税、法人税においては、公社債にかかるものは利子、株式にかかるものは配当として取り扱われていますが、金銭を信託するという行為は預金の預入れなどと実質的には変わらないことから、消費税ではすべて非課税として取り扱うこととしています。

売上割引・仕入割引　売掛金を支払期日前に回収したことにより取引先に支払う売上割引や、買掛金を支払期日前に支払ったことにより取引先から収受する仕入割引については、会計上は利子的な性格を有するものとされていますが、消費税の世界では売上代金や仕入代金のマイナス項目（売上（仕入）対価の返還）として取り扱うことになります。

したがって、仕入割引は受取利息とは異なるものであり、非課税売上高とはなりません。

保険金、補助金、対価補償金、寄付金

保険金　保険会社から収受する保険金収入は対価性のないものであり、課税の対象とはなりません。なお、収受した保険金が課税対象外収入であっても、その保険金で取得した課税資産は課税仕入れに該当し、仕入税額控除の計算に取り込むことができます。

補助金　国や地方公共団体から収受する補助金収入は対価性のないものであり、課税の対象とはなりません。なお、収受した補助金が課税対象外収入であっても、その補助金で取得した課税資産は課税仕入れに該当し、仕入税額控除の計算に取り込むことができます。

対価補償金　道路拡張工事などのために所有する不動産が収用されるようなことがありますが、収用により補償金を取得するということは、国等に対して土地などを売却し、その対価として補償金を取得するのと同じことです。

したがって、収用に伴う補償金の取得は課税の対象となり、土地が収用された場合には、その対価補償金は非課税売上高となります。国や地方公共団体から収受するものであっても、補助金と収用による対価補償金ではその取扱いが異なることにご注意ください。

なお、課税の対象となるのは対価補償金だけであり、休廃業または資産の移転に伴い収受する収益補償金や経費補償金は対価性のないものですから、課税の対象とはなりません。

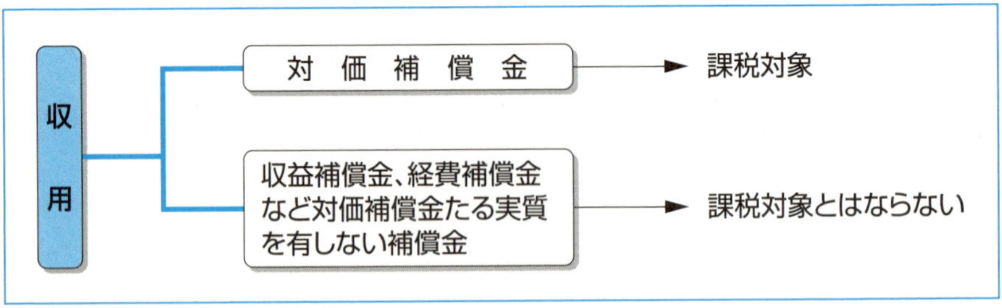

寄付金　寄付金の収受は対価性のないものであり、課税の対象とはなりません。なお、収受した寄付金が課税対象外収入であっても、その寄付金で取得した課税資産は課税仕入れに該当し、仕入税額控除の計算に取り込むことができます。

損害賠償金

損害賠償金は、心身または資産に加えられた損害につき受けるものですから資産の譲渡等の対価には該当しません。

注意してほしいのは、「損害賠償金」という名目だけで単純に判断はできないということです。たとえば、自動車の運転中に軽微な接触事故に遭い、キズの付いた車を加害者に引き渡したうえで損害賠償金をもらうような場合には、その損害賠償金の実体はキズの付いた車の譲渡代金であり、課税の対象（課税売上高）となるのです。

特許権や意匠権など、その権利が保護されているものを利用する場合には、特許料などを権利者に支払う必要があるわけですが、これを無許可で利用されたことにより、相手方から収受する損害賠償金は正に権利の使用料であり、課税の対象となります。

建物などの借家人が契約違反をしたことにより、家主が契約に基づいて損害賠償金を収受するような場合にも、その損害賠償金の実体は契約に基づく割増家賃であり、課税の対象となるのです。なお、この場合の割増家賃については、居住用物件であれば非課税売上高に、店舗、事務所などであれば課税売上高になります（消基通5－2－5）。

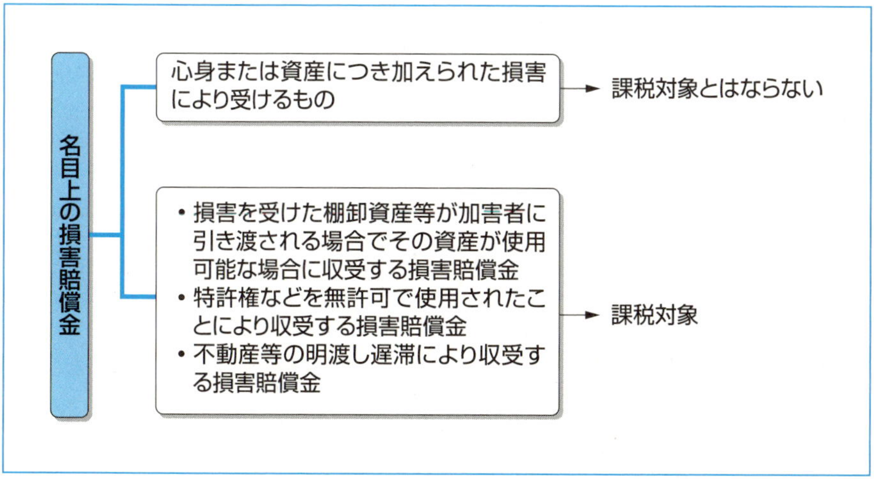

名目上の損害賠償金
心身または資産につき加えられた損害により受けるもの
課税対象とはならない
・損害を受けた棚卸資産等が加害者に引き渡される場合でその資産が使用可能な場合に収受する損害賠償金
・特許権などを無許可で使用されたことにより収受する損害賠償金
・不動産等の明渡し遅滞により収受する損害賠償金
課税対象

給与負担金、労働者派遣料

親子会社間で社員の出向を行うような場合、出向を受けている会社（出向先）が社員を出向させている会社（出向元）に対して給与負担金を支払います。

給与のように、労働の対価として支払われるものは課税の対象とはなりません。したがって、出向元事業者が出向先事業者から収受する給与負担金は売上げとして認識する必要はなく、また、出向先事業者が支出する給与負担金は課税仕入れとはなりません。

これは、出向先事業者が実質的に給与負担金の性質を有する金額を経営指導料等の名義で支出する場合も同様です（消基通5－5－10）。

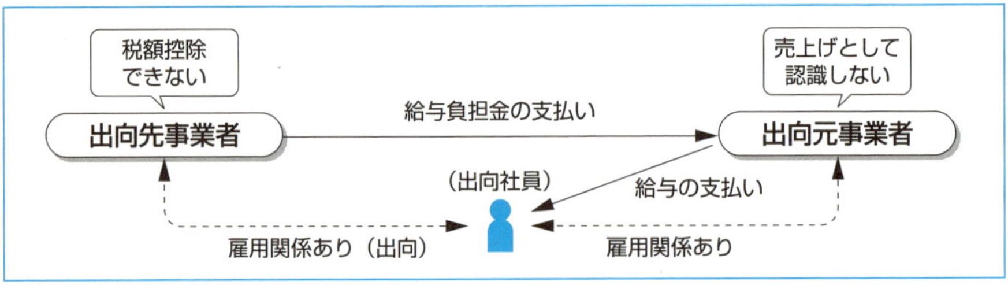

ただし、人材派遣会社が社員を派遣し、技術指導や経営指導を行ったことにより収受する金額などは、役務提供にかかる対価として課税の対象となります。

したがって、派遣元の事業者はその収受する派遣料を課税売上高として計上し、派遣を受ける事業者は、その支払った派遣料を課税仕入高として計上することができます（消基通5－5－11）。

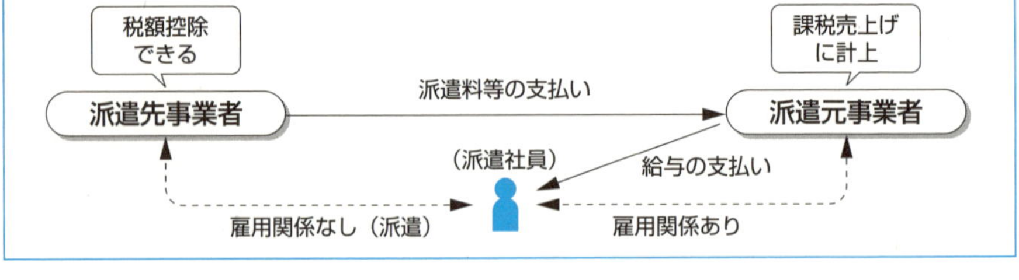

つまり、出向（派遣）社員と出向（派遣）先事業者との間に、雇用関係があるかどうかにより、給与負担金になるのか、労働者派遣料になるのかということを判断すればよいということです。

給与と報酬の区分

個人が雇用契約に基づき、他の者に雇われて行う役務の提供は「事業」に該当しないことから課税の対象とはならず、その個人は「事業者」ではないことから当然に納税義務もありません。したがって、たとえ出来高払いで給与を支払っていたとしても、その給与の支払いは課税仕入れには該当しないため、仕入控除税額の計算に取り込むことはできません。

これに対し、大工さんなどのいわゆる一人親方が、建設会社などとの請負契約により行う役務の提供は事業に該当するため、建設会社は、支払った報酬（外注費）について、課税仕入れとして処理することができます。

個人が支払いを受けた対価が出来高払いの給与であるか請負による報酬であるかの区分については、原則として雇用契約等に基づく支払いであるかどうかにより判断することになります（消基通1－1－1）。

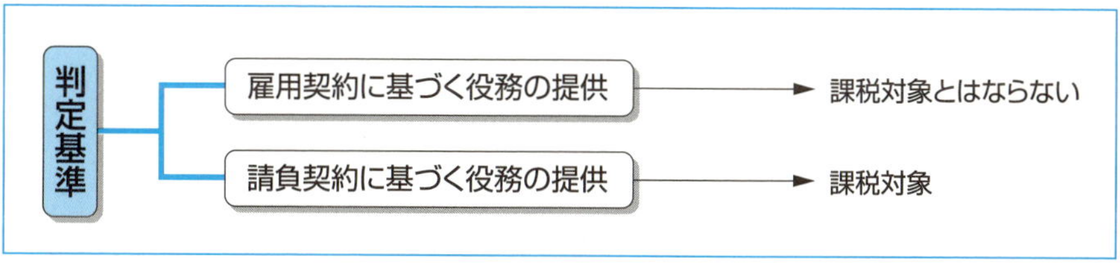

なお、給与か報酬かの区分が明らかでない場合には、次の事項を総合勘案して判定することとされています（消基通1－1－1）。

①仕事の内容が他人が代替できるものかどうか

②事業者（現場監督など）の指揮監督を受けるかどうか

③未完成品が事故などにより滅失した場合においても報酬の請求ができるかどうか

④材料や用具が供与されているかどうか

工事現場のケースなどであれば、職人が元請業者から材料や用具の支給を受け、現場監督の指揮命令の下に仕事をして日当をもらうような場合には、その日当は給与と判断される可能性が高いということです。

ただし、上記のようなケースであっても、請負契約に基づく役務の提供であれば、元請業者が支払う報酬（外注費）は課税仕入れに該当し、仕入控除税額の計算に取り込むことができます。

人件費

給料、賞与、退職金のように、労働の対価として支払われるものは課税仕入れとはなりません。ただし、人件費勘定で処理するものであっても、通勤手当や労働者派遣料など、課税仕入れに該当するものもあるので注意が必要です。

通勤手当　通勤手当は、従業員が交通機関などを利用し、職場に通うために支給するものです。したがって、給与とともに支給する、あるいは定期券などの現物を支給する場合のいずれであっても、適正な金額であれば課税仕入れに該当することになります。所得税法では、非課税限度額の10万円を超える通勤手当については給与所得として源泉税が課されるのですが、消費税の場合には、業務上必要なものであれば、たとえ10万円を超えて支給しても課税仕入れとして処理することができます。ただし、マイカー通勤などの場合には、自宅と会社までの距離により所得税の非課税限度額が定められているので、消費税についても、所得税の非課税限度額の範囲内で支給したものを課税仕入れとして認めることとしています（消基通11－2－2）。

なお、住宅手当や○○手当として支給されるものは給与であり、通勤手当とは当然に取扱いが異なるので注意してください。

日当　出張に伴い社員に支給する日当は、給与というよりも現地で要する諸経費の概算払いであり、社内規定などに基づく適正な金額であれば、たとえ定額を渡し切りで支給する場合であっても、旅費、宿泊費とともに課税仕入れとして処理することができます。

ただし、海外出張のために支給する旅費、宿泊費は免税あるいは国外仕入れとなるものであり、日当についても原則として課税仕入れとはなりません（消基通11－2－1）。

課税仕入れとなるもの	課税仕入れとならないもの
●通勤手当 ●人材派遣料 ●国内出張に伴い支給する日当	●役員報酬、賞与、退職金 ●従業員給与、賞与、退職金 ●アルバイト料などの雑給 ●出向社員の給与負担金

福利厚生費

慰安旅行費用　国内での慰安旅行費用については課税仕入れとなりますが、温泉旅館などで払う入湯税は課税仕入れとはなりません。

海外への慰安旅行については、国際線の航空運賃は輸出免税の対象となるものであり、課税仕入れとはなりません。また、現地での旅費や宿泊費も国外取引であり、税額控除はできないことになります。ただし、海外旅行であっても空港までの旅費や空港施設利用料については課税仕入れに該当するので、その内訳を区分して処理する必要があります。

慶弔費　現金による祝金、見舞金、香典などは対価性のないものであり、課税仕入れとはなりません。生花や葬儀の際の花輪など、課税物品を購入して贈るような場合には、たとえ贈答目的であっても課税仕入れに該当することになります。

ただし、商品券やビール券などは非課税とされているので課税仕入れとはなりません。

会費・入会金　福利厚生目的でスポーツクラブなどと契約し、会費や入会金を支払った場合には、その会費や入会金の実態は施設の利用料と認められるので課税仕入れとなります。ただし、脱退時に返還することとされている入会金は単なる預け金であり、課税仕入れとはなりません。

健康診断費用　従業員の健康診断料は保険診療の対象となるもので非課税とはならず、課税仕入れに該当します。

社宅の借上料　社宅として転貸することが契約により明らかにされているものは非課税となりますので、社宅の借上料は課税仕入れとはなりません。

課税仕入れとなるもの	課税仕入れとならないもの
●国内での慰安旅行費用 ●生花、花輪などの慶弔費 ●忘年会費、研修会費 ●スポーツクラブなどの会費、入会金 ●健康診断費用	●海外への慰安旅行費用 ●祝金、見舞金、香典などの現金による慶弔費 ●社宅の借上料

旅費交通費

出張旅費・宿泊費　国内出張については課税仕入れとなりますが、海外出張については原則として税額控除はできないことになります。

ただし、海外出張であっても空港までの旅費や空港施設利用料については課税仕入れに該当しますので、その内訳を区分して処理する必要があります。

日当　出張に伴い社員に支給する日当は、212頁で説明したように、現地で要する諸経費の概算払いとして扱われます。したがって、社内規定などに基づく適正な金額であれば、たとえ定額を渡し切りで支給する場合であっても、旅費、宿泊費とともに課税仕入れとして処理することができますが、海外出張に伴うものは、原則として課税仕入れとはなりません。

通勤手当　通勤手当は、従業員が交通機関などを利用し、職場に通うために支給するものです。したがって、給与とともに支給する、あるいは定期券などの現物を支給する場合のいずれであっても、適正な金額であれば課税仕入れに該当することになります。

出張支度金・転勤支度金　出張や転勤のために必要な費用を雇い主が負担する場合の出張支度金や転勤支度金、転勤に伴う引越費用などについては、それが社内規定などに基づく適正金額であれば、たとえ定額を渡し切りで支給する場合であっても課税仕入れとして処理することができます。

回数券など　業務用のバスの回数券などは、原則として課税期間中に使用した金額だけが課税仕入れとなりますが、継続適用を条件として購入時に仕入税額控除の対象とすることが認められています。

課税仕入れとなるもの	課税仕入れとならないもの
●国内出張に伴う旅費、宿泊費、日当 ●通勤手当 ●出張支度金、転勤支度金、転勤に伴う引越費用 ●回数券などの購入費	●海外出張に伴う旅費、宿泊費、日当

通信費

電話料金　国内電話料金は課税仕入れとなりますが、国際電話料金は輸出免税の対象となるものであり、課税仕入れとはなりません。したがって、KDDIに支払う電話料金であっても、その内容を国内電話と国際電話に区分する必要があります。

テレホンカード　業務用のテレホンカードは、原則として課税期間中に使用した度数分だけが課税仕入れとなりますが、継続適用を条件として購入時に仕入税額控除の対象とすることが認められています。

なお、テレホンカードについては、従業員に業務用として配布する場合と取引先などに贈答する目的で購入する場合があります。贈答目的で購入したテレホンカードについては、事業者が自ら使用するものではないので物品切手等の仕入れとして非課税となり、仕入税額控除はできないことになります。テレホンカードの購入費については、業務用か贈答用かにより仕入税額控除の取扱いが異なってくるので注意が必要です（☞106頁）。

郵便切手類　原則として課税期間中に使用した金額だけが課税仕入れとなりますが、継続適用を条件として購入時に仕入税額控除の対象とすることが認められています。法人税の世界では、期末の未使用分を通信費勘定から貯蔵品勘定に振り替えなければなりませんが、消費税の世界では、貯蔵品に振り替えた金額も含めて、購入時点での税額控除が認められています。

国際郵便料金は輸出免税の対象となるものであり、課税仕入れとはなりません。したがって、郵便切手を使用して国際郵便を利用した場合には、その金額は郵便切手の購入代金からマイナスして課税仕入れ等の金額を把握する必要があるわけです。

課税仕入れとなるもの	課税仕入れとならないもの
●国内電話料金 ●業務用テレホンカード代 ●国内郵便料金（切手の購入費）	●国際電話料金 ●国際郵便料金

交際費

接待費　接待飲食費や接待ゴルフ費用、ゴルフ場の年会費などは課税仕入れとなりますが、ゴルフ場利用税は課税仕入れとはなりません。なお、料亭などを接待で利用した場合には、仲居さんに対するチップも交際費となりますが、チップは対価性のないものであり、課税仕入れとはなりません。

慶弔費　現金による祝金、見舞金、香典などは対価性のないものであり、課税仕入れとはなりません。生花や葬儀の際の花輪など、課税物品を購入して贈るような場合には、たとえ贈答目的であっても課税仕入れに該当することになります。ただし、商品券やビール券などは非課税とされているので課税仕入れとはなりません。

記念行事費用　得意先を招待し、新年会などを開催した際の費用は課税仕入れとなります。

なお、招待客から祝儀金を収受した場合には、その祝儀金は対価性のないものであり、課税対象外収入となりますが、この祝儀金を交際費と相殺することはできないので注意が必要です。新年会の開催費用の全額を交際費として処理し、祝儀金は雑収入として処理することになります。

使途不明金など　仕入税額控除の適用を受けるためには、法定事項が記載された帳簿および請求書等を確定申告期限から７年間保存することが要件とされているので、使途不明金や渡切交際費など、その内容が明らかでないものは当然に仕入税額控除の対象とすることはできません（消基通11－2－23）。

控除対象外消費税額等　法人税法上、税抜経理を採用した場合に発生した控除対象外消費税額等のうち、交際費等にかかるものは支出交際費等に加算したところで損金算入限度額を計算することとされています。

課税仕入れとなるもの	課税仕入れとならないもの
●接待飲食費 ●接待ゴルフ費用、ゴルフ場の年会費 ●生花、花輪代などの慶弔費 ●記念行事費用	●祝金、見舞金、香典などの現金による慶弔費 ●使途不明金、渡切交際費など

広告宣伝費・寄付金

広告宣伝費　新聞、雑誌などへの広告掲載料やチラシの作成費用、新聞折込広告料、試供品の制作費用など、広告宣伝費は基本的に課税仕入れとなります。

一般消費者に対する懸賞金　広告宣伝の一環として、抽選などにより一般消費者に懸賞金を交付するような場合には、その懸賞金は対価性のないものであり、課税仕入れとはなりません。ただし、課税物品を景品として交付する場合には、その景品の購入費は課税仕入れとなります。

贈答用のプリペイドカード　プリペイドカードについては、従業員に業務用として配布する場合と取引先などに贈答する目的で購入する場合があります。贈答目的で購入したプリペイドカードについては、これを購入した事業者が自ら使用するものではないので物品切手等の仕入れとして非課税となり、仕入税額控除はできないことになります。

プリペイドカードの購入費については、業務用か贈答用かにより仕入税額控除の取扱いが異なってきますので注意が必要です。なお、無地のテレホンカードを購入し、これに社名を印刷して取引先などに贈与する場合には、テレホンカードの購入費用は非課税仕入れであり、社名印刷代だけが課税仕入れとなります。

課税仕入れとなるもの	課税仕入れとならないもの
●新聞、雑誌などへの広告料 ●チラシの作成料、新聞折込料 ●試供品などの制作費用	●一般消費者に対する懸賞金 ●贈答用プリペイドカードの購入費用

寄付金　金銭による寄付金は対価性のないものであり、課税仕入れとはなりませんが、課税物品を購入し、現物で寄付をするような場合には、その物品の購入費は課税仕入れとなります。

課税仕入れとなるもの	課税仕入れとならないもの
●課税物品を購入し、寄付をした場合の物品の購入費	●金銭による寄付金

荷造運送費

運送費　国内運送費は課税仕入れとなりますが、国際運送費は輸出免税の対象となるものであり、課税仕入れとはなりません。

荷造材料費　運送のための梱包材料費については、たとえ輸出用の貨物にかかるものであってもすべて課税仕入れとなります。

燃料費　自社で国内運送をする場合のガソリン代、軽油代などの燃料費は課税仕入れとなりますが、軽油代とともに支払う軽油引取税は課税仕入れとはなりません。

通関業務料金など　貨物の通関手続を業者に委託する場合の通関業務料金は、外国貨物にかかる役務の提供として輸出免税の対象となるものであり、課税仕入れとはなりません。また、保税地域内で要する貨物の荷役費や運送費、保管料なども輸出免税の対象となるものであり、課税仕入れには該当しないことになります。

◉輸出に伴う諸費用の取扱い◉

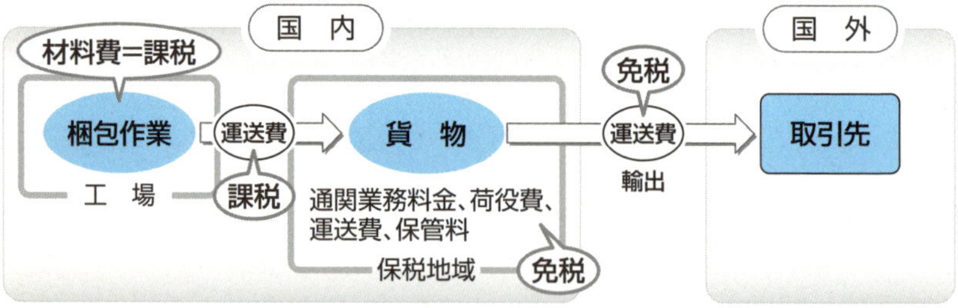

課税仕入れとなるもの	課税仕入れとならないもの
●荷造材料費 ●荷造業者に対する梱包費用 ●運送業者に対する国内運送費 ●ガソリン代、軽油代などの燃料費	●国際運送費 ●輸出入貨物にかかる通関業務料金、保税地域内での荷役費、運送費、保管料など

賃借料

店舗・事務所などの家賃　貸店舗、事務所など、住宅以外の建物の賃貸は非課税とはならないのでその家賃は課税仕入れとなります。家賃とともに定額で支払う共益費や契約時に支払う礼金も課税仕入れになりますが、退去時に返還される保証金などは単なる預け金であり、税額控除はできません。

保証金の償却　契約に基づく保証金の償却額は家賃と同様に扱われます。保証金の償却額については、その契約内容に応じ、返還されないことが確定した時点で課税の対象となるので、店舗、事務所など居住用以外の物件であれば、返還不要が確定した時点で課税仕入れとして処理することになります。

社宅の借上料　社宅として転貸することが契約により明らかにされているものは非課税となるので、社宅の借上料は課税仕入れとはなりません。

駐車場の使用料　駐車場の使用料は施設の貸付けにかかる対価であり、原則として課税仕入れとなります。ただし、駐車場としての地面の整備やフェンス、区画、建物の設置などをしていない、いわゆる青空駐車場についてだけは非課税となる土地の貸付けに含まれることとされています。したがって、青空駐車場の使用料は課税仕入れとはなりません（消基通6－1－5（注）1）。

地代　更地の貸付けは非課税となります。ただし、1か月未満の短期貸付けの場合には非課税とはならないので、支払サイドでは土地の賃借料であっても課税仕入れとして処理することができます。

リース料　事務機器などのリース料については基本的に課税仕入れとなりますが、ファイナンスリースなどでは契約により月々の支払金額の内訳に金利と保険料が含まれているケースがあります。この場合の金利、保険料は非課税となるので課税仕入れとはなりません。

課税仕入れとなるもの	課税仕入れとならないもの
●事務所、店舗などの家賃 ●駐車場の使用料 ●事務機器などのリース料	●地代 ●社宅の借上料

支払手数料

税理士・司法書士などの報酬　税理士や司法書士の報酬は課税仕入れとなりますが、司法書士の請求金額に含まれている印紙代などの立替金は課税仕入れとならないので注意が必要です。

送金手数料　国内間での送金手数料は課税仕入れとなりますが、海外への送金手数料は非課税であり、課税仕入れとはなりません。

外貨への両替手数料　いわゆる為替手数料は非課税とされているので、課税仕入れとはなりません。

行政手数料　住民票、印鑑証明書、固定資産税課税台帳などの発行手数料は非課税とされているので、課税仕入れとはなりません。

クレジット手数料　カード加盟店が売掛債権を信販会社に譲渡する際に発生するクレジット手数料は債権売却損です。

たとえば、下図のように、100円の売掛債権を10%の手数料を支払って換金する場合には、信販会社では儲けの10円が非課税売上高となり、販売店の支払う手数料10円は課税仕入れとはなりません。

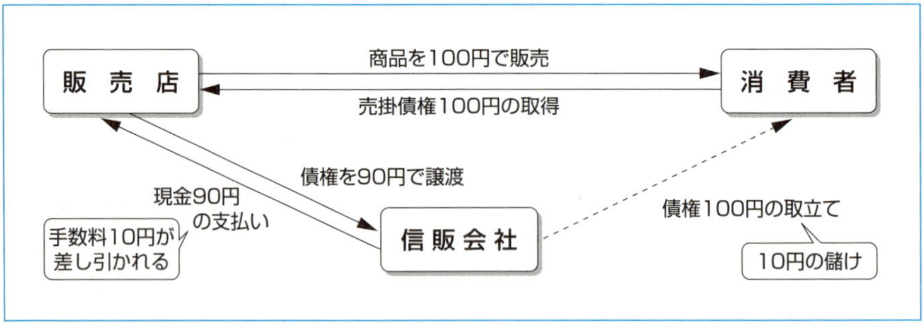

課税仕入れとなるもの	課税仕入れとならないもの
●税理士・司法書士などの報酬 ●国内間の送金手数料 ●販売手数料、代理店手数料	●海外への送金手数料 ●外貨への両替手数料 ●行政手数料 ●クレジット手数料

諸会費・その他の販管費

諸会費　同業者団体に支払う通常会費などについては、明確な対価関係がないことから原則として課税仕入れとはなりません。これに対し、名目が会費等とされている場合であっても、その内容が実質的に出版物の購読料、映画・演劇等の入場料、職員研修の受講料または施設の利用料等と認められる場合には、その会費等は課税仕入れとなります。なお、課税の対象とならない会費等の場合には、これを収受する同業者団体等は、その旨を会費等の支払者（構成員）に通知することが義務づけられているので、支払通知書などを確認したうえで課税区分を判断する必要があります（消基通5－5－3）。

その他の販管費　その他の販管費のうち、課税仕入れになるものとならないものについて大まかに確認してみましょう。

課税仕入れとなるもの	課税仕入れとならないもの
●修繕費、消耗品費、水道光熱費、新聞図書費、会議費、研修費など	●支払利息割引料、保険料、法定福利費、信用保証料、物上保証料 上記の費用は、非課税であることから課税仕入れとはなりません。 雇用主負担の健康保険料や厚生年金保険料、雇用保険や労災保険などの労働保険料を総称して「法定福利費」といいます。 信用保証料と物上保証料は、その実態が保険料であることからともに非課税とされています。 ●減価償却費、引当金繰入額、○○売却損、○○評価損、棚卸減耗損 上記の費用は、会計あるいは税務上の処理として計上されるものであり、課税仕入れとは本質的に異なるものです。 ●租税公課、罰金、反則金、損害賠償金など 税金や罰金などの支払いは、法令に基づいて行われるものであり、課税仕入れとは本質的に異なるものです。なお、損害賠償金については、その実態に基づき課税区分を判断することに注意してください。

資産の取得

課税仕入れとなるものは費用だけではありません。課税資産を購入した場合には、その資産の取得も課税仕入れとなります。所得税、法人税においては、固定資産の取得価額はその耐用年数に応じ、減価償却費として毎期費用配分するわけですが、消費税には期間損益計算という概念がないので、どんなに高額な資産であろうと、また、耐用年数が何年であろうとも、購入時にその全額が仕入れとして認識されることになります。

また、車両の買換えなどをする際に、中古車両を下取りに出し、下取金額と新車の購入代金とを相殺して決済することがありますが、このような場合であっても下取金額を新車の取得価額と相殺して処理することはできません。

中古車両の下取金額は課税売上高として処理をし、新車の取得については下取金額を控除する前の価額で課税仕入高を認識することになります。

課税仕入れとなるもの	課税仕入れとならないもの
●建物、機械などの土地以外の固定資産 中古物件の購入に際し、固定資産税等の清算金を支払った場合には、その固定資産税等の清算金は建物の取得価額に含めることとされています。 ●特許権などの無形固定資産 ただし、国外で登録されたものなどについては国内取引に該当しないケースもありますので注意が必要です。 ●電話加入権 ●ゴルフ会員権、レジャークラブなどの入会金など ただし、脱退時に返還される入会金は課税仕入れとはなりません。	●土地、有価証券などの非課税資産 ●保険積立金、敷金、保証金、建設仮勘定、前払金、立替金など 単なる預け金あるいは前払金であり、課税仕入れとはなりません。

12

消費税関係の主な書式とそのポイント

●第３章「納税義務者」に関する書式

1　消費税課税事業者届出書

第３号様式

1	1	0

消費税課税事業者届出書

収受印

平成　年　月　日 ＿＿＿＿税務署長殿	届出者	（フリガナ）	
		納税地	（〒　－　） （電話番号　－　－　）
		（フリガナ）	
		住所又は居所 （法人の場合）本店又は主たる事務所の所在地	（〒　－　） （電話番号　－　－　）
		（フリガナ）	
		名称（屋号）	
		（フリガナ） 氏名 （法人の場合）代表者氏名	㊞
		（フリガナ） （法人の場合）代表者住所	（電話番号　－　－　）

> この届出書の提出期限は定められていません。ただし、課税事業者となる課税期間を適正に把握するために、前年あるいは前期の課税売上高により、翌年あるいは翌期の納税義務の有無を確認し、課税事業者となる場合には遅滞なく届出書を提出するように心掛けてください。

下記のとおり、基準期間における課税売上高が1,000万円を超えることとなったので、消費税法第57条第１項第１号の規定により届出します。

> 個人事業者は前々年、法人は原則として前々事業年度を記載します。

適用開始課税期間	自　平成　年　月　日　至　平成　年　月　日				
上記期間の基準期間	自　平成　年　月　日 至　平成　年　月　日	左記期間の総売上高	円		
		左記期間の課税売上高	円		
事業内容等	生年月日（個人）又は設立年月日（法人）	1明治・2大正・3昭和・4平成 年　月　日	法人のみ記載	事業年度	自　月　日　至　月　日
				資本金	円
	事業内容		届出区分	相続・合併・分割等・その他	
参考事項		税理士署名押印	㊞ （電話番号　－　－　）		

> 基準期間が１年でない法人は年換算した金額を記載します。また、この金額が1,000万円を超えることを念のため確認してください。

※税務署処理欄					
整理番号		部門番号			
届出年月日	年　月　日	入力処理	年　月　日	台帳整理	年　月　日

注意　1　裏面の記載要領等に留意の上、記載してください。
　　　2　※印欄は、記載しないでください。

●第3章「納税義務者」に関する書式

2 相続・合併・分割等があったことにより課税事業者となる場合の付表

第4号様式

相続・合併・分割等があったことにより課税事業者となる場合の付表

（収受印）

届出者	納税地	
	氏名又は名称	印

① 相続の場合 （分割相続 有・無）

被相続人の	納税地	所轄署（ ）
	氏名	
	事業内容	

② 合併の場合 （設立合併・吸収合併）

i 被合併法人の	納税地	所轄署（ ）
	名称	
	事業内容	
ii 被合併法人の	納税地	所轄署（ ）
	名称	
	事業内容	

③ 分割等の場合 （新設合併・現物出資・事後設立・吸収分割）

i 分割親法人の	納税地	所轄署（ ）
	名称	
	事業内容	
ii 分割親法人の	納税地	所轄署（ ）
	名称	
	事業内容	

基準期間の課税売上高

課税事業者となる課税期間の基準期間		自 平成 年 月 日 至 平成 年 月 日
上記期間の	① 相続人 ② 合併法人 の課税売上高 ③ 分割子法人	円
	① 被相続人 ② 被合併法人 の課税売上高 ③ 分割親法人	円
	合計	円

注意 1. 相続により事業場ごとに分割承継した場合は、自己の相続した事業場に係る部分の被相続人の課税売上高を記入してください。
2. ①、②及び③のかっこ書については該当する項目を○で囲ってください。
3. 「分割親法人」とは、分割等を行った法人をいい、「分割子法人」とは、新設分割、現物出資又は事後設立により設立された法人若しくは吸収分割により営業を承継した法人をいいます。

●第3章「納税義務者」に関する書式

3　消費税の納税義務者でなくなった旨の届出書

第5号様式

1 1 5

消費税の納税義務者でなくなった旨の届出書

収受印

平成　年　月　日	届出者	（フリガナ）	
		納 税 地	（電話番号　　）
		（フリガナ）	
		氏名又は名称及び代表者氏名	㊞
＿＿＿＿＿税務署長殿			

この届出書の提出期限は定められていません。ただし、免税事業者となる課税期間を適正に把握するために、前年あるいは前期の課税売上高により、翌年あるいは翌期の納税義務の有無を確認し、免税事業者となる場合には遅滞なく届出書を提出するように心掛けてください。

下記のとおり、納税義務がなくなりましたので、消費税法第57条第……す。

個人事業者は前々年、法人は原則として前々事業年度を記載します。

①	この届出の適用開始課税期間	自 平成　年　月　日　至 平成　年　月　日
②	①の基準期間	自 平成　年　月　日　至 平成　年　月　日
③	②の課税売上高	円
納税義務者となった日		平成　年　月　日
参考事項		
税理士署名押印		㊞ （電話番号　―　―　）

基準期間が1年でない法人は年換算した金額を記載します。また、この金額が1,000万円以下であることを念のため確認してください。

※税務署処理欄	整理番号		部門番号		
	届出年月日	年　月　日	入力処理	年　月　日	台帳整理　年　月　日

注意　1　裏面の記載要領等に留意の上、記載してください。
　　　2　※印欄は、記載しないでください。

●第3章「納税義務者」に関する書式

4　事業廃止届出書

第6号様式

事　業　廃　止　届　出　書

収受印

平成　年　月　日 ＿＿＿＿税務署長殿	届 出 者	（フリガナ） 納　税　地	（〒　－　） （電話番号　－　）
		（フリガナ） 氏名又は 名称及び 代表者氏名	印

下記のとおり、事業を廃止したので、消費税法第57条第1項第3号の規定により届出します。

事業廃止年月日	平成　年　月　日
納税義務者となった年月日	平成　年　月　日
参考事項	
税理士署名押印	印 （電話番号　－　－　）

※税務署処理欄	整理番号		部門番号				
	届出年月日	年　月　日	入力処理	年　月　日	台帳整理	年　月　日	

注意　1．裏面の記載要領等に留意の上、記載してください。
　　　2．※印欄は、記載しないでください。

課税事業者である個人事業者が法人成りにより廃業したような場合に提出します。

個人事業者については、棚卸資産が現存する期間中は一般的に廃業とは認められないものと解されています。

５　消費税の新設法人に該当する旨の届出書

第10-(2)号様式

消費税の新設法人に該当する旨の届出書

収受印

平成　年　月　日	届出者	(フリガナ) 納税地	(〒　－　)
		(フリガナ) 本店又は主たる事務所の所在地	(〒
		(フリガナ) 名称	
		(フリガナ) 代表者氏名	印
＿＿＿＿税務署長殿		(フリガナ) 代表者住所	(電話番号　－　－　)

下記のとおり、消費税法第12条の２第１項の規定による新設法人に該当することとなったので、消費税法第57条第２項の規定により届出します。

消費税の新設法人に該当することとなった事業年度開始の日		平成　年　月　日
上記の日における資本金の額又は出資の金額		
事業内容等	設立年月日	平成　年　月　日
	事業年度	自　月　日　至　月　日
	事業内容	
参考事項		「消費税課税期間特例選択・変更届出書」の提出の有無【有（・・）・無】
税理士署名押印		印 番号　－　－　)

※税務署処理欄	整理番号		部門番号		
	届出年月日	年　月　日	入力処理	年　月　日	台帳整理　年　月　日

注意　１．裏面の記載要領等に留意の上、記載してください。
　　　２．※印欄は、記載しないでください。

法人設立届出書（次頁）に「消費税の新設法人に該当することとなった事業年度開始の日」を記載しておけば、この届出書の提出は必要ありません。ただし、新設法人が設立事業年度中に増資をしたことにより、設立事業年度の翌事業年度から課税事業者となるようなケースでは、この届出書の提出が必要となりますので注意してください。

期首の資本または出資の金額が1,000万円未満の新設法人は、新設法人の特例規定は適用されません。

●第3章「納税義務者」に関する書式

6　法人設立・設置届出書

法人 設立／設置 届出書

受付印

※整理番号

平成　年　月　日 税務署長殿 新たに法人を 設立／設置 したので届け出ます。	(フリガナ) 法人名	
	(フリガナ) 本店又は主たる事務所の所在地	〒　ビル名等 電話(　)　―
	納税地	〒 電話(　)　―
	(フリガナ) 代表者氏名	㊞
	代表者住所	〒 電話(　)　―
	(フリガナ) 送付先・連絡先	〒　ビル名等 電話(　)　―　同上(納税地・代表者住所)

設立／設置 年月日	平成　年　月　日	事業年度	(自)　月　日　(至)　月　日		
資本等の金額	資本金又は出資金の額　円	地方税の申告期限の延長の処分(承認)の有無	事業税	有・無　・　・	の事業年度から　月間
	資本積立金額　円		住民税	有・無　・　・	の事業年度から　月間
	合計額　円	消費税の新設法人に該当することとなった事業年度開始の日	平成　年　月　日		
事業の目的	(定款等に記載しているもの)	従業者総数　人	市内従業者数　人		
		名称	所在地	設置年月日	
			電話(　)　―	・　・	
			電話(　)　―	・　・	
			電話(　)　―		
設立の形態	1 …した法人　2 合併により設立し…　3 新設分割により設立した法人(□分割型・□分社型・□…)　4 現物出資により設立した法人　5 その他(				
設立形態が1～4である場合の設立前の個人企業、合併により消滅した法人、分割法人又は出資者の状況	事業主の氏名、合併により消滅した法人の名称、分割法人の名称又は出資者の氏名、名称	納税地			
合併等期日	平成　年　月　日	適格区分	適格・その他		
事業開始(見込)年月日	平成　年　月　日				
「給与支払事務所等の開設届出書」提出の有無	有・無				

届出内容に該当する□にチェックをしてください。
□ 当該区市町村の事務所等が本店の法人
□ 当該区市町村の事務所等が支店の法人
□ 当該区市町村にのみ事務所等を有する法人

添付書類
1 定款等の写し
2 登記簿謄本(履歴事項全部証明書)
3 株主等の名簿
4 現物出資者名簿
5 設立趣意書
6 設立時の貸借対照表
7 合併契約書の写し
8 分割計画書の写し
9 その他(　)

関与税理士	氏名	事務所所在地	〒 電話(　)　―

設立した法人が連結子法人である場合	連結親法人名		決算期
	連結親法人の納税地	〒 電話(　)　―	所轄税務署
	「完全支配関係を有することとなった旨等を記載した書類」の提出年月日	連結親法人　年　月　日	連結子法人　年　月　日

税理士署名押印	㊞

※ 税務署処理欄	部門		決算期		業種番号		入力		名簿

その1(税務署提出用)

※届出については、それぞれの機関へ提出してく…

(国税局・東京都・市町村統一様式用)

法人設立届出書は、資本金または出資金の額に関係なく、提出が必要となります。

この欄に設立年月日を記載しておけば、「新設法人に該当する旨の届出書」(前頁)を提出する必要はありません。

7　消費税課税事業者選択届出書

第1号様式

消費税課税事業者選択届出書

収受印

平成　　年　　月　　日	届	（フリガナ） 納税地	（〒　　－　　） （電話番号　　－　　－　　）
		（フリガナ） 住所又は居所 （法人の場合）本店又は主たる事務所の所在地	（〒　　－　　） （電話番号　　－　　－　　）
		（フリガナ） 名称（屋号）	
		（フリガナ） 氏名 （法人の場合）代表者氏名	印
		（フリガナ） （法人の場合） 代表者住所	（電話番号　　－　　－　　）

下記のとおり、納税義務の免除の規定の適用を受けないことについて、消費税法第9条第4項の規定により届出します。

適用開始課税期間	自　平成　　年　　月　　日　　至　平成　　年　　月　　日		
上記期間の基準期間	自　平成　　年　　月　　日 至　平成　　年　　月　　日	左記期間の総売上高	円
		左記期間の課税売上高	円

事業内容等	生年月日（個人）又は設立年月日（法人）	1明治・2大正・3昭和・4平成 年　　月　　日	法人のみ記載	事業年度	自　　月　　日　至　　月　　日
				資本金	円
	事業内容		届出区分	事業開始・設立・相続・合併・分割・特別会計・その他	
参考事項			税理士署名押印	（　　）	

※税務署処理欄	整理番号		部門番号			
	届出年月日	年　月　日	入力処理	年　月　日	台帳整理	年　月　日
	通信日付印	年　月　日	確認印			

注意　1．裏面の記載要領等に留意の上、記載してください。
　　　2．※印欄は、記載しないでください。

資本金が1,000万円未満の新設法人が設立事業年度の翌事業年度から課税事業者を選択する場合などは、適用開始課税期間の記載誤りに注意してください。

基準期間が1年でない法人は年換算した金額を記載します。

●第3章「納税義務者」に関する書式

8　消費税課税事業者選択不適用届出書

第２号様式

消費税課税事業者選択不適用届出書

収受印

平成　年　月　日 ＿＿＿＿税務署長殿	届出者	（フリガナ） 納税地	（〒　－　）
		（フリガナ） 氏名又は名称及び代表者氏名	

下記のとおり、課税事業者を選択することをやめ……届出します。

①	この届出の適用開始課税期間	自 平成　年　月　日　至 平成　年　月　日
②	①の基準期間	自 平成　年　月　日　至 平成　年　月　日
③	②の課税売上高	円
課税事業者となった日		平成　年　月　日
事業を廃止した場合の廃止した日		平成　年　月　日
提出要件の確認		課税事業者となった日から２年を経過する日までの間に開始した各課税期間中に調整対象固定資産の課税仕入れ等を行っていない。　はい □ ※ この届出書を提出した課税期間が、課税事業者となった日から２年を経過する日までに開始した各課税期間である場合、この届出書提出後、届出を行った課税期間中に調整対象固定資産の課税仕入れ等を行うと、原則としてこの届出書の提出はなかったものとみなされます。詳しくは、裏面をご確認ください。
参考事項		
税理士署名押印		印 （電話番号　－　－　）

※税務署処理欄						
整理番号		部門番号				
届出年月日	年　月　日	入力処理	年　月　日	台帳整理	年　月　日	
通信日付印	年　月　日	確認印				

注意　1．裏面の記載要領等に留意の上、記載してください。
　　　2．※印欄は、記載しないでください。

基準期間の課税売上高が1,000万円を超える場合には、たとえ「課税事業者選択不適用届出書」を提出しても納税義務は免除されません。この場合において、「課税事業者選択不適用届出書」を提出する場合には、あわせて「課税事業者届出書」（☞224頁）も提出する必要があることに注意してください。

課税期間が1年サイクルの事業者は、課税事業者を選択した最初の課税期間中にこの届出書を提出することはできません。

平成22年度改正（☞70頁）

9　消費税課税事業者選択（不適用）届出に係る特例承認申請書

別紙様式１

消費税課税事業者選択(不適用)
届出に係る特例承認申請書

収受印

平成　年　月　日 ＿＿＿＿税務署長殿	申請者	（フリガナ）	
		納　税　地	（〒　－　） （電話番号　－　－　）
		（フリガナ）	
		氏名又は名称及び代表者氏名	印

下記のとおり、消費税法施行令第20条の２第１［…］けたいので申請します。

届出日の特例の承認を受けようとする届出書の種類	□　①　消費税課税事業者選択届出書 □　②　消費税課税事業者選択不適用届出書 【届出書提出年月日　：　平成　年　月　日】
特例規定の適用を受けようとする（受けることをやめようとする）課税期間の初日及び末日	自　平成　年　月　日　　至　平成　年　月　日 （②の届出の場合は初日のみ記載します。）
上記課税期間の基準期間における課税売上高	円
上記課税期間の初日の前日までに提出できなかった事情	
事業内容等	印
参考事項	）

※　上記の申請について、消費税法施行令第20［…］規定の適用を受けようとする（受けることをやめよ［…］）に提出されたものとすることを承認します。

＿＿＿＿第＿＿＿＿号

平成＿＿年＿＿月＿＿日

＿＿＿＿税務署長＿＿＿＿＿＿＿＿印

※税務署処理欄									
整理番号		台帳整理	年　月　日	確認印		入力処理	年　月　日	確認印	
申請年月日	年　月　日	みなし届出年月日	年　月　日	届出区分		部門番号			

注意１　この申請書は、２通提出してください。
　　２　※印欄は記載しないでください。

災害に伴う申請の場合には災害がやんでから2か月以内に、個人事業者で年末に相続が発生した場合には、その翌年2月末日までに申請する必要があります。

災害が発生した場合と個人事業者で年末に相続が発生した場合に申請が認められています。なお、この申請書とともに「課税事業者選択届出書」あるいは「課税事業者選択不適用届出書」も提出することとされていますので注意してください。

●第５章「仕入税額控除」に関する書式

10　消費税課税売上割合に準ずる割合の適用承認申請書

第22号様式

1	5	0

消費税課税売上割合に準ずる割合の適用承認申請書

収受印

平成　年　月　日	申請者	（フリガナ）	
		納税地	（〒　－　）
			（電話番号　－　－　）
		（フリガナ）	
＿＿＿＿税務署長殿		氏名又は名称及び代表者氏名	㊞

下記のとおり、消費税法第30条第３項第２号に規定する課税売上割合に準ずる割合の適用の承認を受けたいので、申請します。

採用しようとする計算方法			
その計算方法が合理的である理由			
本来の課税売上割合	（課税資産の譲渡等の対価の額の合計額）　円 （資産の譲渡等の対価の額の合計額）　円	左記の割合の算出期間	自 平成　年　月　日 至 平成　年　月　日
参考事項			
税理士署名押印	（電話番号　－　－　）　㊞		

上記の計算方法につき消費税法第30条第３項第２号の規定により承認します。

＿＿＿第＿＿＿号

平成＿＿年＿＿月＿＿日　　＿＿＿＿＿税務署長＿＿＿＿＿

※税務署処理欄	整理番号		台帳整理	年　月　日	確認印		入力処理	年　月　日	確認印	
	申請年月日	年　月　日	適用開始日	年　月　日	部門番号					

注意　1　この申請書は、裏面の記載要領等に留意の上、２通提出してください。
　　　2　※印欄は、記載しないでください。

この申請書は、課税売上割合に準ずる割合を採用しようとする課税期間中に提出して承認を受ける必要があります。

申請書を提出する課税期間の直前の課税期間における課税売上割合を記載します。

申請書を提出する課税期間の直前の課税期間を記載します。

11　消費税課税売上割合に準ずる割合の不適用届出書

第23号様式

1　5　5

消費税課税売上割合に準ずる割合の不適用届出書

収受印

平成　年　月　日	届出者	（フリガナ）	
		納税地	（〒　－　） （電話番号　－　－　）
		（フリガナ）	
＿＿＿＿税務署長殿		氏名又は名称及び代表者氏名	㊞

この届出書を提出した場合には、提出日の属する課税期間から課税売上割合に準ずる割合の効力は失効することになります。

下記のとおり、課税売上割合に準ずる割合の適用をやめたいので、消費税法第30条第３項の規定により届出します。

承認を受けている計算方法	
承認年月日	平成　年　月　日
この届出の適用開始日	平成　年　月　日
参考事項	
税理士署名押印	㊞ （電話番号　－　－　）

この届出書を提出した課税期間の初日の年月日を記載します。

※税務署処理欄							
整理番号		台帳整理	年　月　日	確認印	入力処理	年　月　日	確認印
届出年月日	年　月　日	郵便官署消印	年　月　日	確認印	部門番号		

注意　1．裏面の記載要領等に留意の上、記載してください。
　　　2．※印欄は、記載しないでください。

●第７章「簡易課税制度」に関する書式

12　消費税簡易課税制度選択届出書

第24号様式

消費税簡易課税制度選択届出書

収受印

平成　年　月　日	届出者	（フリガナ）	
		納税地	（〒　－　） （電話番号　－　－　）
		（フリガナ）	
＿＿＿＿税務署長殿		氏名又は名称及び代表者氏名	印

> 資本金が1,000万円以上の新設法人は、設立事業年度末までにこの届出書を提出することにより、設立事業年度あるいはその翌事業年度のどちらからでも簡易課税制度の適用を受けることができます。なお、この場合には、適用開始課税期間の記載を誤らないよう注意してください。

下記のとおり、消費税法第37条第１項に規定する簡易課税制度の適用を受けたいので、届出します。

①	適用開始課税期間	自　平成　年　月　日　　至　平成　年　月　日
②	①の基準期間	自　平成　年　月　日　　至　平成　年　月　日
③	②の課税売上高	円
事業内容等		（事業の内容） （事業区分）

> 基準期間が１年でない法人は年換算した金額を記載します。

提出要件の確認	次のイ又はロの場合に該当する （「はい」の場合のみ、イ又はロの項目を記載してください。）		はい □	いいえ □
	イ　消費税法第９条第４項の規定により課税事業者を選択している場合	課税事業者となった日	平成　年　月　日	
		課税事業者となった日から２年を経過する日までの間に開始した各課税期間中に調整対象固定資産の課税仕入れ等を行っていない。	はい □	
	ロ　消費税法第12条の２第１項に規定する「新設法人」に該当する（該当していた）場合	設立年月日	平成　年　月　日	
		基準期間がない事業年度に含まれる各課税期間中に調整対象固定資産の課税仕入れ等を行っていない。	はい □	
	※　この届出書を提出した課税期間が、上記イ又はロに記載の各課税期間である場合、この届出書提出後、届出を行った課税期間中に調整対象固定資産の課税仕入れを行うと、原則としてこの届出の提出はなかったものとみなされます。詳しくは、裏面をご確認ください。			
参考事項				
税理士署名押印	印 （電話番号　－　－　）			

> 平成22年度改正（☞152頁）

> （事業区分）の欄は予定されている事業の種類を記載しますので、申告時の事業と異なることとなっても問題ありません。

※税務署処理欄	整理番号		部門番号			
	届出年月日	年　月　日	入力処理	年　月　日	台帳整理	年　月　日
	通信日付印	年　月　日	確認印			

注意　１．裏面の記載要領等に留意の上、記載してください。
　　　２．※印欄は、記載しないでください。

13　消費税簡易課税制度選択不適用届出書

第25号様式

消費税簡易課税制度選択不適用届出書

収受印

平成　年　月　日 ＿＿＿＿税務署長殿	届 出 者	（フリガナ） 納　税　地	（〒　－　） －　）
		（フリガナ） 氏名又は 名称及び 代表者氏名	印

簡易課税適用事業者が設備投資などについて還付を受けようとする場合には、設備投資などがある課税期間が始まる前までにこの届出書を提出する必要があります。

下記のとおり、簡易課税制度をやめたいので、消費税法第37条第４項の規定により届出します。

①	この届出の適用開始課税期間	自　平成　年　月　日　　至　平成　年　月　日
②	①の基準期間	自　平成　年　月　日　　至　平成　年　月　日
③	②の課税売上高	円
簡易課税制度の適用開始日		平成　年　月　日
事業を廃止した場合の廃止した日		平成　年　月　日
参考事項		
税理士署名押印		（電話番号　－　－　）

課税期間が１年サイクルの事業者は、簡易課税制度の適用を受けた最初の課税期間中にこの届出書を提出することはできません。

※税務署処理欄	整理番号		部門番号			
	届出年月日	年　月　日	入力処理	年　月　日	台帳整理	年　月　日
	通信日付印	年　月　日	確認印			

注意　１．裏面の記載要領等に留意の上、記載してください。
　　　２．※印欄は、記載しないでください。

●第7章「簡易課税制度」に関する書式

14　消費税簡易課税制度選択（不適用）届出に係る特例承認申請書

別紙様式2

消費税簡易課税制度選択(不適用)
届出に係る特例承認申請書

収受印

平成　年　月　日 ＿＿＿＿＿税務署長殿	申請者	（フリガナ）	
		納税	（電話番号　－　－　）
		（フリガ	
		氏名又は名称及び代表者氏名	㊞

> 災害に伴う申請の場合には災害がやんでから2か月以内に、個人事業者で年末に相続が発生した場合には、その翌年2月末日までに申請する必要があります。

下記のとおり、消費税法施行令第57条の2第1項又は第2項に規定する届出に係る特例の承認を受けたいので申請します。

届出日の特例の承認を受けようとする届出書の種類	□ ①　消費税簡易課税制度選択届 □ ②　消費税簡易課税制度選択不 【届出書提出年月日 ： 平成
特例規定の適用を受けようとする（受けることをやめようとする）課税期間の初日及び末日	自　平成　年　月 （②の届出の場合
上記課税期間の基準期間における課税売上高	円
上記課税期間の初日の前日までに提出できなかった事情	
事業内容等	（①の届出の場合の営む事業の種類）
参考事項	
税理士署名押印	㊞ （電話番号　－　－　）

> 災害が発生した場合と個人事業者で年末に相続が発生した場合に申請が認められています。なお、この申請書とともに「簡易課税制度選択届出書」あるいは「簡易課税制度選択不適用届出書」も提出することとされていますので注意してください。

※　上記の申請について、消費税法施行令第57条の2第1項又は第2項の規定により、上記の届出書が特例規定の適用を受けようとする（受けることをやめようとする）課税期間の初日の前日（平成　年　月　日）に提出されたものとすることを承認します。

＿＿＿第＿＿＿号

平成＿年＿月＿日

＿＿＿＿税務署長＿＿＿＿＿＿㊞

※税務署処理欄							
整理番号		台帳整理	年　月　日	確認印	入力処理	年　月　日	確認印
申請年月日	年　月　日	みなし届出年月日	年　月　日	届出区分	部門番号		

注意1　この申請書は、2通提出してください。
　　2　※印欄は記載しないでください。

15　災害等による消費税簡易課税制度選択(不適用)届出に係る特例承認申請書

第35号様式

災害等による消費税簡易課税制度選択（不適用）届出に係る特例承認申請書

（災　害）

収受印

平成　年　月　日	申請者	（フリガナ）	
		納税地	（〒　　　）
		（フリガナ）	
＿＿＿＿税務署長殿		氏名又は名称及び代表者氏名	

下記のとおり、消費税法第37条の２第１項又は第…受けたいので申請します。

届出日の特例の承認を受けようとする届出書の種類	□　①　消費税簡易課税制度選択届出書 □　②　消費税簡易課税制度選択不適用届出書
選択被災課税期間又は不適用被災課税期間	自　平成　年　月　日　至　平成　年　月　日 （…場合は初日のみ記載します。）
上記課税期間の基準…における課税売…	円
イ　発生した災害その…得ない理由	
ロ　被害の状況	
ハ　被害を受けたこ…特例規定の適用を…ことが必要となっ…	
ニ　災害等の生じた日及び災害等のやんだ日	ニ　（生じた日）平成　年　月　日　（やんだ日）平成　年　月　日
事業内容等	（①の届出の場合の営む事業の種類）
参考事項	

税理士署名押印	印 （電話番号　－　－　）

※　上記の申請について、消費税法第37条の２第１項又は第６項の規定により、上記の届出書が特例規定の適用を受けようとする（受けることをやめようとする）課税期間の初日の前日（平成　年　月　日）に提出されたものとすることを承認します。

＿＿＿＿第＿＿＿＿号

税務署長　　　　印

平成　年　月　日

※税務署処理欄							
	整理番号		部門番号		みなし届出年月日		年　月　日
	申請年月日	年　月　日	入力処理	年　月　日	台帳整理		年　月　日
	通信日付印	年　月　日	確認印				

注意　１．この申請書は、２通提出してください。
　　　２．※印欄は、記載しないでください。

この申請書を提出することにより、たとえ簡易課税の強制適用期間中であっても、災害が発生した課税期間の初日に遡って簡易課税の選択あるいは取り止めができます。なお、この申請書とともに「簡易課税制度選択届出書」あるいは「簡易課税制度選択不適用届出書」も提出することとされていますので注意してください。

申請期限は災害がやんでから2か月以内とされていますが、適用を受けようとする課税期間の確定申告期限のほうが先に到来する場合には、確定申告期限までに申請する必要があります。

●第8章「課税期間と申告・納付・還付」に関する書式

16　消費税課税期間特例選択・変更届出書

第１３号様式

1	3	0

消費税課税期間特例 選択／変更 届出書

「選択」または「変更」のいずれかを○で囲みます。

収受印

平成　年　月　日	届出者	（フリガナ）	
		納税地	（〒　－　） （電話番号　　　）
		（フリガナ）	
税務署長殿		氏名又は名称及び代表者氏名	印

下記のとおり、消費税法第19条第１項第３号、第３号の２、第４号又は第４号の２に規定する課税期間に短縮又は変更したいので、届出します。

事業年度	自　月　日　至　月　日	
適用開始日又は変更日	平成　年　月　日	
適用又は変更後の課税期間	三月ごとの期間に短縮する場合	一月ごとの期間に短縮する場合
	月　日から　月　日まで	月　日から　月　日まで
		月　日から　月　日まで
		月　日から　月　日まで
		月　日から　月　日まで
		月　日から　月　日まで
		月　日から　月　日まで
		月　日から　月　日まで
		月　日から　月　日まで
		月　日から　月　日まで
		月　日から　月　日まで
		月　日から　月　日まで
		月　日から　月　日まで
変更前の課税期間特例選択・変更届出書の提出日	平成　年　月　日	
変更前の課税期間特例の適用開始日	平成　年　月　日	
参考事項		
税理士署名押印	印 （電話番号　－　－　）	

原則として、届出書の提出日の属するサイクルの次のサイクルから効力が生じますので、その効力が生じる課税期間（次のサイクル）の初日の年月日を記載します。

3か月に短縮した課税期間を1か月に変更する場合、あるいは、1か月に短縮した課税期間を3か月に変更する場合には、届出書の提出時期に制限がありますので注意してください。

※税務署処理欄								
整理番号		台帳整理	年　月　日	確認印		入力処理	年　月　日	確認印
届出年月日	年　月　日	通信日付印	年　月　日	確認印		部門番号		

注意　1．裏面の記載要領等に留意の上、記載してください。
　　　2．※印欄は、記載しないでください。

●第８章「課税期間と申告・納付・還付」に関する書式

17　消費税課税期間特例選択不適用届出書

第１４号様式

1　3　5

消費税課税期間特例選択不適用届出書

収受印

平成　年　月　日	届出者	（フリガナ）	
		納税地	（〒　－　） （電話番号　－　－　）
		（フリガナ）	
＿＿＿＿税務署長殿		氏名又は名称及び代表者氏名	印

下記のとおり、課税期間の短縮の適用をやめたいので、消費税法第19条第３項の規定により届出します。

事業年度	自　月　日	至　月　日
特例選択不適用の開始日	平成　年　月　日	
短縮の適用を受けていた課税期間	三月ごとの期間に短縮していた場合	一月ごとの期間に短縮していた場合
	月　日から　月　日まで	月　日から　月　日まで 月　日から　月　日まで 月　日から　月　日まで
	月　日から　月　日まで	月　日から　月　日まで 月　日から　月　日まで
	月　日から　月　日まで	
	月　日から　月　日まで	月　日から　月　日まで
選択・変更届出書の提出日	平成　年　月　日	
課税期間短縮・変更の適用開始日	平成　年　月　日	
事業を廃止した場合の廃止した日	平成　年　月　日	
参考事項		
税理士署名押印	印 （電話番号　－　－　）	

> この届出書を提出した日の属する課税期間の翌課税期間から短縮の効力は失効しますので、その効力が失効する課税期間（翌課税期間）の初日の年月日を記載します。

> 短縮した課税期間を暦年あるいは事業年度に戻そうとする場合には、届出書の提出時期に制限がありますので注意してください。

※税務署処理欄	整理番号		台帳整理	年　月　日	確認印		入力処理	年　月　日	確認印	
	届出年月日	年　月　日	通信日付印	年　月　日	確認印		部門番号			

注意　１．裏面の記載要領等に留意の上、記載してください。
　　　２．※印欄は、記載しないでください。

●第8章「課税期間と申告・納付・還付」に関する書式

18 死亡した事業者の消費税及び地方消費税の確定申告明細書

第28-(3)号様式

付表6 死亡した事業者の消費税及び地方消費税の確定申告明細書

(自 平成　年　月　日 至 平成　年　月　日の課税期間分)

整理番号	

1 死亡した事業者の納税地・氏名等					
納税地		氏名	フリガナ	死亡年月日	平成　年　月　日
2 相続人等の代表者の指定（代表者を指定するときは記入してください。）				相続人等の代表者の氏名	
3 限定承認の有無（相続人等が限定承認しているときは、右の「限定承認」の文字を○で囲んでください。）					限定承認

4 死亡した事業者の消費税及び地方消費税の額					
納める消費税及び地方消費税の合計額	①	円	還付される消費税及び地方消費税の合計額	④	円
①のうち消費税	②		④のうち消費税	⑤	
①のうち地方消費税	③		④のうち地方消費税	⑥	

5 相続人等の納める消費税及び地方消費税の額又は還付される消費税及び地方消費税の額
（相続を放棄した人は記入の必要はありません。）

相続人等に関する事項	住所又は居所					
	フリガナ 氏名		㊞	㊞	㊞	㊞
	職業及び続柄		職業　続柄	職業　続柄	職業　続柄	職業　続柄
	生年月日		明・大・昭・平 年　月　日	明・大・昭・平 年　月　日	明・大・昭・平 年　月　日	明・大・昭・平 年　月　日
	電話番号		(　)	(　)	(　)	(　)
	相続分	⑦	法定・指定	法定・指定	法定・指定	法定・指定
	相続財産の価額	⑧				
納付（還付）税額の計算	各人の納付税額（注）消費税〔②×⑦〕	⑨				
	地方消費税〔③×⑦〕	⑩				
	計〔⑨＋⑩〕	⑪				
	各人の還付税額（注）消費税〔⑤の分割額〕	⑫				
	地方消費税〔⑥の分割額〕	⑬				
	計〔⑫＋⑬〕	⑭				
還付される税金の受取場所	銀行等の口座に振込みを希望する場合	銀行名等	銀行 金庫・組合 農協・漁協	銀行 金庫・組合 農協・漁協	銀行 金庫・組合 農協・漁協	銀行 金庫・組合 農協・漁協
		支店名等	本店・支店 出張所 本所・支所	本店・支店 出張所 本所・支所	本店・支店 出張所 本所・支所	本店・支店 出張所 本所・支所
		預金の種類	預金	預金	預金	預金
		口座番号				
	ゆうちょ銀行の口座に振込みを希望する場合	記号番号	―	―	―	―
	郵便局等の窓口受取りを希望する場合	郵便局名等				
※税務署処理欄						

（注）⑨・⑩欄は、各人の100円未満の端数切捨て
⑫・⑬欄は、各人の1円未満の端数切捨て

「法定相続分」は、たとえば、相続人が妻と子供2人の場合には、妻が1／2、子供が各々1／4となります。

19　個人事業者の死亡届出書

第７号様式

個人事業者の死亡届出書

収受印

平成　年　月　日	届出者	（フリガナ）	
		住所又は居所	（〒　－　）
		（フリガナ）	
＿＿＿＿税務署長殿		氏　　名	

この届出書を提出した場合には、「相続があった場合の納税義務の免除の特例」（☞72頁～74頁）の規定が適用される可能性が高いので、相続人の納税義務の有無についても必ず確認するようにしてください。

下記のとおり、事業者が死亡したので、消費税法第57条第１項第４号の規定により届出します。

死亡年月日		年　月　日	
死亡した事業者	納税地		
	氏名		
届出人と死亡した事業者との関係			
参考事項	事業承継の有無		有・無
	事業承継者	住所又は居所	（電話番号　－　－　）
		氏名	
税理士署名押印			印 （電話番号　－　－　）

この届出書の提出期限は定められていませんが、事業承継に伴うトラブルなどを防ぐためにも遅滞なく提出するように心掛けてください。

※税務署処理欄					
整理番号		部門番号			
届出年月日	年　月　日	入力処理	年　月　日	台帳整理	年　月　日

注意　１．裏面の記載要領等に留意の上、記載してください。
　　　２．※印欄は、記載しないでください。

●申告に関する書式

20　消費税及び地方消費税の申告書（一般用）

第27－(1)号様式

平成　年　月　日　　　　税務署長殿

（収受印）

納税地	（電話番号　　－　　－　　）
（フリガナ） 名称又は屋号	
（フリガナ） 代表者氏名又は氏名	㊞
経理担当者氏名	

※税務署処理欄

一連番号		翌年以降送付不要	○
所管　要否	整理番号		
申告年月日	平成　年　月　日		
申告区分	指導等	庁指定	局指定
通信日付印　年　月　日	確認印	省略年月日　年　月　日	
指導年月日　平成	相談	区分1　区分2　区分3	

自 平成　年　月　日
至 平成　年　月　日

課税期間分の消費税及び地方消費税の（　　　　）申告書

（中間申告の場合の対象期間　自 平成　年　月　日　至 平成　年　月　日）

この申告書による消費税の税額の計算

課税標準額	①	千円 0	03
消費税額	②		06
控除過大調整税額	③		07
控除税額　控除対象仕入税額	④		08
控除税額　返還等対価に係る税額	⑤		09
控除税額　貸倒れに係る税額	⑥		10
控除税額　控除税額小計（④＋⑤＋⑥）	⑦		
控除不足還付税額（⑦－②－③）	⑧		13
差引税額（②＋③－⑦）	⑨	00	15
中間納付税額	⑩	00	16
納付税額（⑨－⑩）	⑪	00	17
中間納付還付税額（⑩－⑨）	⑫	00	18
この申告書が修正申告である場合　既確定税額	⑬		19
この申告書が修正申告である場合　差引納付税額	⑭	00	20
課税売上割合　課税資産の譲渡等の対価の額	⑮		21
課税売上割合　資産の譲渡等の対価の額	⑯		22

この申告書による地方消費税の税額の計算

地方消費税の課税標準となる消費税額　控除不足還付税額（⑧）	⑰		51
地方消費税の課税標準となる消費税額　差引税額（⑨）	⑱	00	52
譲渡割額　還付額（⑰×25％）	⑲		53
譲渡割額　納税額（⑱×25％）	⑳	00	54
中間納付譲渡割額	㉑	00	55
納付譲渡割額（⑳－㉑）	㉒	00	56
中間納付還付譲渡割額（㉑－⑳）	㉓	00	57
この申告書が修正申告である場合　既確定譲渡割額	㉔		58
この申告書が修正申告である場合　差引納付譲渡割額	㉕	00	59
消費税及び地方消費税の合計（納付又は還付）税額	㉖		60

㉖＝（⑪＋㉒）－（⑧＋⑫＋⑲＋㉓）・修正申告の場合㉖＝⑭＋㉕
㉖が還付税額となる場合はマイナス「－」を付してください。

付記事項				
割賦基準の適用	○有	○無	31
延払基準等の適用	○有	○無	32
工事進行基準の適用	○有	○無	33
現金主義会計の適用	○有	○無	34

参考事項			
課税標準額に対する消費税額の計算の特例の適用	○有	○無	35
控除税額の計算方法　課税売上割合95％未満	○個別対応方式		41
	○一括比例配分方式		
課税売上割合95％以上	○全額控除		

①・②の内訳

課税標準額	4％分	千円
	旧税率分　3％分	千円
		千円
消費税額	4％分	円
	旧税率分　3％分	円
		円
基準期間の課税売上高		円

還付を受けようとする金融機関等：銀行・金庫・組合・農協・漁協　本店・支店・出張所・本所・支所　預金　口座番号
ゆうちょ銀行の貯金記号番号　－
郵便局名等

※税務署整理欄

税理士署名押印　㊞（電話番号　　－　　－　　）

○ 税理士法第30条の書面提出有
○ 税理士法第33条の2の書面提出有

OCR入力用（この用紙は機械で読み取ります。折ったり汚したりしないでください。）

平成九年四月一日以後終了課税期間分（一般用）

法人税の申告書のように「代表者の署名」は必要ありませんので、ゴム印あるいは専用機によるプリントでもOKです。

税務署から郵送されてくる申告書にはすでに印字がされていますが、別の申告書を使用する場合には記載漏れがないよう注意してください。

記載漏れに注意！

●申告に関する書式

21　消費税及び地方消費税の申告書（簡易課税用）

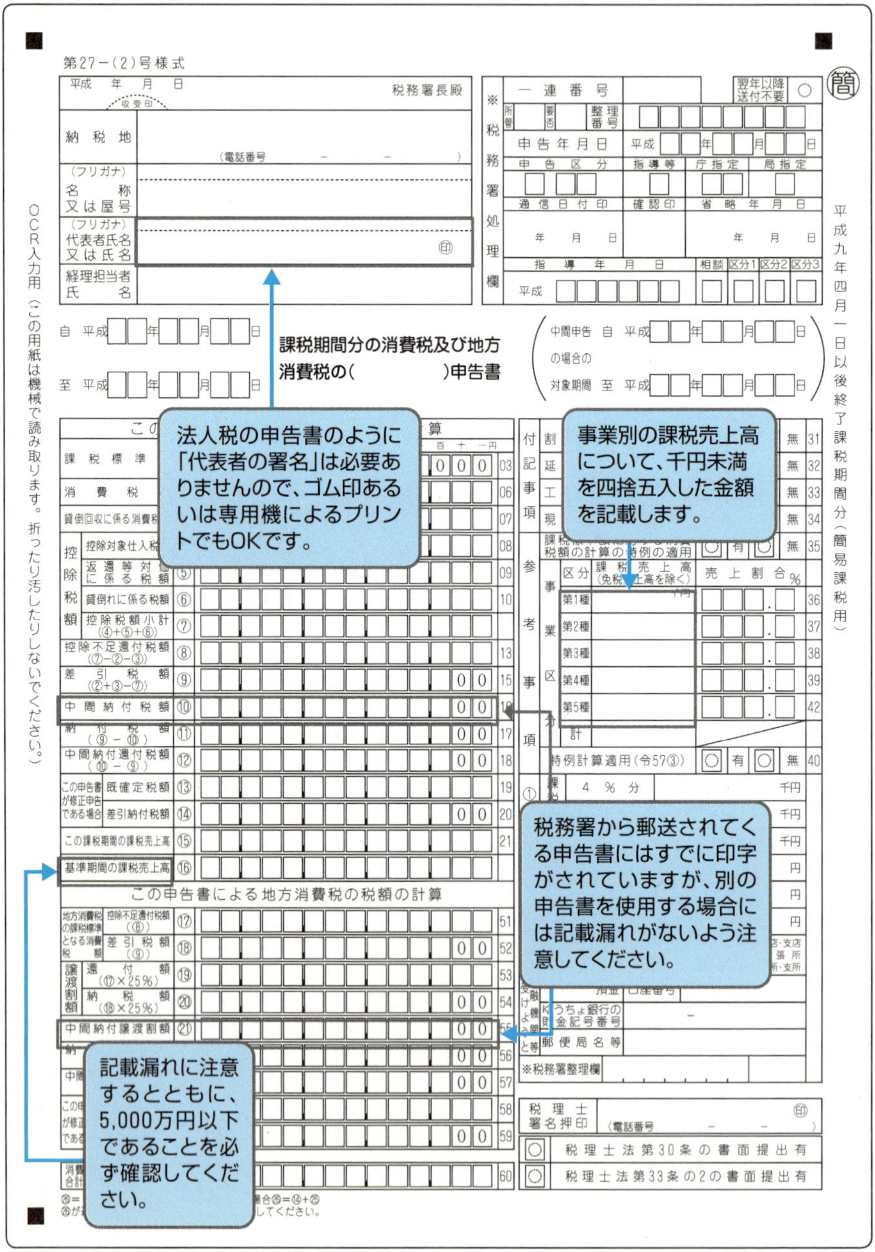

●第10章「経過措置・個人事業者の消費税計算」に関する書式

22　付表１

付表１　旧・新税率別、消費税額計算表
兼地方消費税の課税標準となる消費税額計算表　〔経過措置対象課税資産の譲渡等を含む課税期間用〕　一　般

課税期間	・　・　～　・　・	氏名又は名称	

区分			旧税率適用分 A	税率４％適用分（地方消費税の課税標準となる消費税額） B	合計（A＋B）（消費税の税額） C
課税標準額	税率４％適用分	①		円 000	円 000
	旧税率適用分	②	円 000		000
	計（①＋②）	③	000	000	※申告書の①欄へ 000
消費税額	税率４％適用分（①×４％）	④			
	旧税率適用分	⑤			
	計（④＋⑤）	⑥			※申告書の②欄へ
控除過大調整税額		⑦	※付表２－(2)の㉑・㉒A欄の合計金額	※付表２－(2)の㉑・㉒B欄の合計金額	※申告書の③欄へ
控除税額	控除対象仕入税額	⑧	※付表２－(2)の⑳A欄の金額	※付表２－(2)の⑳B欄の金額	※申告書の④欄へ
	返還等対価に係る税額	⑨			※申告書の⑤欄へ
	貸倒れに係る税額	⑩			※申告書の⑥欄へ
	控除税額小計（⑧＋⑨＋⑩）	⑪			※申告書の⑦欄へ
控除不足還付税額（⑪－⑥－⑦）		⑫		※申告書の⑰欄へ	
差引税額（⑥＋⑦－⑪）		⑬		※申告書の⑱欄へ	
合計差引税額（⑬－⑫）		⑭			※マイナスの場合は申告書の⑧欄へ ※プラスの場合は申告書の⑨欄へ

この付表は、申告書および付表2－(2)と並行して作成します。旧税率適用分には地方消費税は関係しませんので、転記箇所などに注意しながら申告書を完成させるようにしてください。

23 付表2

付表2　課税売上割合・控除対象仕入税額等の計算表

一般

課税期間	・・～・・	氏名又は名称	

売上返品や値引高などがある場合には、控除後の金額を記載します。

目		金額
課税売上額(税抜き)	①	円
免税売上額	②	
非課税資産の輸出等の金額、海外支店等へ移送した資産の価額	③	
課税資産の譲渡等の対価の額(①+②+③)	④	※申告書の⑮欄へ
課税資産の譲渡等の対価の額(④の金額)	⑤	
非課税売上額	⑥	
資産の譲渡等の対価の額(⑤+⑥)	⑦	※申告書の⑯欄へ
課税売上割合(④／⑦)		〔　　　％〕 ※端数切捨て
課税仕入れに係る支払対価の額(税込み)	⑧	※注2参照
課税仕入れに係る消費税額(⑧×4／105)	⑨	※注3参照
課税貨物に係る消費税額	⑩	
納税義務の免除を受けない(受ける)こととなった場合における消費税額の調整(加算又は減算)額	⑪	
課税仕入れ等の税額の合計額(⑨+⑩±⑪)	⑫	
課税売上割合が95%以上の場合(⑫の金額)	⑬	
課税売上割合が95%未満の場合 個別対応方式 ⑫のうち、課税売上げにのみ要するもの	⑭	
課税売上割合が95%未満の場合 個別対応方式 ⑫のうち、課税売上げと非課税売上げに共通して要するもの	⑮	
課税売上割合が95%未満の場合 個別対応方式 個別対応方式により控除する課税仕入れ等の税額〔⑭+(⑮×④／⑦)〕	⑯	
課税売上割合が95%未満の場合 一括比例配分方式により控除する課税仕入れ等の税額(⑫×④／⑦)	⑰	
控除税額の調整 課税売上割合変動時の調整対象固定資産に係る消費税額の調整(加算又は減算)額	⑱	
控除税額の調整 調整対象固定資産を課税業務用(非課税業務用)に転用した場合の調整(加算又は減算)額	⑲	
差引 控除対象仕入税額〔(⑬、⑯又は⑰の金額)±⑱±⑲〕がプラスの時	⑳	※申告書の④欄へ
差引 控除過大調整税額〔(⑬、⑯又は⑰の金額)±⑱±⑲〕がマイナスの時	㉑	※申告書の③欄へ
貸倒回収に係る消費税額	㉒	※申告書の③欄へ

仕入税額の特例計算(☞123頁)を適用している場合には、税抜課税仕入高と仮払消費税等の合計金額を記載します。

注意1　金額の計算においては、1円未満の端数を切り捨てる。
2　⑧欄には、値引き、割戻し、割引きなど仕入対価の返還等の金額がある場合(仕入対価の返還等の金額を仕入金額から直接減額している場合を除く。)には、その金額を控除した後の金額を記入する。
3　上記2に該当する場合には、⑨欄には次の算式により計算した金額を記入する。

課税仕入れに係る消費税額⑨＝〔課税仕入れに係る支払対価の額(仕入対価の返還等の金額を控除する前の税込金額)$\times\frac{4}{105}$〕－〔仕入対価の返還等の金額(税込み)$\times\frac{4}{105}$〕

4　㉑欄と㉒欄のいずれにも記載がある場合は、その合計金額を申告書③欄に記入する。

17.4

●第10章「経過措置・個人事業者の消費税計算」に関する書式

24　付表２－(2)

付表２－(2)　課税売上割合・控除対象仕入税額等の計算表　　一般
〔経過措置対象課税資産の譲渡等を含む課税期間用〕

課税期間	・　・　～　・　・	氏名又は名称	

項目		旧税率適用分 A	税率４％適用分 B	合計金額 (A＋B) C
課税売上額（税抜き）	①	円	円	円
免税売上額	②			
非課税資産の輸出等の金額、海外支店等へ移送した資産の価額	③			
課税資産の譲渡等の対価の額（①＋②＋③）	④			※申告書の⑮欄へ
課税資産の譲渡等の対価の額（④の金額）	⑤			
非課税売上額	⑥			
資産の譲渡等の対価の額（⑤＋⑥）	⑦			※申告書の⑮欄へ
課税売上割合（④／⑦）				〔　　%〕※端数切捨て
課税仕入れに係る支払対価の額（税込み）	⑧			
課税仕入れに係る消費税額	⑨			
課税貨物に係る消費税額	⑩			
納税義務の免除を受けない（受ける）こととなった場合における消費税額の調整（加算又は減算）額	⑪			
課税仕入れ等の税額の合計額（⑨＋⑩±⑪）	⑫			
課税売上割合が95％以上の場合（⑫の金額）	⑬			
課税売上割合が95％未満の場合　個別対応方式　⑫のうち、課税売上げにのみ要するもの	⑭			
課税売上割合が95％未満の場合　個別対応方式　⑫のうち、課税売上げと非課税売上げに共通して要するもの	⑮			
課税売上割合が95％未満の場合　個別対応方式　個別対応方式により控除する課税仕入れ等の税額〔⑭＋(⑮×④／⑦)〕	⑯			
課税売上割合が95％未満の場合　一括比例配分方式により控除する課税仕入れ等の税額（⑫×④／⑦）	⑰			
控除税額の調整　課税売上割合変動時の調整対象固定資産に係る消費税額の調整（加算又は減算）額	⑱			
控除税額の調整　調整対象固定資産を課税業務用（非課税業務用）に転用した場合の調整（加算又は減算）額	⑲			
差引　控除対象仕入税額〔（⑬、⑯又は⑰の金額）±⑱±⑲〕がプラスの時	⑳	※付表１の⑧Ａ欄へ	※付表１の⑧Ｂ欄へ	
差引　控除過大調整税額〔（⑬、⑯又は⑰の金額）±⑱±⑲〕がマイナスの時	㉑	※付表１の⑦Ａ欄へ	※付表１の⑦Ｂ欄へ	
貸倒回収に係る消費税額	㉒	※付表１の⑦Ａ欄へ	※付表１の⑦Ｂ欄へ	

注意　金額の計算においては、１円未満の端数を切り捨てる。

この付表は、申告書および付表1と並行して作成します。旧税率適用分には地方消費税は関係しませんので、転記箇所などに注意しながら申告書を完成させるようにしてください。

25　付表4

付表4　旧・新税率別、消費税額計算表
兼地方消費税の課税標準となる消費税額計算表　〔経過措置対象課税資産の譲渡等を含む課税期間用〕　簡　易

課税期間	・・〜・・	氏名又は名称	

区分			旧税率適用分 A	税率4％適用分（地方消費税の課税標準となる消費税額） B	合計（A＋B）（消費税の税額） C
課税標準額	税率4％適用分	①		円 000	円 000
	旧税率適用分	②	円 000		000
	計（①＋②）	③	000	000	※申告書の①欄へ 000
消費税額	税率4％適用分（①×4％）	④			
	旧税率適用分	⑤			
	計（④＋⑤）	⑥		※付表5－(2)の①欄へ	※付表5－(2)の①欄及び申告書の②欄へ
貸倒回収に係る消費税額		⑦		※付表5－(2)の②欄へ	※付表5－(2)の②欄及び申告書の③欄へ
控除税額	控除対象仕入税額	⑧		※付表5－(2)の⑤又は㉚欄の金額	※付表5－(2)の⑤又は㉚欄の金額 ※申告書の④欄へ
	返還等対価に係る税額	⑨			※付表5－(2)の③欄及び申告書の⑤欄へ
	貸倒れに係る税額	⑩			※申告書の⑥欄へ
	控除税額小計（⑧＋⑨＋⑩）	⑪			※申告書の⑦欄へ
控除不足還付税額（⑪－⑥－⑦）		⑫		※申告書の⑰欄へ	
差引税額（⑥＋⑦－⑪）		⑬		※申告書の⑱欄へ	
合計差引税額（⑬－⑫）		⑭			※マイナスの場合は申告書の⑧欄へ ※プラスの場合は申告書の⑨欄へ

この付表は、申告書および付表5−(2)と並行して作成します。旧税率適用分には地方消費税は関係しませんので、転記箇所などに注意しながら申告書を完成させるようにしてください。

●第10章「経過措置・個人事業者の消費税計算」に関する書式

26 付表5

付表5 控除対象仕入税額の計算表

簡易

課税期間	・ ・ ～ ・ ・	氏名又は名称	

項目		金額
課税標準額に対する消費税額（申告書②欄の金額）	①	円
貸倒回収に係る消費税額（申告書③欄の金額）	②	
売上対価の返還等に係る消費税額（申告書⑤欄の金額）	③	
控除対象仕入税額計算の基礎となる消費税額（①＋②－③）	④	
1種類の事業の専業者の場合〔控除対象仕入税額〕 ④×みなし仕入率（90％・80％・70％・60％・50％）	⑤	※申告書④欄へ

事業区分別の課税売上高は、売上返品や値引高などを控除した後の純課税売上高を記載します。

2種類以上の事業を営む事業者の場合

課税売上高に係る消費税額の計算 区分		事業区分別の課税売上高（税抜き）	売上割合		左の課税売上高に係る消費税額
事業区分別の合計額	⑥	※申告書「事業区分」欄へ 円	売上割合	⑫	円
第一種事業（卸売業）	⑦	※ 〃	％	⑬	
第二種事業（小売業）	⑧	※ 〃		⑭	
第三種事業（製造業等）	⑨	※ 〃		⑮	
第四種事業（その他）	⑩	※ 〃		⑯	
第五種事業（サービス業等）	⑪	※ 〃		⑰	

控除対象仕入税額の計算式区分			算出額
原則計算を適用する場合 ④×みなし仕入率〔（⑬×90％＋⑭×80％＋⑮×70％＋⑯×60％＋⑰×50％）／⑫〕		⑱	円
特例計算を適用する場合 1種類の事業で75％以上 （⑦／⑥・⑧／⑥・⑨／⑥・⑩／⑥・⑪／⑥）≧75％ ④×みなし仕入率（90％・80％・70％・60％・50％）		⑲	
特例計算を適用する場合 2種類の事業で75％以上 （⑦＋⑧）／⑥≧75％	④×［⑬×90％＋（⑫－⑬）×80％］／⑫	⑳	
（⑦＋⑨）／⑥≧75％	④×［⑬×90％＋（⑫－⑬）×70％］／⑫	㉑	
（⑦＋⑩）／⑥≧75％	④×［⑬×90％＋（⑫－⑬）×60％］／⑫	㉒	
（⑦＋⑪）／⑥≧75％	④×［⑬×90％＋（⑫－⑬）×50％］／⑫	㉓	
（⑧＋⑨）／⑥≧75％	④×［⑭×80％＋（⑫－⑭）×70％］／⑫	㉔	
（⑧＋⑩）／⑥≧75％	④×［⑭×80％＋（⑫－⑭）×60％］／⑫	㉕	
（⑧＋⑪）／⑥≧75％	④×［⑭×80％＋（⑫－⑭）×50％］／⑫	㉖	
（⑨＋⑩）／⑥≧75％	④×［⑮×70％＋（⑫－⑮）×60％］／⑫	㉗	
（⑨＋⑪）／⑥≧75％	④×［⑮×70％＋（⑫－⑮）×50％］／⑫	㉘	
（⑩＋⑪）／⑥≧75％	④×［⑯×60％＋（⑫－⑯）×50％］／⑫	㉙	
【控除対象仕入税額】（選択可能な計算方式による⑱～㉙の内から選択した金額）		㉚	※申告書④欄へ

注意1　金額の計算においては、1円未満の端数を切り捨てる。
　2　課税売上げにつき返品を受け又は値引き・割戻しをした金額（売上対価の返還等の金額）があり、売上（収入）金額から減算しない方法で経理して経費に含めている場合には、⑥から⑪の欄にはその売上対価の返還等の金額（税抜き）を控除した後の金額を記入する。

27 付表5－(2)

付表５－(2)　控除対象仕入税額の計算表〔経過措置対象課税資産の譲渡等を含む課税期間用〕　　簡易

課税期間	・・～・・	氏名又は名称	

項目		課税期間計	うち税率４％課税分
課税標準額に対する消費税額	①	（付表４の⑥Ｃ）　円	（付表４の⑥Ｂ）　円
貸倒回収額に係る消費税額	②	（付表４の⑦Ｃ）	（付表４の⑦Ｂ）
売上対価の返還等に係る消費税額	③	（付表４の⑨Ｃ）	（付表４の⑨Ｂ）
控除対象仕入税額計算の基礎となる消費税額（①+②−③）	④		
１種類の事業の専業者の場合〔控除対象仕入税額〕④×みなし仕入率（90％・80％・70％・60％・50％）	⑤	※付表４の⑧Ｃへ	※付表４の⑧Ｂへ

２種類以上の事業を営む事業者の場合

課税売上高に係る消費税額の計算

区分		事業区分別の課税売上高（税抜き）（課税期間計）	売上割合	うち税率４％課税分	売上割合		左の課税売上高に対する消費税額（課税期間計）	うち税率４％課税分
事業区分別の合計額	⑥	※申告書「事業区分」欄へ　円		円		⑫	円	円
第一種事業（卸売業）	⑦	※〃	％		％	⑬		
第二種事業（小売業）	⑧	※〃				⑭		
第三種事業（製造業等）	⑨	※〃				⑮		
第四種事業（その他）	⑩	※〃				⑯		
第五種事業（サービス業等）	⑪	※〃				⑰		

控除対象仕入税額の計算式区分				算出額（課税期間計）	うち税率４％課税分
原則計算を適用する場合　④×みなし仕入率〔（⑬×90％＋⑭×80％＋⑮×70％＋⑯×60％＋⑰×50％）／⑫〕			⑱	円	円
特例計算を適用する場合	１種類の事業で75％以上（⑦／⑥・⑧／⑥・⑨／⑥・⑩／⑥・⑪／⑥）≧75％　④×みなし仕入率（90％・80％・70％・60％・50％）		⑲		
	２種類の事業で75％以上	（⑦＋⑧）／⑥≧75％　④×［⑬×90％＋（⑫−⑬）×80％］／⑫	⑳		
		（⑦＋⑨）／⑥≧75％　④×［⑬×90％＋（⑫−⑬）×70％］／⑫	㉑		
		（⑦＋⑩）／⑥≧75％　④×［⑬×90％＋（⑫−⑬）×60％］／⑫	㉒		
		（⑦＋⑪）／⑥≧75％　④×［⑬×90％＋（⑫−⑬）×50％］／⑫	㉓		
		（⑧＋⑨）／⑥≧75％　④×［⑭×80％＋（⑫−⑭）×70％］／⑫	㉔		
		（⑧＋⑩）／⑥≧75％　④×［⑭×80％＋（⑫−⑭）×60％］／⑫	㉕		
		（⑧＋⑪）／⑥≧75％　④×［⑭×80％＋（⑫−⑭）×50％］／⑫	㉖		
		（⑨＋⑩）／⑥≧75％　④×［⑮×70％＋（⑫−⑮）×60％］／⑫	㉗		
		（⑨＋⑪）／⑥≧75％　④×［⑮×70％＋（⑫−⑮）×50％］／⑫	㉘		
		（⑩＋⑪）／⑥≧75％　④×［⑯×60％＋（⑫−⑯）×50％］／⑫	㉙		
【控除対象仕入税額】（選択可能な計算方式による⑱～㉙の内から選択した金額）			㉚	※付表４の⑧Ｃへ	※付表４の⑧Ｂへ

注意１　金額の計算においては、１円未満の端数を切り捨てる。
２　課税売上げにつき返品を受け又は値引き・割戻しをした金額（売上対価の返還等の金額）があり、売上（収入）金額から減算しない方法で経理して経費に含めている場合には、⑥から⑪の欄にはその売上対価の返還等の金額（税抜き）を控除した後の金額を記入する。

この付表は、申告書および付表4と並行して作成します。旧税率適用分には地方消費税は関係しませんので、転記箇所などに注意しながら申告書を完成させるようにしてください。

さくいん

【さ】

【た】

【な】

熊王征秀（くまおう　まさひで）
昭和37年　山梨県出身
昭和59年　学校法人大原学園に税理士科物品税法の講師として入社し、在職中に酒税法、消費税法の講座を創設
平成４年　同校を退職し会計事務所勤務
平成６年　税理士登録
平成９年　独立開業
現在　大原大学院大学准教授、日本税務会計学会委員、東京税理士会会員相談室委員

●著書
『消費税の「還付請求手続」と「簡易課税の業種区分」完全ガイド』（税務研究会）
『クマオーの消費税トラブル・バスター』（ぎょうせい）
『消費税がわかる事典』（日本実業出版社）
『消費税トラブルの傾向と対策』（ぎょうせい）
『消費税の申告実務』（中央経済社）
『実践消費税法』（中央経済社）
『消費税法ゼミナール』（中央経済社）

消費税と経理処理のしくみがわかる本

2010年８月20日　初版発行

著　者　熊王征秀
発行者　杉本淳一

発行所　株式会社日本実業出版社　東京都文京区本郷３－２－12　〒113-0033
大阪市北区西天満６－８－１　〒530-0047
編集部　☎03-3814-5651
営業部　☎03-3814-5161　振　替　00170－1－25349
http://www.njg.co.jp/

印刷／三晃印刷　製本／共栄社

この本の内容についてのお問合せは、書面かFAX（03－3818－2723）にてお願い致します。
落丁・乱丁本は、送料小社負担にて、お取り替え致します。

ISBN 978-4-534-04742-7　Printed in JAPAN